高等职业教育公共基础课通用教材

高职大学生心理健康教育

主　编　胡祖兴　张文龙

副主编　邓　婕　敦　莎

参　编　罗雪瑶　徐　飞　周　勇

　　　　余国琴　陈昌海　唐再胜

主　审　张家俊

北京理工大学出版社
BEIJING INSTITUTE OF TECHNOLOGY PRESS

内 容 简 介

　　本书紧紧围绕全面加强和改进大学生思想政治教育的育人目标,对接党的教育方针,为全面提高心理育人质量而编写。本书紧贴时代脉搏,紧跟高素质技能人才培养所需心理素养目标,以增强学生自我心理保健意识和心理危机预防意识为重点,以学生全面掌握并应用心理健康知识为教育目标,培养学生自我认知能力、自我调节能力等,切实提高学生心理素质,促进学生全面发展。

图书在版编目(CIP)数据

高职大学生心理健康教育／胡祖兴,张文龙主编
. -- 北京：北京理工大学出版社,2022.11
　ISBN 978-7-5763-1852-4

　Ⅰ.①高… Ⅱ.①胡… ②张… Ⅲ.①大学生-心理
健康-健康教育-高等职业教育　教材 Ⅳ.①G444

　中国版本图书馆 CIP 数据核字(2022)第 220651 号

出版发行／	北京理工大学出版社有限责任公司	
社　　址／	北京市海淀区中关村南大街 5 号	
邮　　编／	100081	
电　　话／	(010)68914775(总编室)	
	(010)82562903(教材售后服务热线)	
	(010)68944723(其他图书服务热线)	
网　　址／	http://www.bitpress.com.cn	
经　　销／	全国各地新华书店	
印　　刷／	定州启航印刷有限公司	
开　　本／	787 毫米×1092 毫米　1/16	
印　　张／	15	责任编辑／江　立
字　　数／	324 千字	文案编辑／江　立
版　　次／	2022 年 11 月第 1 版　2022 年 11 月第 1 次印刷	责任校对／周瑞红
定　　价／	46.00 元	责任印制／施胜娟

图书出现印装质量问题,请拨打售后服务热线,本社负责调换

前 言 PREFACE

　　教育是国之大计、党之大计。党的二十大报告指出育人的根本在于立德。心理健康教育作为落实立德树人根本任务的重要内容与重要抓手，培育情绪稳定、认知合理、行为适当、人格健全的社会主义建设者和接班人，有利于全面贯彻党的教育方针，落实立德树人根本任务。

　　《高职大学生心理健康教育》紧紧围绕党的教育方针，为全面提高心理育人质量而编写。本书紧贴时代脉搏，紧跟高素质技术技能人才培养所需心理素养目标，以增强自我心理保健意识和心理危机预防意识为重点，全面掌握并应用心理健康知识，培养自我认知能力与自我调节能力，切实提高心理素质，促进学生全面发展。

　　本教材结合高职大学生群体的心理特点，以学习、生活中所出现的各种心理问题建立任务目标，构建"以项目为纽带、以任务为载体、以自主研学为中心、拓展提升为导向"的学习模式，精心编排教材内容，通过任务点的设置，将知识的学习与实践运用紧密结合，融入心理知识、心理活动的参与体验，培养学生在掌握心理健康知识的基础上，形成较强的实践能力。此外，本教材基于现代信息技术，配套开发了丰富的数字化资源。

　　本书共分为心理健康概述、自我意识、适应、情绪等11个项目，以典型案例为导入，相关知识为基础，任务实施为载体，拓展提升为抓手，强化自主探究与团队协作，注重学生自主反思，倡导以学生为中心的"做中学"教学模式。

　　本书可以作为高职高专院校学生提升心理素养的学生用书，也可作为教师探索高职学生心理发展规律、解决学生心理困惑的参考资料。由于编著者水平和时间的限制，本书仍存在一些疏漏之处，敬请广大读者批评指正。

编　者

目 录 CONTENTS

项目一　健康心灵　幸福随行

项目导读

　　当今社会是一个充满机遇与竞争的时代，作为新时代的大学生，在拥有良好的学习与发展环境的同时，也面临学习、就业和人际等多重压力，如何才能在复杂多变的环境中成为新时代的"弄潮儿"，获取事业的成功与人生的幸福？可以说，拥有健康的心灵已成为不可或缺的基本素质。

　　然而，近年来，大学生的心理健康状况不容乐观，心理问题有逐年上升的趋势，心理危机事件也时有发生。心理健康问题已成为制约大学生成长成才的重要因素之一，因此，关注大学生的心理健康，加强心理健康教育，让学生了解心理健康的基本知识，学会心理健康的调适技能，对学生提升自身的心理素质和培养健康的人格，成为符合现代社会所需要的高素质技术技能人才，具有非常重要的意义。

学习目标

知识目标

1. 掌握心理健康的概念与标准，认识大学生的心理发展特点。
2. 掌握大学生常见心理问题的表现与成因。

技能目标

1. 能判断自己或他人心理是否健康。
2. 能识别大学生常见的心理问题。
3. 能进行日常心理健康自我保健。

素质目标

1. 养成重视自身心理健康、主动进行心理保健的意识。
2. 树立健康新观念，努力成为身心和谐的高素质社会主义建设者和接班人。

任务一　认识心理健康

讲话结巴的小刚（化名），男，18岁，是一名大一新生，计算机专业。在一次上课回答问题时，因为普通话不标准，引起同学们的哄笑，他感到很丢脸。为了锻炼自己的普通话，他报名参加了演讲与口才社团，但每次上台演讲时都担心自己的普通话讲不好，十分紧张，大脑一片空白，说话也变得磕磕巴巴。

爱网购的小美（化名），女，19岁，是一名大二学生，工商管理专业。家里经济条件较好的她上大学后喜欢上了网购，每天都浏览购物网站，看到喜欢的东西就想买，尤其是心情不好的时候更是要购物，结果快递包裹几乎天天有，大大小小的物品堆满了宿舍。

请思考：小刚和小美的心理是健康的吗？如何判断我们身边同学的心理是否健康呢？究竟什么是健康的心理？

一、　健康与心理健康

世界卫生组织（WHO）于 1948 年提出，健康是一种生理、心理与社会适应都处于良好的状态，而不仅仅是没有疾病和虚弱的状态。1989 年又对健康的概念进行了扩展，认为健康不仅包括躯体健康、心理健康和社会适应良好，还包括道德健康。这说明一个人的健康是一个整体状态，仅仅是身体健康尚不能称为健康，心理健康是健康必不可少的组成部分。

什么是心理健康呢？世界卫生组织认为，心理健康不仅是没有心理疾病，也不仅是社会适应良好，还指个体拥有完善的人格以及能够充分发挥自身的心理潜能，也就是说，心理健康是个体的一种良好发展状态。日本学者田岩男认为，所谓心理健康，是指个体对内部环境具有安定感，对外部环境能以社会认可的形式适应的心理状态。我国学者对心理健康也提出了几种比较有代表性的观点。例如，车文博认为，心理健康是指个体在一般适应能力、自我满足能力、人际间各种角色的扮演、智慧能力、对他人的积极态度、创造性、自主性、成熟性、对自己有利的态度、情绪与动机的自我控制等方面达到正常或良好水平；叶一舵认为，心理健康是人类个体对其生存的社会环境的一种高级适应状态；刘艳认为，心理健康就是个体内部协调与外部适应相统一的良好状态等。

虽然国内外学者对心理健康的界定不尽相同，但对心理健康的本质基本上达成了共识：第一，基本上都承认心理健康是一种心理状态；第二，大都视心理健康为一种内外协调统一的良好状态；第三，把适应良好看作心理健康的重要特征；第四，都强调心理健康是一种积极向上发展的心理状态。因此，心理健康本质上就是一种社会适应良好并且能够充分发挥自身潜能的积极心理状态。

二、　大学生心理健康的标准

一个人的心理怎么样才算健康呢？这就涉及心理健康的标准问题，由于正常心理与异常心理之间的差异是相对的，很难确定一个严格的界限，因此，判定个体的心理是否健康也是一个相当复杂的问题，从而导致心理健康的标准多种多样。美国心理学家马斯洛和米特尔曼提出了心理健康的十条标准，被公认为是心理健康的"最经典标准"。

（1）充分的安全感。

（2）充分了解自我，并对自己的能力做适当的评估。

（3）生活的目标切合实际。

（4）与现实的环境保持接触。

（5）能保持人格的完整与和谐。

（6）具有从经验中学习的能力。

（7）能保持良好的人际关系。

（8）适度的情绪表达与控制。

（9）在不违背社会规范的条件下，对个人的基本需要做恰当的满足。

（10）在不违背集体要求的前提下，较好地发挥自己的个性。

根据大学生的心理特征，大学生心理健康的标准可以概况为以下几个方面：智力正常、情绪健康、意志健全、人格完整、自我评价正确、人际关系和谐、社会适应良好、心理行为符合大学生的年龄特征。

1. 智力正常

智力是人的注意力、观察力、记忆力、想象力、思维力等各种能力的综合，是大脑整体功能的表现。拥有正常的智力是大学生正常学习、生活和工作的最基本的心理条件。具体而言，大学生应有强烈的求知欲，乐于学习，能够积极参与学习活动。

2. 情绪健康

情绪健康的标志是情绪稳定和心情愉快。情绪健康的大学生能够始终保持愉快、开朗和乐观的心情，对生活和未来充满希望。虽然他们可能也有悲、怒、哀、忧等消极情绪，但是他们能够主动调节不良情绪，也能适度表达和控制情绪，做情绪的"主人"。

3. 意志健全

意志是人自觉地确定目标、支配行动、最终努力实现预定目标的过程。心理学上通常用自觉性、果断性、自制性和坚韧性来衡量一个人的意志品质。意志健全的大学生在行为活动中能够明确认识自己行动的目的和意义，遇到问题能够迅速做出合理的决定，并且能够敦促自己执行自己的决定，努力克服困难，达成自己的目标。

4. 人格完整

人格是一个人具有的稳定的心理特征的总和。人格完整的大学生在气质、能力、性格、理想、信念和人生观等构成人格的各要素上能平衡、协调地发展，具体表现在行为中就是他的所想、所说、所做都是协调一致的。

5. 自我评价正确

知人者智，自知者明。正确的自我评价是大学生心理健康的重要条件。大学生在学习生活中，应该能够实事求是地看待自己，不仅能看到自己的长处，也能看到自己的不足，从而产生合理的自我评价，并且能做到积极悦纳自我。

6. 人际关系和谐

人总是处于各种社会关系当中，能否处理好人际关系是心理健康的一个重要标志。人际关系和谐的大学生表现为：乐于与人交往，既有广泛而深厚的人际关系，又有知心朋友；在交往中保持独立而完整的人格，有自知之明，不卑不亢；能客观评价别人和自己，善取人之长补己之短，宽以待人，乐于助人，积极的交往态度多于消极态度，交往动机端正。

7. 社会适应良好

社会适应良好，是指个体能够根据客观环境的需要和变化，不断调整自己的心理行为和身心状态，使自身保持与客观环境相协调的和谐状态。社会适应良好的大学生能够较好地适应大学生活，规划好自己的学习，处理好师生、同学关系，也具有适应不同情境的能力。

8. 心理行为符合大学生的年龄特征

大学生是正处于风华正茂年龄阶段的特定群体，应具有符合该时期身份和角色的心理行为特征。

三、心理健康对大学生的意义

心理健康对大学生而言具有重要的意义，可以预防心理疾病，提高学习效率，提升人际交往水平和生活质量等。

1. 有利于预防心理疾病，促进身体健康

当代大学生面临着诸多压力，如果不懂得心理保健，很容易产生心理问题甚至心理疾病，而保持心理健康则可以有效预防心理疾病的发生。另外，由于身心是相互影响的，《黄帝内经》有"怒伤肝、喜伤心、忧伤肺、思伤脾、恐伤肾"之说，说明消极的情绪会对健康产生不良影响。而保持心理健康，维持积极的情绪，则会对身体健康产生良好的促进作用。

2. 有利于提升学习效率，顺利完成学习任务

心理健康能够帮助大学生有效适应大学学习生活，一个心理健康的大学生充满积极向上的气息，能够科学规划学习，促进学习效率的提高，顺利完成学习任务。

3. 有利于形成良好的人际关系

心理健康能够提升大学生的人际交往水平，懂得如何与老师、同学和谐相处，遇到人际冲突时，能够及时化解矛盾，从而建立良好的人际关系。

4. 有利于提高生活质量，提升幸福感

心理健康还能够提高大学生的生活质量。一个心理健康的大学生能够利用好自己的业余时间，培养健康的业余爱好，能够拥有丰富的课外生活，提升幸福感。

任务实施

在日常的学习生活中，我们常常会对自己或他人的心理状态是否正常产生困惑，而判断心理健康的标准复杂多样，那么如何能够快速判断自己或他人的心理是否健康呢？

一、　通过观察情绪进行判断

情绪是心理健康的晴雨表，通过观察一个人的情绪是积极的还是消极的，以及情绪波动的程度可以进行判断。如果一个人的情绪总体上是积极的、稳定的，虽有消极情绪也能及时调整，那么可以认为其心理是健康的。

案例： 小 A 的情绪表现：①当学习遇到困难、成绩不理想时，会垂头丧气；②当受到老师批评时，气急败坏，自暴自弃；③当考试临近时，心里惴惴不安，焦虑害怕；④当与同学闹矛盾时，怀恨在心，一个星期都开心不起来；⑤情绪多变，令人难以捉摸，刚刚还兴高采烈，转瞬又郁郁寡欢。

请思考： 根据心理健康的情绪标准，你认为小 A 的心理健康吗？为什么？

二、　通过观察行为进行判断

行为适应良好是心理健康的重要标志，我们可以通过观察一个人的行为是否能够适应

其学习、工作以及生活的要求，来判断其心理是否健康。如果一个人学习认真、工作努力、善于交际、爱好广泛，那么可以认为其心理是健康的。

案例： 小 B 的行为表现：①对学习缺乏兴趣，上课注意力不集中，学习成绩差；②喜欢玩手机游戏，晚上经常玩到凌晨两三点。③经常与同学发生冲突，有攻击性行为；④不喜欢学校食堂的饭菜，吃饭不规律，长期吃外卖。

请思考： 根据心理健康的行为标准，你认为小 B 的心理健康吗？为什么？

三、　通过了解想法进行判断

根据心理健康的标准，心理健康的个体有着良好的认知能力，想法是合理的，符合现实的，而不合理的想法具有三个特征：绝对化要求、过度概况化和糟糕至极，因此通过了解一个人的想法也可以对其心理健康进行判断。但是了解一个人的想法往往并不容易，需要通过建立关系与有效倾听才能进行了解。建立关系时，需注意共情、积极关注、尊重和温暖的技巧，有效的倾听应学会探寻、释意、反映感受和处理沉默的技巧。

案例： 小 C 的想法：①我自己一无是处，别人都比我强；②自己没有把老师交代的事情做好，我真的很无能。③竞选班长没有竞选上，我感觉自己的大学生活好失败；④计算机等级考试没有通过，真是糟糕透了，将来恐怕连工作都找不到了。

请思考： 根据心理健康的认知标准，你认为小 C 的心理健康吗？为什么？

四、　通过心理测试进行判断

为更精确地衡量心理健康状况，可以采用心理测试的方式进行判断。日前常用的心理健康测试量表有以下几种。

1. 症状自评量表（SCL-90）

该量表适用对象为 16 岁以上人群。从感觉、情感、思维、意识、行为，到生活习惯、人际关系、饮食睡眠等多种角度，评定一个人是否有某种心理症状及其严重程度如何。它对有心理症状（即有可能处于心理障碍或心理障碍边缘）的人有良好的区分能力。量表包含 90 个自我评定项目。9 个因子分别为躯体化、强迫症状、人际关系敏感、抑郁、焦虑、敌对、恐怖、偏执及精神病性。

2. 卡特尔 16 种人格因素问卷（16PF）

该问卷适用于初中以上文化程度的人群。从乐群、聪慧、自律、独立、敏感、冒险、怀疑等 16 个相对独立的人格特点对人进行描绘，并可以了解应试者在环境适应、专业成就和心理健康等方面的表现。

3. 大学生人格健康调查表（UPI）

该调查表主要以大学新生为对象，用以了解学生神经症、焦虑症、精神分裂症以及其他的烦恼、迷茫、不满、冲突等状况。

心理健康测试训练：大学生人格健康调查表

指导语：表1-1中的问题是为了解调研者的健康状况并为了增加调研者的身心健康而设计的。请你按题目的顺序阅读，在最近一年中，你常常感觉到或体验到的项目在"是"后打"√"，否则在"否"后打"√"。

表1-1 大学生人格健康调查表

1. 食欲不振。	是□ 否□	2. 恶心、胃口难受、肚子痛。	是□ 否□
3. 容易拉肚子或便秘。	是□ 否□	4. 关注心悸或脉搏。	是□ 否□
5. 身体健康状况良好。	是□ 否□	6. 牢骚和不满多。	是□ 否□
7. 父母期望过高。	是□ 否□	8. 自己的过去和家庭是不幸的。	是□ 否□
9. 过于担心将来的事情。	是□ 否□	10. 不想见人。	是□ 否□
11. 觉得自己不是自己。	是□ 否□	12. 缺乏热情和积极性。	是□ 否□
13. 悲观。	是□ 否□	14. 思想不集中。	是□ 否□
15. 情绪起伏过大。	是□ 否□	16. 常常失眠。	是□ 否□
17. 头痛。	是□ 否□	18. 脖子、肩膀酸痛。	是□ 否□
19. 胸痛憋闷。	是□ 否□	20. 总是朝气蓬勃。	是□ 否□
21. 气量小。	是□ 否□	22. 爱操心。	是□ 否□
23. 焦躁不安。	是□ 否□	24. 容易动怒。	是□ 否□
25. 想轻生。	是□ 否□	26. 对任何事情都没兴趣。	是□ 否□
27. 记忆力减退。	是□ 否□	28. 缺乏耐性。	是□ 否□
29. 缺乏决断能力。	是□ 否□	30. 过于依赖别人。	是□ 否□
31. 为脸红而苦恼。	是□ 否□	32. 口吃、声音发颤。	是□ 否□
33. 身体忽冷忽热。	是□ 否□	34. 常常注意排尿和性器官。	是□ 否□
35. 心情开朗。	是□ 否□	36. 莫名其妙的不安。	是□ 否□
37. 一个人独处时感到不安。	是□ 否□	38. 缺乏自信心。	是□ 否□
39. 办事畏首畏尾。	是□ 否□	40. 容易被人误解。	是□ 否□
41. 不相信别人。	是□ 否□	42. 过于猜疑。	是□ 否□
43. 厌恶交往。	是□ 否□	44. 感到自卑。	是□ 否□
45. 杞人忧天。	是□ 否□	46. 身体倦乏。	是□ 否□
47. 一着急就出冷汗。	是□ 否□	48. 站起来就头晕。	是□ 否□
49. 有过昏迷或抽风。	是□ 否□	50. 人缘好，受欢迎。	是□ 否□
51. 过于拘泥。	是□ 否□	52. 对任何事情不反复确认就不放心。	是□ 否□

续表

53. 对脏很在乎。	是□ 否□	54. 摆脱不了毫无意义的想法。	是□ 否□
55. 觉得自己有怪气味。	是□ 否□	56. 感觉别人在自己背后说坏话。	是□ 否□
57. 总注意周围的人。	是□ 否□	58. 在乎别人的视线。	是□ 否□
59. 觉得别人轻视自己。	是□ 否□	60. 情绪易被破坏。	是□ 否□

辅助题：至今，你感到自身健康方面有问题吗？至今，你曾觉得心理卫生方面有问题吗？至今，你曾接受过心理咨询与治疗吗？你有健康或心理方面想咨询的问题吗？

UPI 的计分方法与筛选标准： UPI 的 60 个问题中除 5、20、35 和 50 四个测伪题目不计分外，其余 56 个题目做肯定选择的计 1 分，否定选择的计 0 分，相加得到总分。根据得分情况可以将测试者划分为三类。第一类为可能有心理问题者，筛选标准满足下列条件之一者：①总分在 25 分（包括 25 分）以上者。②25 题做肯定选择者。③辅助题中至少两题做肯定选择者。④明确提出咨询要求且属于心理问题者。第二类为应引起关注者，筛选标准满足下列条件之一者：①总分在 20~24 分者；②8、16、26 题中有一题做肯定选择者；③辅助题中只有一题做肯定选择者。第三类为心理健康者，筛选标准为不属于一类二类者。

拓展提升

一、任务拓展

心理健康双因素模型

随着积极心理学的兴起，研究者们逐渐认识到，对心理健康的评估仅仅关注传统的精神病理学指标是不够的，如果能将主观幸福感的积极指标和传统的精神病理学的消极指标在心理健康评估中加以融合，将会对心理健康有更加全面的了解，在这种背景下，心理健康双因素模型就产生了。心理健康双因素模型一方面把主观幸福感作为模型的积极指标，另一方面把传统的精神病理学症状作为模型的消极指标，强调同时根据两个指标对青少年的心理健康状况进行评估。其中主观幸福感的评价指标主要包括两个部分：生活满意度以及体验到的积极和消极情绪的频率，通常主观幸福感较高者对生活的满意度较高，能够体验到较多的积极情绪、较少的消极情绪。

二、　拓展训练

测一测自己的生活满意度

指导语：用 1~7 表明你对下列五个句子所描述情况的态度，在选择的数字上画"√"，1＝强烈反对、2＝反对、3＝有点反对、4＝既不赞成也不反对、5＝有点赞成、6＝赞成、7＝极力赞成。从 1~7 认同度逐渐增强。

1. 我的生活在大多数方面都接近于我的理想。

1—2—3—4—5—6—7

2. 我的生活条件很好。

1—2—3—4—5—6—7

3. 我对我的生活很满意。

1—2—3—4—5—6—7

4. 到现在为止，我已经得到了在生活中自己想要得到的重要东西。

1—2—3—4—5—6—7

5. 如果我能再活一次，我基本上不会做任何改变。

1—2—3—4—5—6—7

计分方式：

采用李克特 7 点计分法，其中，强烈反对记"1"分，极力赞成记"7"分，依次递增，得分越高，生活满意度越高。

三、　任务考核

1. 什么是心理健康？
2. 大学生心理健康的标准是什么？
3. 心理健康对大学生的意义是什么？

任务二 识别心理问题

任务引入

小杰（化名），男，19岁，读大一。上大学后，一开始感觉大学生活还挺新鲜的，后来每天往返于教室、宿舍和食堂，和高中一样，还是过着三点一线的生活，觉得生活越来越没劲，上课经常睡觉，下课就是玩手机，他自己也想认真学习，可一上课就提不起精神，成绩直线下滑，自己也不知道该怎么办。

请思考：小杰出现了什么心理问题，出现问题的原因可能是什么，大学生常见的心理问题有哪些？

相关知识

一、 什么是心理问题

心理问题，泛指所有各种心理及行为异常的情形。心理的"正常"和"异常"之间并没有明确的和绝对的界限，一般认为，人的心理及行为是在一定情境下，处于"正常"与"异常"相互依存和转化的状态，没有绝对的"正常"，也没有绝对的"异常"。因此，心理问题是普遍存在的，仅仅是存在着程度的不同。

二、 心理问题的类型

根据心理问题的程度不同，可以将心理问题分为三类：心理困扰、心理障碍和精神疾病。心理困扰属于一般心理问题，主要包括各种适应问题、应激问题、人际关系问题等。心理障碍属于较为严重的心理问题，主要包括神经症、人格异常和性心理障碍等轻度心理失调。精神疾病属于非常严重的心理问题，主要表现为人脑机能活动失调，丧失自知力，不能应付正常生活，不能与现实保持接触。

从当前我国大学生的心理健康现状来看，大约30%的大学生会出现心理问题，其中90%以上都属于发展性的心理问题，即心理困扰，主要包括入学适应问题、学习问题、人际关系问题、恋爱与性心理问题、求职择业问题等。

1. 入学适应问题

入学适应问题是大一新生最常遇到的心理问题。大一新生从高中升入大学，环境发生了巨大变化，面临着新的学校环境、学习环境和人际环境。如何能够有效适应新的环境是大学生面临的首要任务，如果不能适应，就会出现各种各样的入学适应问题。在学校环境适应方面，大学所处地区的自然环境，如气候、交通和语言等，以及大学本身的内部环境，如校园软件硬件设施等，都会对学生产生深刻影响，如果大学生对学校环境不满意，就会产生学校环境适应问题。在学习环境适应方面，大学的学习氛围相较高中较为自由轻松，但学习的广度和深度比高中却提高了，如果不能及时适应，就容易出现学习动力缺乏、学习困难等问题。在人际环境方面，大学生来自全国各地，有着不同的家庭环境、不同的性格爱好以及不同的生活习惯等，在交往中面临着较多的冲突和障碍，如何与同学和谐相处是大学生面临的一个很大的挑战，如果对人际环境不适应，就容易产生孤独感和疏离感。

2. 学习问题

大学阶段，学生的核心任务仍然是学习，大学生在学习上容易出现的问题包括学习动力问题、学习压力问题、学习困难问题以及考试焦虑等。学习动力问题是指在学习上缺乏主动性，对专业缺乏兴趣的一种被动状态。学习动力具有引发学习行为的激活作用，是维持学习行为的力量源泉。学习动力不足，就会出现被动学习、厌学等一系列问题。学习压力问题是指大学生由于学业任务重、学业竞争大以及父母期望高等导致的压力感。适度的学习压力会激发学习动力，有利于学习行为，但学习压力过大则会导致大学生注意力不集中，出现焦虑、抑郁等不良情绪。学习困难问题指由于身体、心理及智力等各方面的因素造成的学习障碍。学习困难的大学生表现为长期学习能力低下、学习成绩不良、注意力不集中以及与同学关系不良等。此外，面临强大的竞争压力，不少大学生在考试前会出现考试焦虑症，其表现为：上课心不在焉，记忆力下降，烦躁，易激惹，坐立不安；吃不好，睡不香，精神萎靡不振。

3. 人际关系问题

进入大学后，大学生面临新的人际环境，和谐的人际关系如师生关系、同学关系、朋友关系以及宿舍关系是大学生的重要社会支持力量，可以促进大学生的健康成长。但如果不懂得人际交往，处理不好人际关系，就会产生各种人际关系问题，表现出人际冲突、人际退缩以及人际淡漠等。

4. 恋爱与性心理问题

随着生理发育和心理发展，大学生渴望爱情成为一种普遍的心理状态，但由于大学生的恋爱价值观还不成熟，也容易出现各种恋爱和性心理问题。恋爱问题包括单相思、多角恋、恋爱与学业冲突、失恋等，而性心理问题常见的有：性心理困扰，以及由婚前性行为、校园同居等问题引起的恐惧、焦虑、担忧等。

5. 求职择业问题

近年来，就业形势不容乐观，大学生面临着越来越大的就业压力，如何规划自己的职业生涯以及如何选择职业是大学生的重要课题。但由于大学生人生阅历有限，缺乏求职择业的经验，在职业规划、求职择业时容易出现各种心理问题。常见的有生涯迷惘、就业焦虑、求职自卑或自大心理等。

三、心理问题产生的原因

1. 家庭因素

家庭对个人的健康成长至关重要。大学生心理问题的产生追根溯源大都与家庭息息相关。兰尼曾说：一个美满的家庭，有如沙漠中的甘泉，涌出宁谧和安慰，使人洗心涤虑，怡情悦性。现有研究表明：家庭氛围、教养方式以及经济状况等都会深刻影响青少年的心理健康。

家庭氛围主要指家庭成员间的人际氛围，包括父母之间的关系、亲子关系以及同胞关系等。良好的家庭氛围表现为父母关系和谐、亲子关系融洽以及同胞关系友爱等。在良好家庭氛围成长起来的孩子往往会形成乐观、开朗的性格；相反，如果父母关系不和、亲子关系紧张以及同胞关系不睦，则会严重伤害一个家庭的氛围，也会对孩子的心理健康造成不良影响，容易使孩子形成敏感、多疑、敌意等不良性格。教养方式主要是指父母对待子女的教育方式。研究表明，权威型教养方式和民主型教养方式有利于子女的健康成长，而专制型教养方式和纵容型教养方式都不利于子女的心理健康，容易埋下心理问题的隐患。除了家庭氛围和教养方式外，家庭经济状况也会对个体的心理健康产生影响，比如家庭经济困难的家庭往往会对一个孩子的自信产生负面影响。

2. 学校因素

学校是大学生生活和学习的主要场所，学校环境如校风学风、教学质量以及对心理健康的重视程度等都会影响大学生的心理健康。第一，校风学风是一个学校文化氛围的集中体现，良好的校风学风对大学生的精神面貌、道德情操以及行为习惯等都有着积极的引导作用。第二，教学质量体现了学校教师的专业水平、教学方法、教学态度等，良好的教学质量会让大学生学有所成，为就业奠定坚实基础，从而有效提升大学生的自信心。第三，对心理健康的重视程度反映学校对待心理健康教育的态度，越重视心理健康的学校，心理健康教育工作做得越好，比如心理健康课程建设、心理健康教育活动设计、心理咨询与危机干预等方面的工作都能够有效开展，也会降低大学生心理问题的发生率。

3. 社会因素

社会是个体生存的大环境，同样与大学生的心理健康密切相关。社会对大学生心理健康的影响主要体现在社会文化与社会竞争两个方面。一方面，大学生正处于多元文化交汇、多种价值观碰撞冲突的时代，随着信息时代的来临，大学生接受的信息更加复杂多元，各种文化与价值观良莠不齐，大学生的价值选择和鉴别能力尚不成熟，如不能形成正确的价值观，就容易产生虚荣、利己主义、叛逆等心理问题。另一方面，随着社会经济的飞速发展，社会竞争进一步加大，社会对人才的要求也越来越高，大学生面临着较大的竞争压力。面对激烈的竞争，如果大学生不能做好准备，就会感觉无所适从，难以适应。

4. 个体因素

个体因素包括生理因素和心理因素，是影响和制约大学生心理健康发展的主要因素，其中个体心理因素的作用更受关注，常见的个体心理因素包括认知、情绪和个性等。首先，大学生的认知偏差会导致心理问题的产生。根据艾利斯的合理情绪疗法理论，不合理的认知或信念是产生心理问题的根源。大学生的思想观念、思维模式以及评价标准等尚不成熟，容易在看待自我、他人、学校以及社会时出现一些偏见，这些偏见会深刻影响大学生的心理健康。比如对自我的认识，如果对自己评价过高，就容易产生自负心理；反之，如果评价过低，就容易产生自卑心理。其次，大学生的不良情绪会导致心理问题的产生。情绪是个体生存和社会适应的内在动力，大学生的情绪积极与否是大学生是否会产生心理问题的重要原因。保持良好的情绪是大学生心理健康的前提，大学生的情绪体验较为深刻，能够敏锐地体验到各种情绪，但也容易冲动，出现极端情绪，如果不能及时调控，受到一些消极情绪如愤怒、嫉妒、悲观等的控制，就会出现一些心理行为问题。最后，大学生的不良个性会导致心理问题的产生。个性因素包括气质、性格、能力等，对于大学生的心理健康具有重要影响。面对同样的挫折，不同个性的大学生会有着截然不同的反应。优良个性的大学生在面对挫折时会积极面对，奋发图强，愈挫愈勇；而不良个性的大学生面对挫折则会消极逃避，自暴自弃，一蹶不振。

任务实施

一、 识别心理困扰

大学生在学习生活中，不可避免地会出现各种各样的心理问题。如果能够确定属于心理困扰的范围，就无须过多担心，能够保持放松的心态，正确面对，就可以自行调整。那么如何识别遇到的心理问题是否属于心理困扰呢？我们可以通过以下几个步骤进行判断。

首先，根据心理问题发生的原因进行判断。心理困扰是因现实生活、学习工作压力等因素而产生内心冲突，引起不良情绪反应，具有现实意义并带有明显的道德色彩。

其次，根据心理问题持续的时间进行判断。心理困扰的持续时间一般较短，未超过两个月。

再次，根据心理问题发生后的社会功能进行判断。心理困扰不会对社会功能产生影响，不良情绪反应在理智控制范围内，基本维持正常生活学习、社会交往，只是效率有所下降。

最后，根据情绪反应的内容有没有泛化进行判断。心理困扰的情绪反应具有明确具体的诱发对象，不良情绪的激发因素仅仅局限于最初事件，即便是与最初事件有联系的其他事情，也不会引起此类不良情绪，即情绪反应没有泛化。

案例：小梅（化名），女，大三学生，家中独女，父母对她教育严格，期望较高。上大学后，她学习一直很努力，但成绩平平。她听老师同学说现在就业形势严峻，两个月前自己跟同学参加了一场招聘会，看到现场求职者非常多，用人单位要求很高，竞争很激烈。她想到自己什么都不会，很担心自己毕业后找不到合适的工作，辜负了父母的期望，所以内心感到很焦虑，烦躁不安，注意力不集中，心情低落，学习效率低，总想发脾气。

请思考：根据心理困扰的识别方法，你认为小梅遇到的心理问题属于心理困扰吗？为什么？

二、　识别严重心理问题

相对于大学生的心理困扰，严重心理问题无论是对大学生的学习还是生活都会产生严重的干扰，需要及时发现并进行矫正。在识别大学生严重心理问题时，可以主要从刺激性质、反应强度、反应的持续时间以及反应是否泛化这四个维度来进行判断。

（1）从刺激性质上看，大学生严重心理问题由相对强烈的现实因素激发。这些相对强烈的现实因素都是一些重大的现实生活事件，对个人的发展产生了重大影响，如失恋、患严重疾病、丧失亲友等。

（2）从反应强度上看，大学生严重心理问题的初始反应剧烈。反应剧烈主要是指心理问题对当事人的认知、情绪和行为等产生了显著的影响，情绪反应强烈，短暂失去理智。

（3）从反应的持续时间上看，大学生严重心理问题持续时间长久。持续时间一般要超过两个月，未超过半年，且不能自行化解。

（4）从反应是否泛化上看，大学生严重心理问题内容充分泛化，有时伴有某一方面的人格缺陷。泛化主要是指当事人的反应超越了初始事件本身，扩展到与初始事件相类似的刺激上。也就是说当事人典型的心理和行为反应，如果不再仅仅是最初的刺激事件引起，或者说同最初刺激事件相类似、相关联的事件，甚至同最初刺激事件不类似、无关联的事件，也能引起这些心理和行为反应（症状表现），那么就说明发生了泛化。

案例：小李（化名），男，大二学生，参加了学校的文学社团，三个月前喜欢上了同样也是文学社团成员的小丽。于是小李开始千方百计接近她，为她做各种事情，并送她各种礼物，希望能够获取她的好感，在追求了一段时间后，他鼓起勇气向小丽正式表白，结果小丽却以还不想谈恋爱为由拒绝了他。被拒绝后，小李感觉难以接受，想再次努力获取小丽的同意，后来又找机会对她表白心迹，小丽又拒绝了他。小李还是不死心，两个月前又鼓起勇气再次表白，还是遭到了拒绝，这次被拒后，他情绪失控，和小丽大吵了一架。自此，小丽对他越来越冷淡，甚至连他的微信也拉黑了，小李感到十分苦闷、痛苦，心灰意冷，晚上睡不着觉，吃不下饭，感觉对所有事情都失去了信心，整天都无精打采的。

请思考：根据严重心理问题的识别方法，你认为小李遇到的心理问题属于严重心理问题吗？为什么？

拓展提升

一、 任务拓展

什么是神经症

神经症是一组精神障碍的总称，常见的神经症有恐怖神经症、焦虑神经症、强迫症、抑郁神经症、癔病、疑病症和神经衰弱等。神经症患者深感痛苦且妨碍心理功能或社会功能，但没有任何可证实的器质性病理基础。病程大多持续迁延或呈发作性。神经症的发病通常与不良的社会心理因素有关，不健康的素质和人格特性常构成发病的基础。症状复杂多样，其典型体验是患者感到不能控制的自认为应该加以控制的心理活动，如焦虑、持续的紧张心情、恐惧、缠人的烦恼、自认毫无意义的胡思乱想、强迫观念等。患者虽有多种躯体的自觉不适感，但临床检查未能发现器质性病变。患者一般能适应社会，其行为一般保持在社会规范容许的范围内，可以为他人理解和接受，但其症状妨碍了患者的心理功能或社会功能。患者对存在的症状感到痛苦和无能为力，常迫切要求治疗，自知力完整或基本完整。

二、 拓展训练

神经症的鉴别与诊断

第一步，判断当事人心理冲突的性质是常形还是变形。心理冲突常形，具有两个特点：一是与现实处境直接相联系或者涉及重大生活事件；二是具有明显的道德色彩。心理冲突变形，具有两个特点：一是与现实处境没有什么关系或者涉及的是生活中无足轻重的小事；二是不具有明显的道德色彩。

第二步，一旦确定心理冲突为变形，则可根据许又新神经症简易评定方法来进一步鉴定，即根据当事人不少于近三个月的情况从病程、社会功能状况和精神痛苦程度来进行判断。

1. 病程：如果小于三个月，为短程，评 1 分；三个月到一年，为中程，评 2 分；一年以上，为长程，评 3 分。

2. 精神痛苦程度：当事人的痛苦可自行缓解，为轻度，评 1 分；当事人的痛苦有时无法自行缓解，需要借助他人或者环境帮助，为中度，评 2 分；当事人的痛苦完全无法摆脱，为重度，评 3 分。

3. 社会功能受损情况：当事人的工作和生活仅轻微受到影响，为轻度，评 1 分；当事人工作学习效率明显下降，逃避特定场合，为中度，评 2 分；当事人完全无法工作或者上学，逃避必要场合，为重度，评 3 分。

若总分为 3 分，则排除神经症；总分为 4 ~ 5 分，为可疑神经症；总分为 6 分及以上，可确定为神经症。

三、　任务考核

1. 大学生常见的心理问题有哪些？
2. 大学生心理问题发生的原因有哪些？
3. 如何判断大学生遇到的心理问题是否属于心理困扰？

任务三　心理健康自我保健

任务引入

思嘉（化名），女，19 岁，大二学生，最近一段时间总感觉入睡困难，有一天凌晨的时候突然感觉心口疼得厉害，坚持到天亮后，便叫上室友陪自己去医院。医生给思嘉做了一些检查，发现她身体上没有任何异常，于是和思嘉聊起了她最近的生活学习情况。思嘉说最近正值期末考试复习阶段，自己担心考不好，除了一日三餐和睡觉，其他时间都在复习备考，所以好久都没有运动，也没有和朋友出去玩了。医生听完她的叙述，告诉她可能不是因为身体上的疾病导致心口疼，而是因为她对考试的焦虑使得她心理压力过大，导致她睡眠不佳以及身体出现症状。思嘉恍然大悟，原来心理上的焦虑也会对身体健康产生影响。

请思考：你是否有过与思嘉类似的情况，是如何应对的？作为一名大学生，应如何做好日常生活中自身的心理健康保健呢？

相关知识

一、　树立科学的健康观

健康是一个整体，心理健康和身体健康同等重要，并且相互促进，相互影响。当我们的心理出现问题时，不仅影响心理健康，对身体健康也会带来负面影响；同样，当我们的身体出现问题时，不仅会有身体上的不适，对心理健康也会产生消极影响。因此必须树立身心一体的整体健康观，从身心两个方面入手促进我们的健康。

1. 加强体育锻炼，养成科学的生活方式

科学的生活方式对健康具有重要的影响。对于大学生而言，主要可以从以下几个方面做起：一是合理膳食，即营养均衡，保持健康的饮食习惯；二是适量运动，即运动方式和运动量要适合个人的身体状况。建议每周至少运动三次，累计运动时间在 150 分钟以上。三是充足睡眠，即保证每天 8 小时的睡眠时间，尽量避免熬夜。四是远离不良习惯，做到戒烟限酒，少用电子产品等。

2. 加强自我修养，养成良好的个性品质

良好的个性品质对大学生的健康成长至关重要。一是培养积极乐观的个性品质。大学生朝气蓬勃，但又容易偏激，产生悲观失望心理，大学生应学会理性地对待学习生活，辩证地看待问题，学会发现问题中好的一面。二是培养主动性人格。积极主动的大学生善于把握机会，掌握主动，能够在面对问题时拥有积极的心态；相反，消极被动的大学生习惯于等待，往往会错失机会，无法充分发挥自己的潜力。三是培养坚强的意志力。大学生大多数在家娇生惯养，好胜心强，但意志力薄弱，一旦遇到挫折就可能萎靡不振，因此，应树立科学的人生观，积极参加各类实践活动，磨炼自己的意志力，提高耐挫能力。

二、　心理健康自我调节的途径

心理健康自我调节包括认知、情绪和意志行为上的调整，从而促进个体良好的适应。具体而言，大学生可以从以下几个方面进行自我心理调节。

1. 保持浓厚的学习兴趣，提高学习的主动性和自觉性

学习作为大学生的主要任务，是大学生成长成才的源泉，是否能够适应大学的学习，顺利完成学习任务，对大学生的心理健康具有重要的影响。而大学生学习适应不良的主要原因就是缺乏学习兴趣、学习主动性和自觉性，因此，保持浓厚的学习兴趣，提高学习的主动性和自觉性，可以促进大学生的学习适应，帮助他们获得学业成就感，从而提升心理健康水平。

2. 保持知行合一的习惯，及时调整不合理认知，形成科学的认知

不合理的认知是影响大学生心理健康的重要因素，大学生应该学会察觉不合理的认知并及时调整。但由于许多不合理的认知是深层次的，自己往往难以察觉，这就要求大学生加强实践，知行合一，在行动中总结反思，这样才能更有效地发现和调整不合理的认知。

3. 学会合理地宣泄情绪，保持积极乐观的心态

情绪是心理健康的"温度计"，大学生的情绪情感较为强烈，有了不良的情绪，切忌压抑情绪，要学会合理地宣泄情绪，比如转移注意力、找朋友倾诉、运动以及听音乐等，及时将不良的情绪化解。另外，拥有一个好的心态能够解决很多烦恼。比如积极乐观的心态可以让大学生不因一些不如意的小事而烦恼，以乐观向上的心态面对学习和生活。

4. 学会换位思考，建立和谐的人际关系

良好的人际关系是大学生心理健康的重要条件。大学生在处理人际关系时，较容易犯的一个错误就是"以自我为中心"，不能设身处地站在对方的立场思考问题，从而产生许多人际冲突。因此，大学生学会换位思考，能够设身处地为他人着想，以心换心，就可以建立良好的人际关系。

任务实施

一、 通过养成良好的习惯进行心理保健

1. 培养阅读习惯

首先，学会选择合适的书籍进行阅读。要读好书，读能给自己带来成长和愉悦的书，比如可以从经典名著读起；其次，要创造良好的阅读环境；最后，要掌握正确的阅读方法，做到精读与泛读相结合。

2. 培养运动习惯

首先，选择自己喜欢的运动项目，比如跑步、游泳、球类运动等；其次，设定合适的目标，刚开始运动时，可以制定一个较容易达到的目标，在运动一段时间后，再设定一个更高的目标；最后，制订具体的运动计划表，比如一周运动几次，每次运动的时间等。

技能训练：结合自身实际，请制订一份自己的阅读与运动计划。计划要目标明确，任务具体，时间安排合理，可执行性强，并且要有效果检验的内容。

二、 通过自我关爱进行心理保健

1. 自我接纳

自我接纳是个体对自身的一种积极态度，主要表现为能够欣赏自己的优点和长处，也

能够接受自己的缺点和不足。在进行自我接纳时，要做到不苛求和攻击自己，全然地接纳自己的情绪，无条件地接纳自己。

自我接纳训练：对着镜子里的自己，看着自己的眼睛，叫自己的名字，反复地对自己说："我爱你，无论你做过什么，我都会一直支持你，完全接纳你。"

2. 自我鼓励

经常进行自我鼓励能够增强自己的信心和自尊，能够给自己带来力量和勇气。

自我鼓励训练：我是一个有梦想的人，所以立下远大的理想。我有能力胜任学习和工作，把我的信心表现出来；我对生活充满热情，把我的热忱表现出来；我精神抖擞，感觉充满希望，勇敢向着目标前进，更上一层楼。

三、 通过放松训练进行心理保健

放松训练是指身体和精神由紧张状态向松弛状态发展的过程。放松主要是通过肌肉放松来达到身心放松的目的。当我们在日常学习生活中感到疲劳时，持续几分钟的完全放松比1小时睡眠效果更好。放松可以分为呼吸放松、想象放松、静坐放松、自律放松等类型，其中正念、冥想和瑜伽等是目前较为流行的方法。

正念训练（吃葡萄干练习）：这是一个正念觉察的练习，请你提前准备好两颗葡萄干，选择一个安静不被打扰的地方，坐在一把舒服的椅子上，把葡萄干放在手上，放慢速度，带着好奇、开放的态度来观察，来看、触、嗅、品，以全新的方式再次与手中这颗我们常见却又是第一次见的葡萄干来打交道，同时细细关注自己的眼、鼻、口、舌与它打交道时的感觉。结束后写下你在这个过程中的感受。

拓展提升

一、 任务拓展

什么是正念

"正念"这个概念最初是从坐禅、冥想、参悟等发展而来的，是一种自我调节的方法。卡巴金（J. Kabat Zinn）将其定义为一种精神训练的方法。在这种精神训练中，强调的是有意识地觉察、将注意力集中于当下，以及对当下的一切观念都不做评判。因此，正念就是有目的地、有意识地，关注、觉察当下的一切，而对当下的一切又都不做任何判断、任何分析、任何反应，只是单纯地觉察它、注意它。

正念因为对于人们的心理问题具有很好的疏通作用，"能帮助我们从这种惯性又无知无觉的睡眠状态醒过来，从而能触及生活中自觉与不自觉的所有可能性。"因此，在现代心理学中，正念被发展成为一种系统的心理疗法，即正念疗法。

二、 拓展训练

正念身体扫描训练

请找一个安静的地方坐下来，挺直腰背，头部摆正，将手放在你的膝盖上。

首先闭上双眼，开始深呼吸，用鼻吸气，用嘴巴吐气，慢慢地连续做五次。

接下来，请感受你臀部与椅子接触的感觉，感受脚掌接触地面的感觉，感知接触的部位，落地的力量以及两脚是否均匀地着力。

然后将注意力集中在一只脚的脚趾上，感受来自脚趾的感觉，是紧张还是松弛，是冷还是热？以充满好奇的态度全身心专注于这一系列短暂的细微感受，虽然有时候我们感受到它们是孤立的，你可以尝试去把它们串在一起。如果在此期间发现自己被吸引到其他感受时，请将自己轻轻地拉回到对脚趾的专注上，直到有一种完全的专注状态。

接下来以同样的方式将注意力集中在另外一个脚趾上，做同样的练习。在你准备将专注力移至其他部位之前，请将专注力在脚底部位做少许停留，认真体会这个部位的各种感受。

就这样继续将观想过程进行下去，依次到小腿、膝部、大腿、腹股沟部、腹部、胸部、颈部以及头部等。观想完成后，再感受一下全身的感觉，我们与椅子接触的感觉，脚与地面接触的感觉。一切，都如此安然，慢慢地睁开眼睛，记住这份感觉，并带到生活中的每个角落。

【小贴士】在这个练习中，练习者要带着好奇、开放的态度，有意识地觉察身体的每一个部分。从脚趾到头顶，每个在日常生活中可能被我们忽略的身体部位，我们都要借此机会与它们"单独"相处。这个练习可以帮助我们提高对身体感受的觉知，对自己身体乃至情绪的变化更加敏锐，同时也提高我们进行清醒觉察的能力。

三、 任务考核

1. 什么是科学的健康观？
2. 如何根据科学的健康观促进我们的健康？
3. 大学生在日常生活学习中如何进行自我心理保健？

项目二　认识自我　发展自我

项目导读

在我们的成长经历中，常常困惑于"我是谁?""我要成为什么样的人?""我如何才能成为理想中的那类人?""高职读出来有什么前途?"这样的问题，这可能需要我们一生去不断追寻，这些问题涉及我们个人如何进行自我认识与自我评价，我们可以将这些自我拷问看作是自我意识。在生活学习中，我们通过对自己的认识与了解，建立自己的目标期望，引导自己去行动，并根据行动结果不断反思调整自己的行为、认识。这一系列复杂的心理过程，就是自我意识。

进入大学后，在日常的生活学习中，我们不可避免会遇到现实问题的困扰，会在内心深处经历冲突、困惑、矛盾，例如，"我为什么总是和他人处理不好关系，我活着的生命意义是什么，读高职有什么用"等问题中徘徊与挣扎。大学阶段是我们一生中从青春期走向成年期的黄金阶段，是我们获取知识形成技能的最重要时刻，我们在这一阶段中扮演着什么样的角色，如何去扮演好自己的角色，需要我们理性思考与认真对待。

我们成长的过程就是一个不断用我们的认识与行动去回答这些问题的过程。然而如何能够客观地认识自我，理性地指导自己走向成熟，需要我们结合自身实际，理性探讨。

学习目标

知识目标

1. 了解自我意识的内涵、功能，大学生常见自我意识偏差的表现。
2. 了解自己的性格与价值观，知晓自我认识的途径与方法。
3. 理解自我意识的发展规律及其特征。
4. 掌握自我完善的方法。

技能目标

1. 能够恰当地评价自己，能进行理性的比较。
2. 能识别并调适自我意识偏差。
3. 能使用自我探索的工具加强自我认识，掌握正确认识自我、评估自我的方法。
4. 在与现实环境相互作用的过程中能自我控制，不断塑造自我。

素质目标

1. 培育客观理性的自我悦纳、自我欣赏。
2. 养成积极理性、健康的自我意识，在社会实践中不断完善自我。
3. 树立积极的自我概念，悦纳自己的缺点与不足。
4. 在自我、家、国之间树立理性的家国情怀，将自我的发展与成长融入社会主义建设浪潮中。

任务一　认识自我

任务引入

　　我今年 18 岁，就读某学院大一，身高 160 厘米左右，出生在一个比较富裕的家庭里，是家里的独生女。从小学习成绩优良，一直名列前茅，总能得到老师和家人的夸奖。我在小学到初中时期学习过舞蹈，经常在学校的文艺汇演中演出。上大学以后，我想要参加学院舞蹈队，因为脸上长了些痘痘，被淘汰了下来，心理上接受不了这一事实，非常沮丧，觉得自己可能是变丑了，每次照镜子时觉得自己眼睛小、身体胖、头发少，最近烦恼不已，无法学习。

　　一周前的星期天，我回了趟家。一进门就看到母亲与她单位的同事正在家里聊天。见我回来，母亲的同事和我打招呼，"回来啦，长这么高了，都不认识了哟！"母亲不经意地调侃，"长高了，长胖了，没有以前漂亮啦，变成了一个丑女儿！"听到母亲的话，我心情一下子变得灰暗了。总是想着自己太胖了，应该尽快想办法减肥。有一天，我要求好朋友如实说说自己到底长得怎么样，好朋友说："你的身材只是略胖，但是你笑起来脸有些胖，眼睛显得有些小"，从此我又多了一块心病——自己的眼睛太小，甚至不敢在众人面前露出笑容。

　　我想着减肥，但坚持不住，体重反而长了几斤，自己感到非常难过，每天对着镜子自怨自艾。现在我每天早上起来都要化妆化很久，想让自己变得漂亮点。我夏天不敢穿裙子，总是穿着长衣长裤，一次听到一个同学议论我"行为怪异，化浓妆，整天拉着个脸"。慢慢地我疏远了她们，开始害怕出现在众人面前，变得孤僻，当别人盯着我的时候，我觉得不自在，怀疑别人是凑在一起议论自己，总想着这些事，上课时也容易走神，难以集中精神，什么都学不进去，非常无助。

　　我不知道自己是怎么了，也不知道自己出了什么问题，更不知道谁可以帮帮我，真的很无助。

　　请思考：通过案例中"我"的描述，她出现了什么问题，出现问题的原因可能是什么，我们应如何帮助她呢？

相关知识

一、 自我意识概述

自我意识（Self-Consciousness）是意识的一种形式，是个体自己对自己的认识、对自己存在的觉察。一般来说，自我意识是指个体对自己的认识和态度，是人格的重要组成部分，是使人格部分整合和统一起来的核心力量，包括三个层次：一是个体对自身生理状态的认识和评价（体重、身高、身材、容貌等体征和性别方面的认识，对身体的痛苦、饥饿、疲倦等感觉）。二是个体对自己与周围事物关系的认识和评价（在一定社会关系中的地位、作用，对自己与他人关系的认识和评价）。三是个体对自身心理状态的认识和评价（能力、知识、情绪、气质、性格、理想、信念、兴趣、爱好等方面的认识和评价），即从生理、社会及心理三个维度对自己进行认识与理解，这种认识是一个多层次、多维度的心理系统，是通过感知、观察、分析外部活动及情境、社会比较等途径获得的。

自我意识是一种将自己作为感知对象的特殊的认知过程，认知的主体和客体都是自身，是主我（"I"）对客我（"Me"）进行认识，并按照当前的社会环境及其规划要求对客我进行调控。自我意识是人的心理区别于动物所特有的，是人的意识发展的高级阶段和本质特征。

人的自我意识伴随个体社会化进程而不断发展，作为个性结构中的自我调节系统，同时根据外在的影响因素及个人内在的心理过程不断对个性结构的形成施加影响。大学生步入成年初期，个性结构中的调节系统逐渐成熟，通过建立良好的自我意识，对大学生个人的成长成熟及良好个性的形成将产生积极的作用。

二、 自我意识分类

1. 从形式上，自我意识分为自我认识、自我体验、自我调控

自我认识主要解决"我是谁""我是一个什么样的人"等问题，对自己的身高、体重、外形、知识水平等进行理解、分析、归类，如我觉得自己脾气急躁，容易冲动，我是一个易情绪化，很难管得住自己情绪的人。这在客观的自我认知基础上做出正确的自我评价，对于个人的心理活动、行为表现及个人在社会群体中人际关系的协调，都具有重大的影响作用。

自我体验是个体在自我认知活动中所产生的一种情绪体验，即主我对客我所持有的一种态度。它反映了主我的需要与客我的现实之间的关系。客我满足了主我的要求，就会产生积极肯定的自我体验，即自我满足；反之，客我没有满足主我的要求，则会产生消极否定的自我体验，即自我责备。自我体验主要涉及"对自己是否满意""能否悦纳自己"等

问题，如有人因为自己长得不好看，所以对自己感觉不满意，不愿接受这个丑陋的我，自己的长相没有满足自己对自己的现实需求，内心会感到自卑。

自我调控是自我意识的意志成分，是个体对自己行为、思想、活动和态度的调节控制，使之符合社会规范，是主我对客我的监督、制约，包括自我检查、自我监督、自我控制等。自我控制主要解决"如何有效地调控自己""如何改变现状，使自己成为一个理想的人"之类的问题。自我控制有两个方面的表现，其一是启动行为，其二是制止行为。人们在克服困难的过程中，个体强制促使自己坚持进行种种活动，这就是自我控制所起的发动作用，体现在自己对自己的指导与激励。例如有的大学生克服贪睡的欲望，晨起跑步早读。而主我根据当时的情境，抑制客我的行动和言语，则为制止行为，体现在"我该做什么，不该做什么"，例如与人发生争执，冲动想打人的时候，告诉自己要冷静，冲动是魔鬼等，控制住自己不当的言行，从而避免不良的后果。

2. 从内容上，自我意识分为生理自我、心理自我和社会自我

（1）生理自我。生理自我是指个人对自己生理属性的意识，包括个体对自己的身高、体重、外貌、身材等方面的意识等。如果一个人对生理自我不能接纳，觉得自己个子矮、不漂亮、身材差等，就会讨厌自己，表现出自卑和缺乏信心。这是自我意识的最原始形态。

（2）心理自我。心理自我就是个人对自己心理属性的意识，包括个人对自己的人格特征、心理状态、心理过程及其行为表现等方面的意识。

（3）社会自我。社会自我是指个人对自己的社会属性的意识，包括对自己在社会关系、人际关系中的角色、地位的意识，对自己所承担的社会义务和权利的意识等；也是指对自己在群体中的地位、作用，以及自己和他人相互关系的认识、评价和体验。如果一个人认为自己不善于交流或沟通，周围的人不喜欢自己、不接纳自己，没有知心朋友等，就会感到很孤独、很寂寞。自我意识的结构如表2-1所示。

表 2-1　自我意识的结构

项目	自我认知	自我体验	自我控制
生理自我	对身体、外貌等的认识，如"我是胖女孩"	英俊、漂亮、有魅力、丑等，如"太黑了，脸太大了，我不喜欢自己"	追求身体的外表、物质欲望的满足，如"我要减肥，我要变白"
心理自我	对能力、性格等的认识，如"我很乐观"	聪明、活泼、优雅、鲁钝等，如"太笨了，我看不起我自己"	追求智慧与能力的发展，如"我要成就我自己"
社会自我	对责任、义务、地位等的认识，如"我很忠诚"	自豪、自卑、自爱、自怜等，如"别人不讨厌我"	追求名誉地位、赢得他人好感等，如"我要成为像××一样的人"

三、　自我认识

自我认识是自我意识的认知成分，是指主我（I）对客我（Me）的分析和评价，即自我分析和自我评价。自我分析是个体对自己身心特征的认识；自我评价是在自我认知的基础上对自己做出的某种判断。它是自我意识的首要成分，也是自我调节控制的心理基础，它包括自我感觉、自我概念、自我观察、自我分析和自我评价。自我分析是在自我观察的基础上对自身状况的反思。自我评价是对自己能力、品德、行为等方面社会价值的评估，它最能代表一个人自我认识的水平。

如果一个人经常把自己看作低人一等，没有价值，他就会产生自卑感，做事缺乏胜任的信心，没有主动性和积极性，就会产生退缩、逃避，越来越看不到自己的长处。相反，如果一个人只看到自己的长处，他就会产生盲目乐观的情绪，自我欣赏，自以为是，其结果往往是不能处理好人际关系，难以与人合作，或被他人拒绝、被群体所孤立。可见，对自我的客观认知和评价，对个人的健康发展有着不可忽视的影响。

任务实施

两千多年前，有人问苏格拉底："世上何事最难？"他回答："认识你自己"。作为伴随着我们一生的哲学命题，认识自己很重要，但却不容易，毕竟当局者迷，旁观者清，不管你认为自己多么聪明，都很难超越自己的局限。

自我认识在自我意识系统中具有基础地位，属于自我意识中"知"的范畴，其内容广泛，作为当代大学生，我们应该如何更好地加强自我认识，形成正确的自我概念，培养健康的自我意识，为更好地完善自我奠定基础，可以从以下四个方面去思考。

一、　通过自我观察进行自我认识

自我观察是对自我所感所知、所思所想、情感、意向等内部经验感受和外部行为表现开展观察和分析，进行自我报告。自我观察时需要将自己抽离出来作为一个观察者对自己的心理活动及行为过程进行观察，如我最近脾气不好经常和舍友发生矛盾，在这样一个问题情境面前，我们需要将个人的情绪状态与人际互动模式进行觉察，一是自己带着负面情绪与同学交流；二是在交流中是自己的态度激发了对方的负面情绪，还是自己的交流内容或交流方式激化了矛盾。通过自我观察发现问题，便于及时调整，及时化解矛盾。在自我观察中，我们常用的一种方式是写日记，在进行记录时对自我进行分析。

二、 通过自我反思进行自我认识

自我反思主要是对自己过去经历的事情进行回顾分析，从中总结经验教训，不断加强自我认识，同时对后续相应的事件进行指导。为了对自己认识理解得更深入，从宏观上概括起来主要集中在三个维度：对自己的生理自我（身高体重、运动能力、外表体征等）、心理自我（知识结构、性格、能力、气质等）、社会自我（家庭出身、成长环境、人际关系、经济条件等）进行觉察、分析，了解自己生命的成长和演变过程，从历史的角度深入了解我是谁，我为什么是谁，结合自己的使命、追求，以便于对后续个人发展进行预测与调控。可以从以下三个方面进行自我反思。

一是大学生可以通过自己参加各种活动时的动机、态度，在活动中的表现，以及取得的成效、成果来分析认识自己。例如可以通过自己某一天某门课的学习过程来进行反思，自己的学习过程中内在的心理体验如何，学习过程中方式方法是否有效匹配当前的学习内容，最后整体的学习效果如何等来进行自我反思与评价，通过分析得到准确的自我认识。

二是对自己心理状态、行为动作进行自我分析反思、自省，大学生的自省评价往往是通过自己的活动和行为结果来评价自我的能力和品质，需要具体的情境。因此大学生要积极参与社会交往和社会实践活动，在活动中发现和展示自己的能力和才华，从不同领域、不同层次、不同角度寻找认识自我、评价自我的机会，从而较全面地进行自我评价。

三是在自我觉察中认识自我。尝试学会自我觉察，经常正视自己的行为、动机正确与否，行为进程中有无不足，结果如何，有哪些收获和缺憾，从中来发现长短得失，以便更好地进行自我调整。

三、 通过他人的认识和评价进行自我认识

生活中我们常常通过镜子来观察自己的外在形象，在人际互动中，我们可以"以人为镜"，通过与他人的社会互动，从"镜子"中了解他人眼中的自己，从而获得自我观念、自我评价。心理学中一般认为当个体的自我评价与外界对自己的客观评价有较大程度的一致性时，表明其自我意识较为成熟，因为他人评价比主观评价更具有客观性。不同人物的评价对我们的影响不一，我们身边的"重要他人"，尤其是父母、老师和同学的评价，他们对我们的认识与评价对我们的心理产生的影响力较大。

通过他们的信息反馈，根据他们的看法来调整自己的行为，以使自己的言行更符合社会规范及期望。在以他人为镜时，需要避免"忠言逆耳"带来的不好感受，趋乐避苦是人的本性，喜欢人的赞美而不喜欢人的批评，这些是大学生易犯的错误。大学生容易根据自己的心理需要，主观上有选择地接受某些方面的评价，比如更乐意听赞美的话，听不进批评甚至是建议。另外，对他人的评价也要注意认知的完整性，兼听则明，偏听则暗，即要

用多面镜子，学会观察和分析大多数人的态度，客观地认识自我、评价自我，只有这样才能更好地、恰如其分地认识自己。

四、 在社会实践活动中加强自我认识

大学生在成长过程中大部分时间生活在校园里，很少参与具体的社会实践，在其认知中带有更浓的理想化色彩，使他们的自我认识往往带有片面性，自我意识发展不成熟，究其原因，往往是找不到自我与社会的契合点，没有投入社会实践中去锻炼自己。

社会实践活动给每个大学生提供一个表现自我的场所，个体在实践中充分展现自己的长处，从而获得他人的赞誉，证明自己的价值，获得价值感，增强自信心。在实践活动中如不能胜任，可能会承受批评，这同时也是一个发现自己某些方面弱项的过程，同时为自己调整和改进提供契机。在社会实践活动中通过人际互动和自我反思，获得反馈信息，以便于自己根据实践活动的需要，有目的地实行自我调控、自我教育，不断地调整和充实自我意识的内容，确立正确的自我评价从而引导自我意识向健康的方向发展。

拓展提升

一、 任务拓展

沉香与木炭

一位年老的富翁，非常担心他从小娇惯的儿子，虽然他有庞大的财产，却害怕留给儿子反而带来祸害。他想，与其将财产留给孩子，还不如教孩子自己去奋斗。

他把儿子叫来，对儿子说了他如何白手起家，经过艰苦的考验才有今天，他的故事感动了这位从未走出远门的青年，激发了他奋斗的勇气，于是青年发誓：如果不找到宝物绝不返乡。青年来到热带雨林中找到一种树，这种树高十余米，在一大片雨林中只有一两株，青年觉得这种树木不错而且稀有，就准备砍去贩卖。这种树木砍下之后，让外层腐烂，留下木头呈黑色的部分，会散发出无比的香气，放在水中也不像其他木头一样浮在水面上，而是沉到水底。青年把这种带有香味的树木运到市场上出售，可是没人买他的树，倒是旁边卖木炭的小贩生意很火。日子一天天过去，青年的树仍是无人问津。他想：大概我的树真的不及那人的炭。于是他把香树烧成炭挑到市场上，结果一会儿就卖光了。青年很得意地回家告诉了老父，老父亲听了，忍不住落下泪来。原来青年烧成木炭的香木正是世界上最珍贵的树木——沉香。一小块的价值就会超过一车木炭。

思考：看完这个故事，你有什么样的感受？在我们的生活中，有许多人都会像这位青年一样，手里有"沉香"却不知道它的珍贵，反而羡慕别人的木炭，最后竟丢了自己的珍

宝。你认为青年人为什么会犯这样的错误？

小男孩卖石头

有一个生长在孤儿院中的男孩儿，常常悲观地问院长："像我这样没有人要的孩子，活着究竟有什么意思呢？"

院长总是笑而不答。

有一天，院长交给男孩儿一块石头，说："明天早上，你拿这块石头到市场去卖，但不是'真卖'，记住，不论别人出多少钱，绝对不能卖。"

第二天，男孩儿蹲在菜市场角落，意外地有好多人向他买那块石头，而且价钱越出越高。回去后，男孩儿兴奋地向院长报告，院长笑笑，要他明天拿到黄金市场去叫卖。在黄金市场，竟有人出比昨天高十倍的价钱要买那块石头。

最后，院长叫男孩儿把石头拿到宝石市场上去展示。结果，石头的身价比昨天又涨了十倍，由于男孩儿怎么都不卖，竟被传扬成稀世珍宝。

男孩儿兴冲冲地捧着这块石头回到孤儿院，将这一切告诉院长。院长望着男孩儿，徐徐说道：

"生命的价值就像这块石头一样，在不同的环境下就会有不同的意义。一块不起眼的石头，由于你的珍惜、惜售而提升了它的价值，被说成稀世珍宝。你不就像这块石头一样？只要自己看重自己，自我珍惜，生命就有意义，有价值。"

思考：你能认清自己的价值，找到自己的位置吗？通过自我探索，找准自己在社会中的位置，并将思考融入自己的职业生涯规划中。

二、 拓展训练

20 个我是谁

你了解自己吗？你能用反映个人个性风格的语句来描述独一无二的自己吗？

"我是谁"——
一个共产党员的"自白"

20 个我是谁？

1. 我_____；
2. 我_____；
3. 我_____；
……
19. 我_____；
20. 我_____。

完成后，对自己所写的 20 个（可以更多）我进行归类：

主客观情况的各有哪些？身体状况（年龄、形体等）的有几项？自我（情绪状况、

才智状况）有几项？表示积极和消极的句子各有几句？哪一方面过低评价了自己？是什么原因造成的？是否有认识偏差？

如果表示积极的句子多于表示消极的句子，说明你的自我接纳状况良好。相反，如果你的消极陈述的句子将近一半甚至超过一半，则显示你不能很好地接纳自己，你的自尊程度较低，这时你需要内省一番，寻找问题的根源。

如果你能按要求完整地回答这个问题，并且在别人看完你的回答后，能在心里描绘出你大概的性格特点，那么就能说明你对自己的认识是非常清楚的。你对自己的未来也一定会把握得更好，因为你懂得自己的长处和弱点，你可以专注自己的专长去努力，可以弥补自己的弱点。这样的人，无往而不胜。

三、　任务考核

1. 说一说你有一些什么样的优势和缺点。你觉得在你的好朋友眼中你有什么样的优势和缺点？

2. 你弟弟身高160厘米，高考后一直想填报军事院校，以圆儿时的从军梦想，你将如何与他交流。在自己班上找一个同学扮演弟弟，自己现场演示劝说过程。

任务二　调控自我

任务引入

上大学后爸爸说要给我买一个手机，因疫情有上网课的需要，我便跟爸爸说要一个屏幕大一点的好一点的智能手机，方便用于学习。进入大学后在老师的指导下我下载了一些跟学习相关的APP，自己在手机上开始学习相关专业知识。一段时间后，在周围同学的影响下，我开始迷上了王者荣耀、英雄联盟，一有空闲时间就投入到游戏中，经常占用自己安排好的学习时间，每周总结自己学习成果的时候发现自己的目标任务没有完成，非常自责，感觉自己非常对不起爸妈。

我也曾有几次将与学习无关的APP卸载了，信誓旦旦不再虚度光阴，但没坚持几天自己又会陷入无力中，会继续看电影、玩游戏。我实在不想每天这样随波逐流了，我只想努力上进，可我就是没有办法控制自己不去玩与学习无关的，我觉得自己很无能，但又很无助，不知道该怎么办，我真的很焦虑。

请思考：你有过案例中"我"的体验吗？如果"我"是你的朋友，你将如何帮助"我"呢？

相关知识

一、 大学生自我意识的发展

人的自我意识是随着人每一个阶段的成长而逐渐发展的，起始于婴幼儿时期，萌芽于童年期，形成于青春期，发展于青年期，完善于成年期。大学阶段是自我意识从发展走向成熟最重要的时期，在这一特定阶段中，大学生的自我意识会出现一个分化——冲突——统一的过程，这一过程是大学生自我意识不断发展、趋于成熟的过程。

1. 自我意识的分化

自我意识的分化从少年期进入青年期开始，完整的自我意识演变为两个我：一个是我现在是什么样子，另一个是我应该是什么样子，出现理想自我（主体我）和现实自我（客体我）失去平衡。

理想自我是根据主观的自我和主观感受的社会现实所希望自己未来成为什么样的人而达成的自我状态。理想自我是处于观察者的地位，也就是"主体我"（I）。现实自我是指当前实际所达到的自我状态，即我现在是什么样的人。现实自我处于被观察者的地位，是理想自我所要观察的对象，也就是"客体我"（Me）。

在自我分化阶段，如果主体我与客体我不能相互协调达成统一，便不能确定自我形象，形成积极的自我概念，会产生内心冲突，带来心理上的不适和痛苦。

处于自我意识分化中的大学生会产生迷惘、困惑、压抑等负面情绪体验，这是他们走向成熟必须要经历的，分化是自我意识开始走向成熟的标志，它使大学生开始审视和探求自己微妙的内心世界，关注自己的内在体验，促进他们思维或行为主体的形成，开始有自己的目标与价值追求，并产生自我塑造、自我教育的内在动力。

总之，自我意识的分化促进了大学生思维和行为主体性的形成，从而为客观地评价自己和他人，合理地调节自身的言行奠定了基础。这是自我意识开始走向成熟的标志。

2. 自我意识的冲突

自我意识的分化，使大学生明白理想与现实的差距，并积极努力去缩短这种差距，或基于现实我对理想我进行调整，通过努力使现实我无限接近理想我。由于处于发展阶段中自我形象还未完整确立，自我概念尚不明确，如大学生普遍存在心理发展跟不上生理发展的速度，面临较大的学习、经济等方面的压力，理想与现实差距拉大，不知道该干什么，也不知道能做什么，这些都属于自我冲突，会引起内心的不安和痛苦。

3. 自我意识的整合

自我意识的分化、矛盾冲突是自我意识发展中的正常现象，会使大学生感到焦虑苦恼、痛苦不安，为解决矛盾冲突，求得内心的平衡与发展，大学生会通过不断解决矛盾以实现"理想我"与"现实我"的统一。自我意识的整合即为自我通过对内在的矛盾冲突在新的水平和方向上达到协调一致，自我的统一有利于形成稳定的自我形象和自我概念。

一般而言，消除矛盾冲突，达成自我整合的途径有三种：一是努力改善现实自我，使之趋向理想自我；二是修正理想自我中某些不切实际的过高标准，使之与现实自我趋近；三是放弃理想自我而迁就现实自我。由于个人的社会背景、生活经验、智力水平、追求目标等方面的差异，自我意识统一的途径会有所不同，不管以哪种方法达到统一都有利于个体的心理发展。

二、　大学生的自我调控

自我调控主要涉及"我应当成为怎样的人"的问题，是指个体在自我评价的基础上，在自我体验的影响下，对自己的行为与心理活动的自我作用过程。主要表现为个体对自己的行为活动的调节，自己对待他人和自己态度的调节等，它集中体现了自我意识在改造主体和客体相互关系时的主观能动作用。例如，我怎样克制自己才能不再容易冲动？我怎样改变自己？我怎样才能成为自己理想中的那种人？

自我调控包括自我调节和自我控制。自我调节是自我意识中直接作用于个体行为的环节，它是一个人自我教育、自我发展的重要机制，自我调节的实现是自我意识的能动性质的表现。自我意识的调节作用表现为：启动或制止行为；心理活动的转移；心理过程的加速或减速；积极性的加强或减弱；动机的协调；根据所拟订的计划监督检查行动；动作的协调一致等。

自我控制是自我意识在行为上的表现，是实现自我意识调节的最后环节。它是个人对自身的心理和行为的主动掌握，是个体自觉地选择目标，在没有外界监督的情况下，适当地控制、调节自己的行为，抑制冲动，抵制诱惑，延迟满足，坚持不懈地保证目标实现的一种综合能力，表现在认知、情感、行为等方面。自控行为的多次重复就可形成良好的习惯，从而降低自控行为引起的紧张感，使自控行为容易完成和保持。

任务实施

自我调控是最自我集中的调节手段，也是个体具备自制自控良好心理品质和主动积极的心理行为的重要功能表现。如何开展自我调控，可以针对现实生活中出现的心理困扰，如焦虑、抑郁、纠结等导致的一些身心不适进行调节。

一、 自我觉察，发现问题

自我觉察是指人们对行为表现进行观察、觉知的过程，这一过程会根据不同的活动中存在的不同衡量标准，结合自己的需求、意愿等对自己的认知情绪行为进行整体的辨识。自我觉察意味着一个人开始超越自己的心智，让觉察的自我从心智中分化出来，把自己的心智作为一个对象来加以认识。通常我们的注意是指向环境的，自我觉察要求指向自己。觉察时可以通过如看到镜子中的自我、自我对话、观察自己的影像资料、他人评估的反馈等方式进行。

自我觉察是从认识自己的习惯状态、固有特性开始的，注意力向内心集中，试着去感知自己的内心活动，包括身体感觉、情绪、情感、幻想等。如同一种分身术，让自己的意识从身体中分离出来。如果能够做到以旁观者的身份来观察和谈论自己，我们就不再被自己的习性所控制，就能站在一个更加客观的位置上认识自己。通过自我觉察，便可确立需要调整的行为、情绪或某些方面的认识，如我进大学后发现自己变懒了，我发现最近自己已经有半个月不开心了，等等。从而能够发现问题，明确目标，为进一步的自我调整与修正奠定基础。

二、 稳定情绪，明晰问题

在自我调控中最基础的是能保持客观理性的心理状态，而这种状态需要稳定的情绪作为支撑。我们总会遇到情绪失控的时候，不论是情感问题、学业压力还是生活烦恼等。当情绪失控的时候，应该通过自我觉察，了解情绪，管理好情绪，将调控的主动权夺回，让大脑理智地控制情绪及我们的心理状态。

通过自我觉察，将觉察到的问题进行分析与认识，形成对问题的了解与认识，特别是对问题的形成原因、当前问题的程度等进行深入的分析与把握，深刻把握问题的本质。在此基础上，通过了解呈现的问题情境，搜寻问题有关的背景知识，使问题情境与其认知结构联系起来，从而进一步理解面临问题的性质，了解问题情境的目的在于明确解题过程的目标或终点，通过整体评估，明了自身需要调节或控制的问题，为下一步解决问题奠定基础。

三、 择取资源，解决问题

进入问题解决阶段后，大学生必须调动认知结构中与当前问题解决有关的背景知识与能力，以及自身内外的各种资源，择取合适的资源，运用最优的解决策略以使问题得以高效解决。然而对于一些动用各种资源仍然无法解决的问题，如我想再长高一点，则需要从自己的需要调整入手，对一些不可能实现的需要，则可以采取自我悦纳的方式去处理。总之，心理调节是以对自身和所处环境的正确认识与评价为前提，尽力消除那些能够改变的不愉快事件，理智地接受那些非个人力量所能改变的现实，以达到良好适应，情绪稳定，实现躯体、心理多方面的平衡健康。

四、　克服阻力，驾驭自我

有效控制自我，关键在于锻炼自我的意志力、坚持性和对目标的坚定性，重点在于行动过程的执行力与克制力，即可以促使自己去做什么或可以阻止自己不去做什么。如这个学期我想考过英语四级，在建立目标后，安排好每周、每日的学习任务，只有不断完成每日的学习任务才能达成自己的目标。而在这一过程中，需要意志努力去坚持完成每日的任务，通过调动自己的信心、目标激励等激发出更多的动力去实现目标；学习过程中有时会觉得很累，有时会有外部的诱惑使自己中断、放弃已制订的学习计划，这就需要体现出自我约束，克制自己，使自己尽可能按目标计划行动。当然，有些时候无法按计划完成任务，需要自己及时纠偏，保证完成工作任务。

驾驭自己不只是一味地自我克制、自我约束，更需要提前营造好一个良好的自我心理环境，例如我们都会有负面情绪，需要自己积极主动去疏导，去释放自己，而不是一味压制自己，这样会很累，会消耗大量的心理资源。提前有一个宽松良好的心理环境，在决定不做什么时就会很容易，只需要很少的心理能量。若在我们感觉情绪要爆发之时，再去调节控制，就会容易失控，无法驾驭自己。

调控自我时，首先要建立理性的认知方式。正确的认知是人适应与发展的前提和基础。人们对生活的不适应，大部分源于对现实的不合理认知方式。例如，对自己、对别人以偏概全，对自己行为"糟糕之极"的悲观预期等。因此，大学生要培养自己的辩证思维方式，改变对自我、对他人、对社会的不恰当的认知。

其次要适应角色要求。大学新生面临着多方面的变化，因此要了解客观的自己，了解自己的长处和缺点；要了解现在的社会和环境对自己的要求。这样做，就能使他人的"角色期望"与自己的"角色采择"一致，以便有效地控制和改变自己的态度与行为，以达到改善人际关系与提高工作和学习效率的目的，使现实的自己不断向理想的自己靠近。

最后要有效控制情绪。情绪和情感是否良好，对人的意志、行为和个性心理等起着积极或消极的作用，同时它还主宰人的健康，影响人际关系、学习和工作，决定个人的成功与发展。大学生们面临着社会的巨大变革及环境和角色的改变，相应的情绪情感难免产生，若不及时疏导、控制和调适，轻者会陷入情绪低落或淡漠之中，重者会产生恐惧、焦虑、烦躁等情绪障碍，进而影响个人的适应与发展。因此，大学生须保持积极、乐观、稳定的情绪状态，为学习和生活中面临的挑战调适好心理状态。

拓展提升

一、 任务拓展

王献之的书法

　　王献之小时候曾经问他的父亲（我国著名书法家王羲之）写好字的秘诀，父亲指着家里十八口水缸说："写好字的秘诀就在这十八口缸里，你把十八口缸的水写完，自然就知道了。"王献之按照父亲的话把十八口缸的水写完，果然练出一手好字。在书法史上，他与其父王羲之齐名，并称"二王"。

　　你知道王献之写好字的秘诀是什么吗？学会自我控制和磨砺坚强意志对我们的人生有着重要的价值，你将如何通过自我控制磨砺出坚强的意志？

二、 拓展训练

快乐木头人

感动中国人物
——刘伟的励志事迹

　　游戏规则：

　　1. 两人一组。一人为扮演"木头人"，另一人负责逗乐"木头人"，使其不能保持"木头"状态。

　　2. 老师宣布游戏开始，指导语："甩，甩，甩，我们都是木头人，不许说话，不许笑，不许动"。

　　3. 老师讲解指导语的同时，同学们的手、脚都必须一起跟随指导语甩动。

　　4. 老师话音一落，扮演"木头人"的同学都要持话音刚落时的动作，然后像木头一样，谁都不能有任何动作。

　　5. 同伴想方设法逗"木头人"动。

　　6. 两人交换角色。

　　游戏结束，学生分享。

　　问题：成为全班坚持时间最长的人，你此时此刻的感受如何？你是怎么成功做到"木头人"的？

　　在此游戏中，想让自己不动，避免落入同伴逗乐大作战中的圈套，就必须做到自我控制：控制我们的情绪、控制我们的行为。

　　在此游戏中，我们能体验到：我们大脑中有两个小人（一个"克服冲动、深谋远虑"，另一个"任意妄为、及时行乐"）在互相斗争。一个说："坚持、坚持、再坚持，就能成为自我控制持续时间最长的人。"另一个说："别傻了，及时行乐最重要，想笑就笑，快乐最重要。"

哪个小人在斗争中占上风，就表现在你们的行为结果上。我们很羡慕有些人，能在纷繁的世界里能心无旁骛做事情。同样生活在同一片蓝天下，他们和我们不一样的地方在哪里？是因为我们生活中诱惑很多，而我们想做的事情很多吗？此时此刻每位同学都有自己的答案。

三、　任务考核

1. 从你手机 APP 中选出 3 个使用频率最高的娱乐软件，跟家人签订协议，保证 3 天内不玩这 3 个 APP 软件。

2. 生气的时候使用自我暂停技术，如想骂人的时候用自己的舌头在口腔内转圈 30 下，以防止情绪进一步恶化。

任务三　塑造自我

任务引入

从很小的时候开始，我就发现自己的骨子里有一种自卑感，我觉得自己什么都不好，没有任何优点，什么都不如别人。时至今日，我在与别人的交往中，还是觉得会消耗自己的能量，因为很多时候我都要花力气把自己本来的心虚与卑微掩饰起来，然后把自己最好的一面展示给别人，这样在与人相处中我就消耗了很多心力，感觉内心不自由。我怕自己以真面目示人后，别人对我有意见，感觉我不好，我很怕给人留下这个印象，所以我要打起精神伪装自己，这让我很累。其实说白了，我就是不自信，觉得自己不好。我觉得自己没有自我，在与别人交往中一直都在演戏，我不知道该怎么办，该如何去改变自己，很无奈。

请思考：通过案例中"我"的描述，"我"出现了什么问题，出现问题的原因可能是什么，我们如何帮助"他"呢？

相关知识

一、　弗洛伊德的人格结构理论

精神分析学派的创始人弗洛伊德在他的心理学中阐述了自我概念。弗洛伊德认为，人格由本我、自我、超我组成。

"本我"来自人的本能，在社会生活中表现出追求各种个人欲望的满足和追求个人利益实现的特征；本我是人的生物性本能，只知快乐，活动盲目。"超我"来自社会文化，是个体在成长经历中已经内化为自身价值观念的种种文化信念，其中以道德、信仰为主要内容，超我是人内化了的社会道德原则。这些社会文化与道德信念对个体的要求，往往以牺牲个人服从整体为主，甚至要求个体行为完全道德化，因而与本我相对立。"自我"是人的理性部分，往往处于社会生活的现实要求、超我的道德追求与本我的利益追求之间，按照现实原则协调矛盾，尽可能地寻找权宜之计，是个体最终行为表现的决策者，时而管理本我，时而服从超我。只有自我知道活动的目的和方向。

在弗洛伊德的理论中，本我、自我、超我构成了人的完整的人格。人的一切心理活动都可以从它们之间的联系中得到合理的解释，为了协调本我和超我之间的矛盾，自我需要进行调节。个人的成长和发展便是在这三个"我"的不断博弈中获得的。

二、　班杜拉的自我效能感理论

社会学习理论的创始人班杜拉（Albert Bandura）从社会学习的观点出发，在 1977 年提出了自我效能理论，用以解释在特殊情境下动机产生的原因。自我效能感是个人对自己完成某方面工作能力的主观评估，评估的结果如何，将直接影响到一个人的行为动机。

心理学家提出了自我调控的反馈机制，如图 2-1 所示。从图 2-1 中可以看出，人的自我调控与行为是否符合标准，与自己能否改变行为的信念相关。这种信念与自我效能感密切相关。自我效能感是个人对自己能力的一种主观感受，而不是能力本身，即个人在特定情境中是否有能力完成某项任务的预期或者自信程度。班杜拉认为预期是认知与行为的中介，是行为的决定因素。他进一步把预期分为结果预期和效能预期。结果预期是个人对某种行为导致某种结果的预测。效能预期则是个人对自己能否顺利地进行某种行为以产生一定结果的预测。个人如果觉知到的效能预期越强，则越倾向于做更大程度的努力。

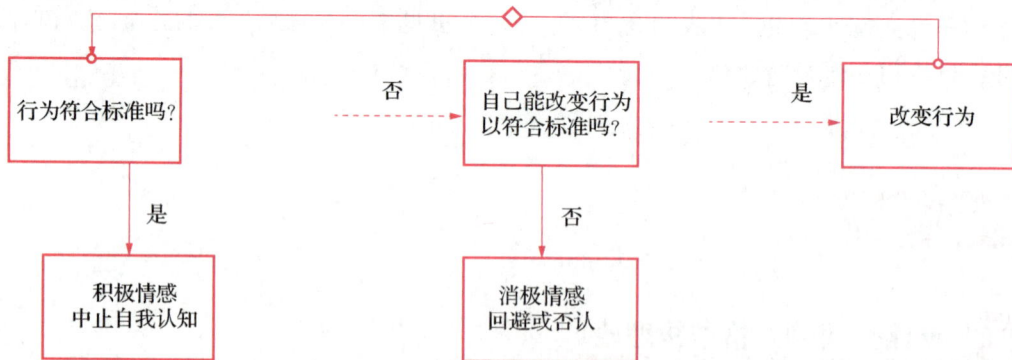

图 2-1　自我调控的反馈机制

班杜拉认为，自我效能感影响人的思维、情感、行为并产生自我激励。自我效能感调节人们选择干什么，在所选择的事情上付出多大的努力，在面对困难和挫折时，能经受多大的压力。大学生如果要提高自我调控的能力或水平，提高自我效能感是一个关键。

三、马斯洛需要层次理论

马斯洛（1943 年）指出，人们需要动力实现某些需要，有些需要优先于其他需要。他认为，在特定的时刻，人的一切需要如果都未能得到满足，那么满足最主要的需要就比满足其他需要更迫切，从而将需要划分为五级：生理的需要、安全的需要、社交的需要、尊重的需要、自我实现的需要。

需求层次理论把需求分成生理需求、安全需求、社交需求、尊重需求和自我实现需求五类，依次由较低层次到较高层次。各层次需要的基本含义如下。

1. 生理的需要

这是人类维持自身生存的最基本要求，包括饥、渴、衣、住、性等方面的需求。如果这些需要得不到满足，人类的生存就成了问题。从这个意义上说，生理需要是推动人们行动的最强大的动力。马斯洛认为，只有这些最基本的需要满足到维持生存所必需的程度后，其他的需要才能成为新的激励因素，而到了此时，这些已相对满足的需要也就不再成为激励因素了。

2. 安全的需要

这是人类要求保障自身安全、摆脱事业和丧失财产威胁、避免疾病的侵袭等方面的需要。马斯洛认为，整个有机体是一个追求安全的机制，人的感受器官、效应器官、智能和其他能量主要是寻求安全的工具，甚至可以把科学和人生观都看成是满足安全需要的一部分。当然，当这种需要一旦相对满足后，也就不再成为激励因素了。

3. 社交的需要

这一层次的需要包括两个方面的内容。一是友爱的需要，即人人都需要伙伴之间、同学之间的关系融洽或保持友谊和忠诚；人人都希望得到爱情，希望爱别人，也渴望接受别人的爱。二是归属的需要，即人都有一种归属于一个群体的感情，希望成为群体中的一员，并相互关心和照顾。社交上的需要比生理上的需要来得细致，它和一个人的生理特性、经历、教育等都有关系。

4. 尊重的需要

人人都希望自己有稳定的社会地位，要求个人的能力和成就得到社会的承认。尊重的需要又可分为内部尊重和外部尊重。内部尊重是指一个人希望在各种不同情境中有实力、能胜任、充满信心、能独立自主。总之，内部尊重就是人的自尊。外部尊重是指一个人希望有地位、有威信，受到别人的尊重、信赖和高度评价。马斯洛认为，尊重需要得到满足，能使人对自己充满信心，对社会满腔热情，体验到自己活着的用处和价值。

5. 自我实现的需要

这是最高层次的需要，它是指实现个人理想、抱负，发挥个人的能力到最大程度，达到自我实现境界的人，接受自己也接受他人，解决问题能力增强，自觉性提高，善于独立处事，要求不受打扰的独处，完成与自己的能力相称的一切事情的需要。也就是说，人必须干称职的工作，这样才会使他们感到最大的快乐。马斯洛提出，为满足自我实现需要所采取的途径是因人而异的。自我实现的需要是在努力实现自己的潜力，使自己越来越成为自己所期望的人物。

五种需要像阶梯一样从低到高，按层次逐级递升，但这种次序不是完全固定的，可以变化，也有种种例外情况。一般来说，某一层次的需要相对满足了，就会向高一层次发展，追求更高一层次的需要就成为驱使行为的动力。相应地，获得基本满足的需要就不再是一股激励力量。

五种需要可以分为两级，其中生理上的需要、安全上的需要和归属上的需要都属于低一级的需要，这些需要通过外部条件就可以满足；而尊重的需要和自我实现的需要是高级需要，它们是通过内部因素才能满足的，而且一个人对尊重和自我实现的需要是无止境的。同一时期，一个人可能有几种需要，但每一时期总有一种需要占支配地位，对行为起决定作用。任何一种需要都不会因为更高层次需要的发展而消失。各层次的需要相互依赖和重叠，高层次的需要发展后，低层次的需要仍然存在，只是对行为影响的程度大大减小。

任务实施

一、克服自我意识偏差

大学生在成长的过程中，由于常居"象牙塔"，较少参与社会实践，涉世未深，阅历尚浅，自我意识在不断形成和发展中容易出现失衡，引发自我意识的偏差，主要有以下几个方面。

1. 自负与自卑

从心理学上说，自负是与自卑相对的，都是自我认识不当，自我评价失衡的表现，会对人的心理产生重大影响。不切实际过高地评价自己，就表现为自负；过低地评价自己，就表现为自卑。

自负的人不能正确地认识自己，生活中自负常表现为自傲自大，自我感觉过于良好，认为自己什么都比别人强，在他人面前高高在上、盛气凌人、藐视他人，在某些看法上固执己见，自以为是，不屑听取别人的建议，往往在人际关系方面不受他人欢迎。自负的人只看到自己的优点，看不到自己的缺点，并且过高地估计了自己的优点。

自卑是由过多的自我否定而产生的自惭形秽的内在体验。自卑对人的心理发展有非常大的负面影响，使人过分看重自身的不足与短处，对长处没有足够的认识或否定自己的长处，因而常表现出胆怯、畏惧、自我怀疑，使人变得十分敏感，经不起任何刺激，同时可伴有一些较负面的情绪体验，如害羞、不安、内疚、忧郁、失望等。高职院校的一些大学生存在学业成绩不佳，家庭经济条件不好等现实问题，更易出现自卑心理。

自负与自卑是自我认识、评价不当导致的两个极端现象，过度自我夸大与过度自我贬低，要调整这两个方面的偏差，可以从以下几方面来调整：一是树立客观理性的自我认知，不因一点长处便傲慢，也不因一点失误或缺陷而自我贬损，人无完人，每个人都有自己的优点与缺点，这些都是客观存在的，不需要主观用力过猛加以延伸；二是在实践活动中逐步获取自信，自信是基于自身实力的前提下进行预估，在实践中根据自己的实际条件设置自己"跳一跳"能达成的目标，通过积极行动来验证自己的预判，从而增强自我效能感，从而使自我认识不偏不倚，保持积极、客观；三是在实践活动中不断反思，通过将"我"抽离出来，作为一个客观的观察者对自己进行观察，同时站在不同的角度、通过不同的评价标准对自己进行反思，在社会比较中发现自己存在的问题，如我觉得自己今年能拿国家奖学金，可以从同学的视角、老师的视角来进行客观评价，探究自己的自我评价、目标设置等是否符合实际。

2. 自我中心

自我中心婴幼儿期最普遍，婴幼儿只能根据自己的需要及感情去判断和理解事物、他人，他们觉得自己就是宇宙的中心。大学生已开始成熟，但仍然存在在观察事物或思考问题时，只从自己的角度，用自己的经验去理解与解释的现象。自我中心的存在，在于他们不能从他人的角度去理解他人的观点，他人的思想情感，导致出现"自以为是"的现象。

自我中心的人凡事从我出发，唯我独尊，容易导致自私自利，不能站在别人的立场为对方着想，引发人际关系矛盾。如某独生子大学生，从小到大一直在家人的溺爱下成长，想要什么就可以得到什么，逐渐养成自我中心，大学后同样以对待家人的方式和同学相处，同学都因无法忍受他的性格而远离他。如果大学生没有意识到这种自我中心的影响，将很难适应社会中的人际互动。

当代大学生强烈追求个性，更关注自我，喜欢主观地思考、分析问题，容易出现自我中心倾向，他们不顾及他人的感受和想法，有时可能会将自己的意志强加给他人，因此难以赢得他人的信任和好感，严重影响社会交往。因此需要及时进行自我觉察并适时调整，可以通过以下几种方法进行调适。

第一，认清自己扮演的社会角色。正确认识自己在不同情境中的角色扮演，并用社会约定俗成的方式指导自己待人接物，从社会实践中提升自己的自我觉察与自我改变能力。

第二，要客观地、实事求是地评价自己。做到准确地认识和看待自己，既不唯我独尊、自高自负、过分抬高自己，也不看轻他人，自觉将自己融入群体中。

第三，学会设身处地地为他人着想。尊重他人，多从他人角度出发，尝试体会他人的心境和感受，学会理解他人，进一步关爱他人。

3. 自尊过低

自尊即自我尊重，表现为自我珍重和自我爱护，自尊还包含要求他人、集体和社会对自己尊重的期望，个体会根据外在的反馈对其社会角色进行自我评价。心理学家认为，大量的成功会提升自尊，而不断失败会削弱自尊。自尊心屡屡受挫会使人在行动中逐渐产生对自己的不满、负面的自我评价及自我否定的情感，从而形成安于现状、不思进取、得过且过、自我放逐的低自尊行为。

低自尊者经常贬低自己，对自己经常有较负面的评价，例如，"我很笨""我没用""我什么都做不好"，等等。在这种负性思维及负消极情绪体验下，常常把事情往坏处想，而且付出的努力较少——尤其当任务充满挑战而且费力的时候。通常低自尊的人习惯于批评、指责、攻击、逃避与人互动，常常使自己变得孤立。如何摆脱低自尊的负面影响，变得非常重要，大学生可以从以下几点进行思考与调整。

第一，以身边高自尊同伴为榜样，观察模仿他们的日常行为表现，探讨他们看待事物内心的观点看法，并对照自己的行为模式与内在想法，通过理性思考对比两者之间的差距，确立改变的行动计划，通过小步子渐进原则一点一点调整改变，重新树立对自己客观、积极的心理印象。

第二，根据适宜于自己的标准和期望，客观地自我评价，在自我评价中加强自我认识及自我接纳，特别是接受自己的缺点，不忽视、不逃避。过于理想化且经常用不切实际的标准来评估自己，会不断经历挫败，带来低的自我认识和评价。

第三，客观地看待他人的评价，相信你对自己的看法是非常重要的。

4. 盲目从众

大学生中与以自我为中心相反的另一心态就是从众。从众心理人皆有之，从众指个体在群体的影响或压力下，放弃自己的意见或违背自己的观点使自己的言论、行为保持与群体一致的现象，即通常所说的"随大流"。例如，我们经常可以听到"我看她就是这么做的"，然后"我也就跟着做"了。

从众心理的学生，往往缺乏主见和独立意向，自己不思考或懒于思考，经常会"人云亦云"，遇到问题不从自己的内在发掘资源和能力去解决，而是更多依附外在的他人，结果导致个人自主性受阻，创造力受抑制，不利于个人成长。从众会让我们失去独立思考的能力，我们应该如何让自己保持理智、理性？可以从以下三个方面进行调整。

一是学会运用利益和风险比较来思考，跟随着他们，会得到什么好处（收益），会有什么不利影响（风险）。如身边有很多同学都去买汉服，买了自己的收益是什么（用来穿，满足心理需求），风险是什么（损失金钱，从来不用），这中间需要评估自己会用几次，如果不用，或是用得非常少，自己就会有一个非常理性的判断与决策；二是在容易受他人影响中保持专注和冷静。在我们做决定的时候，例如，别人都想转专业、都想考某个职业资格证，我们要自己留出一点独立思考的时间和空间，尽量让自己保持专注和冷静，这样才能使我们更加稳重和理性判断；三是学会运用批判性思维破除权威定势。某某专家说的一定是对的吗？大部分人都觉得是对的，就一定是对的吗？通过批判性思维的思考练习，使自己不盲目从众，学会理性的思考。权威的存在是一种极其正常的现象，但对权威的过分尊崇和盲目追随只会带来恶果，需要结合自身的客观实际理性思考。

二、　积极悦纳自我

人生而不完善，但在我们的理想中，却会将我们的需求放大，努力想让我们变得更完善。在客观现实中，我们会出现各种各样的问题，各种不足以及缺陷，有些是我们通过主观努力能弥补的，有些是自己再怎么努力也无法达成的，因此需要我们接纳自己的不完美。

为了保持内在的心理平衡与动力，我们需要更多的理性来与自己相处，不要因为自己不完美而讨厌自己，人无完人，接受现实。"如果连你自己都不喜欢自己，别指望别人会喜欢你。"不管我们如何，我们需要理解自己，与自己和解，学会接纳自己。悦纳自我是形成健康的自我意识的核心关键。可以通过以下三点进行自我悦纳。

第一，理性地接受自己的客观实际，无论优点还是缺点。我们往往都喜欢自己的长处，但我们在生活中还要有勇气与力量正视自己的短处，做到扬长避短。一个人在某些方面的不足，可以通过自身的努力来补偿，以最大的决心和毅力去克服这些缺点，努力后即便达不到制定的目标，也能心安，也能无愧于心，方能无条件地接受自己，悦纳自我。

第二，坚定"天生我材必有用"的信念，肯定并努力发掘自己的价值，在自我认同中体验愉快和满足感。悦纳不是接纳，悦纳是愉快开心的自我接纳，一点也不勉强，没有丝毫犹豫，只有做到如此，我们才能真正无条件地接纳自我。一旦不能认可自己，便产生了自我排斥心理，打破了心理的平衡，就会加剧心理矛盾，产生心理问题。

第三，正确面对生活中的挫折与失败。我们都喜欢体验成功的感觉，但人生不如意者十有八九，每个人都会经历属于自己的磨难，然而人们对待挫折与失败的方式各不相同，有的人在经历失败与挫折后不断吸取经验，不断为下一次的成功积累能量；有的人在经历挫折与失败后怨天尤人，垂头丧气，情绪低落。既然每个人都会经历失败，那么失败是必然的，不一定是我们的问题，即便是我们的问题也可以努力去面对，因此，"失败乃成功之母"，这背后需要我们做的就是如何愉快地接受不完美的自己，并从中获取力量，努力做生活的强者。

三、 持续完善自我

自我完善的目的不是要成为完美的人，而是要成为我们想成为的并且可以成为的自己。

1. 建立理性、合理的发展目标

"我是谁，我想要去哪?""我想成为一个什么样的人?"这些问题都与我们人生目标相关联。大学生想象力丰富，富于幻想，都希望自己有一番作为，都想努力去描绘属于自己的人生蓝图，科学合理的发展目标有利于为我们的人生导航，引路。

从宏观上看，大学生基于个体自身发展的需要，对自己的发展方向、层次及途径做出战略性的安排，可以分长远、中期、近期对自己进行规划，并且需要将个人发展结合当前的社会需要进行设计，不少大学生将人生目标设计得很完美，要求很高，但理想与现实总是存在差距，一时无法达成，这种落差太大往往使大学生在理想与现实的矛盾中走向失望和消沉。因此，在设计理想自我的时候，大学生要面对现实，以现实为基础，不要把目标定得太高，最多是"跳起来摘果子"，要把长远目标分成一个个具体远近高低各异的短期目标和子目标，每一个子目标也要合理，经过努力可以达到，从而增强自信心。

在每一个具体的小目标中，要结合自己的客观条件建立有把握又有适度冒险的目标，如果不考虑把握，一味冒险，就经常会遇到挫折，既白白耗费精力，又给心理上带来消极影响；如果一味求稳，不愿意承担风险，就会错过许多发展的机会，总在原有水平上徘徊。

2. 积极的自我提升

一条途径是增强自我效能感。提高自我效能感是个体在一定情境下对自我完成某项工作的期望与预期。当人们期望自己成功时，必然会尽自己最大的努力，并且当面临挑战性任务时，会表现出更强的坚持力，从而增加了成功的可能性。自我效能感高的大学生一般对学业期望较高，即自我效能感与成就动机呈正相关性。

另一条途径是克服自我障碍，不自我设限。我们经常会有这样的感觉：体验对自己能力程度的焦虑带来的不安全感，这便是一种自我障碍。我们听说了太多这样的真实事件：由于考试前身体不好，所以在大考中没有取得好成绩。这便是典型的自我障碍，为自己的考学不成功找到了适当的借口。一个渴望自我发展的人必须主动克服自我障碍，进行积极的自我提升与自我尝试，在积极的自我尝试中会发现自己新的支点。

3. 在实践中进行自我教育

大学生如何将人生蓝图、理想自我变成现实，需要将计划在行动中落实，需要不断去实践。我们要在受教育过程中，充分发挥自我教育的主体作用，因为教育的最高境界是自我教育，所有的教育只有通过自我教育才能最终完成。自我发展需要不断地进行自我反思和自我监控，特别是对自己成长轨迹的整理，在人生的漫长路途中，需要落脚于实践，在实践中成为自己。

在社会实践活动中，个人通过自我判断、自我选择、自我提升获得对人生和世界的正确看法。同时，自我教育也需要一个实践过程。因此，大学生要多参加社会实践活动，通过参加勤工助学、志愿服务、社会调查、教学实习等各种形式的社会实践活动，逐步提高自我认识能力和自我教育能力。在行动中提升自己的同时去不断完善自己。

拓展提升

一、 任务拓展

棉花糖实验的启示

二、 拓展训练

我接纳自己了吗？试完成表 2-2。

表 2-2　真实的我、理想的我和别人眼中的我

项目	真实的我	理想的我	别人眼中的我
身高			
体重			
相貌			
性别			
家庭背景			
性格			
爱好、特长			
人际关系			
恋爱对象			
学习成绩			
……			

当你填完表 2-2，仔细看看下面的问题：

"理想的我"和"现实的我"不相符之处多吗？数数到底有多少条。

在这些条款中，有哪些是可以改变的？哪些是不可更改的？

对那些经过努力可以更改的，你将如何努力？改变的代价你能否承担？

对那些不可改变的，今后你是否能真正坦然接纳？

认真分析一下，"真实的我"和"别人眼中的我"，有多大差距？

三、 任务考核

1. 根据马斯洛需要层次理论，说一说是不是每个人的一生中都必然按这五步向自我实现迈进。

2. 阿尔弗雷德·阿德勒在《自卑与超越》一书中，从心理学观点出发，阐明人生道路和人生意义，书中作者提出：每个人都有不同程度的自卑感，因为没有一个人对其现实的地位感到满意，对优越感的追求是所有人的梦想，然而并不是人人都能超越自卑，关键在于正确对待职业、社会和感情，在于正确理解生活。你觉得对于无法超越自卑的人，又该如何自处？

项目三　顺应变化　适应环境

项目导读

"入芝兰之室，久而不觉其香"，是嗅觉上的适应，"由暗处到亮处时，特别是强光下，最初一瞬间会感到光线刺眼发眩，几乎看不清外界事物，几秒钟或几分钟之后逐渐看清物品"，这是视觉上的适应，"新来的语文老师讲着一口夹杂方言的普通话，很难听懂，一个月后，学生已能听懂老师极不标准的普通话"，这是心理上的适应……在生活和学习中，适应常常与我们相伴。

进入大学校园后，由于学校生活环境、人际关系、学习方式等与高中相差较大，给一部分大学生的适应带来了挑战，有些大学生产生不适应感，失落、彷徨，痛苦不堪。作为人生成长中最重要的阶段，大学生的生命中应该伴随着更多的阳光、拼搏与激情。因此大学生在即将迈入社会的这一重要发展阶段，如何由不适应到适应，如何去面对心理和生理以及角色的巨大转变与挑战，并在此基础上不断在适应中积累知识与能力，为更好地发展奠定基础、创设良好条件日益重要。

学习目标

知识目标
1. 识别大学生常见的适应不良问题。
2. 掌握适应的基本概念。
3. 掌握适应的心理机制。

技能目标
1. 能用所学方法调节心理适应不良。
2. 能自觉主动增强心理适应能力。

素质目标
1. 养成积极进取的心态，增强积极主动适应现代社会生活的意识。
2. 养成积极应对变化的心理素质，为适应社会奠定基础。
3. 养成自尊自信、理性平和的社会心态。

任务一　理解适应

任务引入

　　我来自一个偏僻的乡村，家境比较贫寒。从小性格内向、腼腆、不善交际，但学习成绩一直还可以，是老师和父母心中的好学生、好孩子。高考前由于压力过大，身体一直不舒服，导致考试时发挥失常，最终只考入现在就读的高职学校。爸爸妈妈希望我能复读，可我实在不想重温那种没日没夜的苦战日子。

　　刚到学校的时候，人生地不熟让我感到非常孤单和痛苦。来来去去都是一个人，各种各样的事情都要我自己去做，在哪儿都感到很拘束。我没有朋友，看到别的同学三五成群地去做事，我心里很难受。开会时我总是尽量坐在后面，会议一结束我就头也不回地逃回宿舍。我不和任何人讲话，总是无法融入同学们中间。这样的独来独往，让我越发没了自信，也影响到学习。我上高中时死记硬背下苦力还可以勉强跟上，但现在很多课都要进行过程化考核，需要自己参与、练习，与其他同学合作，自己平时成绩在班上排名很低。

　　来学校快 3 个月了，现在每天上课学习效率很差，注意力难以集中，感觉学习压力大，时不时会头疼、失眠，越来越自闭，总是单独出行，在陌生的环境中，我格外想家。我也不想这样，也不知道该怎么办，感觉没法融入现在的校园生活，现在每天都很压抑，很痛苦，在这里很受煎熬，觉得自己快要崩溃了。

　　请思考：根据"我"描述的情况，"我"怎么了，谁能够帮助"我"？

相关知识

一、　适应概述

　　著名心理学家荣格说过：人的一生只有两个主题，一是适应，二是发展。"适应"一词在拉丁文中的原意为调整、改变。适应是生命有机体的个体在与客观环境相互作用过程中，有机体由不平衡转向平衡的过程，这一过程中个体的心理机能和行为特征（认知、情感、意识、思维、行为手段等），在适应中不断发展，在不同的发展层级上维持心理平衡。个体在与客观环境互相作用中，适应的过程既是个体不断调整自我适应环境的过程，又是个体在不断革新与改进，为自身获取更好的发展机会实现自我提升的过程。

　　适应普遍存在于自然界和人类社会中，达尔文在进化论中提出"物竞天择，适者生存"，指出"适应"是一种普遍存在的生物现象。当代著名心理学家皮亚杰的"平衡说"着重强调"适应"，他指出个体通过同化和顺应的不断调整，不断从低级向高级发展，在不断运动变化的过程中达到与环境的平衡。

二、　心理适应的内涵

　　心理适应是指当内外环境发生变化时，个体在自我调节系统下做出能动性反应，使自我的心理认知过程、行为应对方式更加符合环境变化、自我发展的需求，即主体和客体不断适应达到新平衡的过程。个体心理状态时时处于发展变化中，在不断适应中保持动态平衡，来建立适应的内在机制。可以从以下三个方面来说明适应这一心理现象：一是心理适应是主体对环境变化所做出的一种反应；二是心理适应是一个重建平衡的动态变化过程；三是心理适应的内部机制是同化与顺应的平衡。

　　综合概括，心理适应是指当外部环境发生变化时，主体通过自我调节系统做出能动反应，使自己的心理活动和行为方式更加符合环境变化和自身发展的要求，使主体与环境达到新的平衡的过程。

三、　心理适应的意义

1. 维护自身心理健康

　　从高中迈入大学，周围的物理环境、人际环境及学习方式都改变了，家庭、社会及自我的期望也和中学不一样，自己扮演的角色发生了重大的变化，因此自己在这样的转变下如何更好地适应内外环境要求，如何在适应中逐渐获得发展就成为摆在大学生们面前的一道难题。解决好了，心理就会保持平衡；解决不好，就有可能导致适应不良，感到压力大，烦躁不安，不能忍受等不良心理状态。如当前问题持续得不到解决，会在不断的压力下体验到更多的困惑、烦恼，缺乏安全感，逐渐产生心理问题，出现退缩、逃避、抑郁、焦虑、敌对等症状，想要退学，严重者可导致适应性精神障碍，如情绪冲动、恐惧、强迫、躯体化，出现病态性的应激反应等，因而心理适应问题是每个大学生所面临和必须解决的重要的心理健康问题。

2. 个体在社会化进程中获得发展

　　大学阶段是个体在身心、知识各方面承上启下的转折期，也是个体完全走向社会、独立承担社会重任的准备期。大学生在社会化进程中，所有的适应都是为了更好发展，可以说，动态的、积极的适应就是发展。由于环境总在不断变化发展，个体需要在不断的变化中去适应变化，并以变化为契机进一步从适应中获得自身的发展。

任务实施

一、 从不同角度认识适应

心理学使用适应概念时通常从三个角度加以认识：一是生物学意义上的适应，即生理适应，感知觉对声、光、味等刺激物的适应；二是心理上的适应，指内外部环境刺激诱发心理失衡后借助心理防御机制来使人减轻压力、恢复平衡的自我调节过程，这是一种狭义的适应概念；三是对社会生活环境的适应，包括为了生存而使自己的行为符合社会要求的适应和努力改变环境以使自己能够获得更好发展的适应，这是社会适应的概念。

适应是主体为应对环境变化而做出的反应，心理环境受到了来自自然环境、心理环境和社会环境的刺激性事件的挑战，会产生不断适应新环境的需要，为应对挑战而做出的努力行为。人们的生活环境处在不间断的变化中，适应是人的一种基本需要，是人的一生中随时都要面临的任务，促使人们通过调整或改变使失衡的心态重新建立新的平衡。

适应的最终目的体现在两个方面：一方面，有机体通过生理、心理和行为的不断调整变化，为应对和顺应客观环境而不断努力发展自我；另一方面，有机体为了生存和成长，不断认识环境、改造环境，从而创造出更有利于人类主体的客观环境，最终达到人与环境的健康、和谐发展，这是在社会实践中社会性的体现。

二、 从内部机制理解心理适应

心理适应的根本目的是达到或恢复主客体之间的平衡状态，即适应的主要任务就是使主客体之间的不平衡状态重新恢复平衡。不管是从哲学的角度，还是从现实的角度，从个体发展的全过程看，平衡只是相对的，暂时的，而不平衡则是绝对的，经常的。在个体发展过程中，由不平衡而引起的内部矛盾给个体的认识、思考、调整或改变带来了契机，这一机会往往是个体发展的动力，因此在指出心理适应的直接目标是建立平衡的同时，还应该指出心理适应的根本目标是主体自身的发展。

根据瑞士心理学家、"发生认识论"的创始人让·皮亚杰的观点，他认为，适应是建立在有机体与环境相互作用，经过同化、顺应，不断取得平衡的过程。心理适应的内部机制就是同化与顺应的平衡，如图3-1所示。这是从发生认识论的角度对适应过程做出的一种解释。他认为，个体的每一次心理反应，不管是指向外部的行为动作，还是指向于内化的思维动作，都是一种适应，其本质在于取得机体与环境的平衡。适应是通过两种基本形式实现的：一种是同化，即将环境因素纳入机体已有的图式或结构之中，以加强和丰富主体的动作；另一种是顺应，即改变主体动作以适应客观环境的变化。同化和顺应既是相互对立的，又是彼此联系的。这样，个体就通过同化和顺应这两种形式来达到机体与环境的平衡。新的暂时的平衡，并不是绝对静止或终结，而是某一水平的平衡成为另一较高水平的平衡运动的开始。不断发展着的平衡状态，就是整个心理的发展过程。这种不断的"平衡——不平衡——平衡"的过程，就是适应的过程，即心理发展的本质和原因。

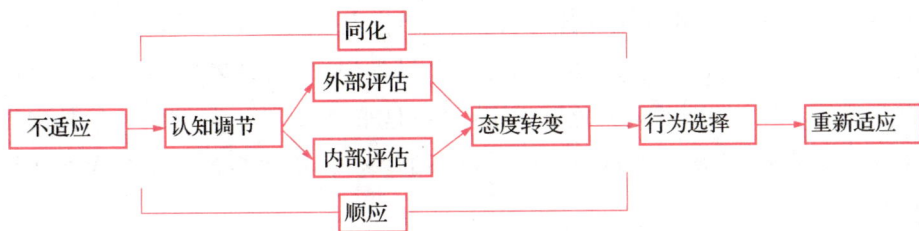

图 3-1　心理适应的内部机制

拓展提升

一、任务拓展

谁动了我的奶酪？

二、拓展训练

热身放松

按摩操游戏规则：（每一步都需要主持人下指令）

1. 所有人起立，手拉手站成一个圆圈。
2. 把手放下，所有人向右转。
3. 所有人把手搭在前一个人的肩膀上。
4. 所有人开始走起来。
5. 主持人下指令："给前面的人捶捶肩"。

6. 主持人下指令："给前面的人捶捶背"。

7. 主持人下指令："给前面的人揉揉肩"。

8. 所有人停下。

9. 所有人向后转。

10. 重复步骤（3）～（8），给相反的人按摩。

通过以上热身活动，调动大家积极的情绪体验，营造放松的氛围。

滚雪球

1. 以滚雪球的方式自我介绍（连环自我介绍）。每人用一句话介绍自己，一句话中必须包括姓名、籍贯、个人性格、爱好。如第一位同学说："我是来自××省××县性格比较外向爱好打篮球的××"。挨着的第二位同学说："我是来自××省××县性格比较外向爱好打篮球的××旁边的来自××省××县性格内向酷爱读书的××"，依次类推，每个人都必须从第一位同学说起。

2. 当有的成员一时记不起太多的信息时，全体成员要一起帮助他，充分体现团队合作的力量，直到最后一名同学介绍完毕。

3. 指导者让各小组到中间，请每个小组推荐一个代表，把全组成员一一向班内其他小组成员介绍。

4. 总结。适应的初步，是认识新环境，而人是其中最重要的元素。我们认识一个人，往往是从名字开始的。当我们自我介绍时，有不同的方法让别人记住我们，而记住别人的名字是对别人的一种尊重，也是我们适应新环境、发展好人际关系的第一步。让我们从记住同学的名字做起，带着这种主动性去进一步适应大学生活。

三、 任务考核

1. 说一说你觉得自己最像《谁动了我的奶酪?》中的哪一个角色？现实生活中你所追寻的"奶酪"是什么？

2. 当你心理处于失衡状态时，请用你最擅长的方式进行调节，并在调节后反思改进。

任务二 常见适应不良问题及调节

任务引入

李某，女，19岁，西南某职院大一新生，来自北方某中等城市，父母都是工薪阶层，家境良好，家庭生活温馨。因为她是独生子女，所以从小备受父母宠爱。父母只要求她努力学习，无须承担任何家务劳动。

李某就读于当地最好的中学，由于高考没有发挥好，才进入了这所地处西南的职业院校。在她心目中，大学应该有宽阔的道路、明亮的图书馆、学识渊博的教授、青春飞扬的同学……可来到这里已经一个月了，看到的是尘土漫天的道路、阴暗狭窄的图书馆，同学似乎都不爱读书，高年级的学生窝在宿舍里，不是上网玩游戏就是聊天，她真的不知道这三年将如何度过。她后悔来到这里上大学，吃不惯这里的伙食，宿舍里动静太大，睡不着觉。气候更难适应，她已经感冒好几次了，天天想家。

在宿舍、餐厅、教室、校园里到处都听见当地人的口音，她总觉得自己是被抛弃到异地来的外乡人，总感到是在别人的地方，很不自在，孤独极了。班上组织出去玩，她怎么也高兴不起来，反而越玩越伤心，觉得到处都不如家乡。

每到周末，看见寝室里的本地同学回家了，她就更伤心，更难受了。她已完全没有了在家时的活跃，一点不觉得生活充实。她简直待不下去了，只想回家。

请思考： 案例中李某出现了什么问题？你可以帮助她吗？如果可以，你会怎么办？

相关知识

一、 大学生面临的适应任务

大学生活是很多人所向往的，同时大学生活又有着与高中生活截然不同的特点，科学全面地了解大学生活，有助于学生较快地融入校园环境，积极适应大学生活。大学生活环境主要由生活环境、学习环境和人际关系三部分组成。

1. 生活环境的改变

大学生开始新的校园生活后，会逐渐发现现实中的校园环境与自己理想中的校园环境有很多出入，自己理想化的期望被打破，如学校的住宿条件、饮食、运动娱乐等，与自己的期望差距越大，对自己心理产生的负面影响就越大，适应的难度也就越大。此外，大部分学生在中学阶段有更多来自家庭的帮助，容易形成依赖，大学后远离了家人的陪伴与照顾，任何事都需要自己独立去面对，如饮食、人际、学习、娱乐等都需要自己去适应。这些问题一旦适应不良，将会导致内心的焦虑与烦躁，引发心理矛盾与失衡。

2. 学习环境的转变

学习环境的变化主要体现在学习内容、学习方式等方面。

一是从学习内容看，中学的学习内容主要是以应试为目的学习科学文化等基础知识。而大学是以运用为主培养高级专门技能型人才的场所，学习内容与实践紧密结合，不仅要学习基础理论知识，学习科技发展的最新成果，而且在学习中要强化实践运用，逐渐掌握专门技能。高职院校则更强调职业技能的训练与养成，会更注重实训与实习。

二是从学习方式看，中学学习的主要形式是课堂讲授、灌输，学生巩固知识的主要方式靠做题，家长、老师共同督促，对各个教学环节检查严格，学生自由受限，对老师依赖大。大学学习强调自主、合作、研究性学习，学以致用，需要大力发挥学习的主动性、创造性，老师课堂讲授的时间相对少，学生要自己制订学习计划、安排学习内容等，并且在学习过程中要管理学习时间，利用图书馆和互联网搜集资料开展自习、实践，进一步养成独立思考、分析问题、解决问题的能力。从中学到大学，学习是从被动的"要你学"向主动的"我要学"学习模式的转变。

3. 人际关系的变化

人际关系的变化主要体现在对人际关系重要性的理解、人际交往的方式与对象、人际交往的要求等方面。

进入大学后，人际关系的重要性开始凸显，作为社会支持系统的重要力量，人际关系代表着我们解决问题的资源与能力。大学里，自己及交往的对象不再像中学那么单纯，不同的性格特征、行为习惯、文化背景在这里交汇，交往变得复杂，这就决定了不能仅以个人的好恶来交往，必须学会与不同的人建立和保持和谐的人际互动。

从人际交往的方式与对象看，中学时代人际交往的对象主要是亲人朋友、老师同学，每天可以和老师见面，天天有人解决自己学业上的困惑，父母为自己的学习做好周密的后勤保障。但到了大学，交往范围逐渐扩大，除了班级和寝室，还有社团、社会及网络等多个方面，人际关系变得较为复杂，除原有的人际关系外，还有室友关系、同乡关系、恋爱关系及社会关系等。此外，师生关系也不像中学那么密切，有时甚至几周见不到班主任或辅导员。

来到大学后，人际交往的标准也变得更为多样，需要根据不同的交往对象改变自己的交往态度和交往方式，以建立较为和谐的人际关系。从个人的发展任务来看，大学阶段正是"建立亲密关系，渴望异性交往"的时间段，高中的恋爱不被准许，一直被压抑，大学生对异性的交往显得非常渴求。在与异性亲密交往中不管是关系的建立，还是关系的破裂，都会给个体整个身心带来影响，都需要在相互交往中不断去适应，以保持亲密的和谐关系。

新生入学后需要重新建立人际关系，由于同学们来自五湖四海，成长环境各不相同，个性特点不同，导致他们在交往过程中会出现各种各样的问题，例如易发生冲突，感觉被孤立等，刚入学的新生远离家人和朋友，在入学初期的人际适应阶段会感到孤单和压抑。

二、 适应不良导致的心理困惑

1. 失落

相对于努力拼搏的中学生涯来说，大学生活无疑是美好的，大学生满怀期望与希冀，心中早已勾勒出一幅幅美好的大学生活画卷。但踏入大学校园后，会发现现实中的大学校园生活并非经美化的理想中的美好，如对专业前景、学校的住宿环境、宿舍的人际关系等不满意，导致许多大学生产生失落感，情绪波动大，烦恼郁闷。

2. 迷茫

进入大学后，大学生脱离了高中浴血奋战的"苦海"，似乎解脱了、自由了，但内心深处却存在无法摆脱的纠结与挣扎。大学生想在大学更好地发展自己，却又不知道该做什么，不知道如何充实地过好每一天，看到周围的人玩游戏、睡懒觉、刷抖音、看小说、看电影，自己不知不觉跟着他们一起，虽然不想耗费青春，但又无从摆脱，找不到更有意义和价值的事做。即便想好好学习，却又不知如何着手，没有行动力，内心深处体验着更多的困惑与迷茫。

3. 羞怯

一些大学生由于平时交往少，缺乏经验，与人交往时显得特别紧张，心跳气喘，面红耳赤，两眼不敢正视对方，与人交谈时显得语无伦次，词不达意。他们尤其恐惧人多场合，在这些场合将导致他们体验到更多的挫败感，更易产生人际回避、自我评价低等心理。他们认为自己不如别人，怕别人瞧不起自己，遇事总是回避退让，整日郁郁寡欢，缺乏交往的愿望和兴趣，在人际互动时特别敏感，心理承受力差，经不起任何刺激，自我封闭，孤芳自赏。

4. 焦虑

大学生不仅会面临着日常学习及生活的压力，还面临着人际交往、社会实践方面的压力，这些压力存在于大学生如何积极融入社会生活，如何在社会实践中用所学来实现自我价值等方面，还有恋爱以及指向未来就业方面的压力，这些都是客观存在的，需要自身在不断实践中去化解。但在现实中，一些大学生即便有了目标，也不知道如何一步一步去实践，不懂方法，更缺乏实现目标的动力，导致自己的理想只能停留在理想层面，不能逐步接近现实，在想做些什么却又不知道如何做、不能做时，便会常常处于焦虑中。

任务实施

面对新的起点，新的环境，新的变化，有不少大学新生在心理适应过程中会出现焦虑、空虚、迷茫的情绪，还有个别新生因为适应不良而产生退学的想法。大学里由于适应不良导致的心理及行为异常较为常见，因此需要深入了解大学新生的心理问题并制定相应的科学对策，帮助新生尽快度过适应期，防止因不适导致危机事件的发生，积极引导大学生适应新角色，获得新发展，这对于大学生成长成才具有重要的现实意义。

一、　积极参加入学教育，加强角色认同

新生入校后，大学里会针对新生开展入学教育，包括学校情况介绍、专业发展讲解、校纪校规教育、就业前景等相关事宜的说明与介绍，涵盖了大学生活的许多方面，以增进大学生对学校环境、教育和对自己专业情况的熟悉与了解。在入学初期掌握这些教育活动传递的信息有助于排除不适感，尽快确定学习的新方向。大学生经过入学教育，知道自己学校、专业以及就业的发展现状，建立对专业的认同感，在后续的适应中寻求与体验更多的归属感，以充实与丰富自己的大学生活。

大学新生都有一个角色转换与适应的过程。成为大学生，这是客观事实，通过积极参与班级团体活动，尽快熟悉即将开始的校园生活，减少恐慌与盲目感，同时了解学校及专业的情况，为制定学习目标奠定基础。在行动与实践中真正认识到自己角色的转变，使自己的角色意识与学校的要求相一致。这种角色意识的转变，奠定了适应的心理基础，同时随着自己角色责任的转变，使自己在不断承担责任中变得成熟与理性。此外，还可以通过榜样的示范和互动，解决新生在生活中遇到的实际困难，帮助新生尽快适应大学生活。

二、　主动参加校园活动

校园活动的开展，不仅是大学生保持身体健康、心情愉悦的重要途径，也是学生缓解沉重学习负担的方法，同时还是校园文化的重要组成部分。开展丰富多彩的文艺活动、联谊活动、知识竞赛、演讲比赛等校园活动，让新老学生都参与，增加新老学生沟通交流的机会，丰富新生的课余生活，让新生更快地融入美好和谐的校园生活，尽快建立新的校园交际网。大学生还应积极参加各项文体活动和社会实践，提高处置问题的能力，这样会弱化对某些环境的不适应，更会在不知不觉中提高适应能力。

合理有效地组织校园活动，可以提高大学生的心理适应能力，培养大学生的个性特长，发挥大学生的个性，为素质教育的推进铺筑一条通往全面发展的轨道。丰富多彩的文体活动能满足大学生的精神需求，提高大学生的身体素质，培养大学生团结合作的精神和自信心，帮助大学生建立集体荣誉感，使他们具有积极向上的拼搏精神，为大学生的健康

发展提供课堂以外的活动机会。大学生应培养多种兴趣，发展业余爱好，通过参加各种课余活动，发挥潜能，振奋精神，缓解紧张，维护身心健康。

三、　订立具体可操作目标并执行

　　大学对于新生来说是一个全新的阶段，在这个阶段大学生要树立自己的人生观、价值观，这个阶段是各种思想观念逐渐形成并日益完善的过程。有些大学生迈入大学后产生无所适从之感是因为其缺乏人生的新方向，觉得自己在相对轻松的大学校园内不知道该干什么，缺乏充实感。这时，可以为自己树立一个目标，让自己有事可做，在目标的引导下，大学生活会变得充实、丰富，自己自然也就可以更快地摆脱最初的不适感，尽快融入大学生活。

　　中学的时候，大多数人的目标只是为了想考一个好大学，而真正进入大学后，大学生们又该何去何从，中学一直在低头吸取知识，大学需要站起来接触世界。大学生们常常面临很多的选择，该做什么不该做什么，都由大学生自己决定，理想中自己是什么样的，要成为什么样的人，而现实中自己又是什么样的，又该如何取舍，这些都会带来不适应，都需要大学生去认识与调整。

　　在订立目标时可以围绕"我在今后应该成为一个什么样的人""我毕业后要做什么"，以结果为导向来促进自己思考，促使自己围绕思想、学业、人际交往、做人、做事等为自己设立详细的目标，要按"跳一跳摘桃子"具体制定可操作、可达成的明确目标。通过深入思考，及早树立自己的近期目标和远期目标，制定自己的大学生活方案，拟订大学期间的学习和生活安排计划，朝着自己期望的方向去努力。有了一个明确的目标，不仅可以克服目标、方向、理想的迷失感，同时从心理学角度来说，会使心理指向集中于一处，这样无形中会转移注意力，摆脱因不适应而带来的心理问题。在设计好详细具体的目标后，在每天、每周、每个月去逐渐落实，并在完成的过程中形成自我激励，增强自我效能。

四、　加强自我约束与自我管理

　　大学的管理模式重在激发学生的自主性，将学生视为一个能独立自主，为自己的学习与生活做主并自行承担相应责任的人。反观中学，是将学生作为一个不成熟的人、不能管理好自己的思想情感行为的人，因此在中学外部环境有更多的限制，不允许看电视，不允许玩智能手机、不允许谈恋爱，等等。大学管理模式从"要我做"到"我要做"，在给了大学生足够的自主权的同时，也会给他们的心理带来迷茫与无措。有一部分人不知道在大学该干什么，不知道如何管理自己的时间，晚上熬夜白天睡觉，睡到自然醒；有些则不知道如何管理自己的金钱，月初拿到生活费敞开花，月中节约花，月末借钱花等现象屡见不鲜，这些大学生无法进行自我管理，容易形成不良的行为习惯。

在自我管理中，首先要了解和接受自己。了解自己，就是全面地认识自己，分析自己，自己有哪些长处，有哪些不足之处，了解自己的潜在能力、基本的人格特点。接受自己，就是承认自己的现实状况，扬自己之长，避自己之短，达到良好适应环境的目的。一个人不能接受自己，是难以适应环境的，是容易产生不健康的心理的，很容易焦虑、紧张、抑郁。其次在现实中要管理好自己。人类是高级的社会集群动物，每个人都生活在一个现实的社会集群之中，大学生每天所面对的就是这样的现实环境。所以，大学生要正确地认识这种现实的环境，这样才能很好地适应这个环境。在复杂、缤纷的现实环境中，在认清自我的基础上，发现自己的优势，识别自己的不良习性，并及时制约自己不良习性的滋长，通过对自己的时间进行管理，对自己的精力、情绪等进行管理，及时适应学校的生活学习。

五、　善用社会支持系统，积极寻求帮助

大学生在积极地接触社会、适应环境的过程中，会遇到各种问题，出现各种心理上的苦恼与困扰。为了更好地适应环境，除了及时地进行调整自我之外，有效地利用社会支持系统，寻求他人的帮助也很重要，俗话说："一个篱笆，三个桩；一个好汉，三个帮"，有社会的支持，有亲朋好友的帮助，就没有克服不了的困难。

聪明的人，总是充分利用社会支持，从社会方面获得帮助。遇到困难，向别人求助，可以起到事半功倍的效果。生病向医生求助，学习难题向老师或同学求助。那么心理问题应该向谁求助？找心理咨询，向心理老师求助。求助也是一种适应，也是维护心理健康的重要方法。因此，我们要学会利用社会支持系统，帮助自己适应社会。

拓展提升

一、　任务拓展

素质拓展训练

二、　拓展训练

团队建设

1. 角色分配。

报数 1~x，相同的数组成一个小组，随机分成 x 个组。

各组选出召集人、记录员、汇报员等。小组内各类角色的扮演可由小组协商确定，也可由召集人指定，要确保每个组都有每个角色，发挥每个成员在小组中的不同作用。

2. 团队设计。

小组团结协作，通过集体智慧发挥团队的创造性，打造自己的团队特色。创作队名、队徽（标志、徽标）、口号、队歌、造型，要求如下。

队名：给自己的团队取一个响亮的有代表性的名字。

队徽：在纸上设计自己团队的标志。

口号：给自己的团队取一个能振奋人心、凝聚人气的口号。

队歌：可借鉴可模仿，选择能代表团队精神的歌曲，展示时由小组合唱歌曲高潮部分。

造型：团队展示时，最后集体通过身体以一个姿势定型。

在纸上设计能体现团队特色的个性名片，组名、组徽（标志、徽标）及口号须融入纸中。

3. 成果展示。

全组成员上台，在组长的带领下，进行团队介绍；小组代表阐述小组名称以及组徽设计理念、意义等，最后喊出小组口号，并齐声高唱组歌（有歌舞更好），呈现造型。

气球飞舞

1. 每队 6~10 人参赛。

2. 起点与终点处各站一半人，每人手抱一个气球，在起跑线与终点线上一字排开。

3. 比赛开始，参赛者将气球抛于空中，在规定的区域内进行 10 米赛跑。气球可用手拍、脚踢，使其处于悬空状态，不能用手抓住。球过终点线后另一人接力前行，一个接一个重复以上规则，至所有成员接力完成。

4. 先到达终点者获胜，用手抓气球者淘汰，气球落地则原地捡起再前进。

三、　任务考核

1. 请对比一下中学与大学的学习方式有什么异同。

2. 用自我激励方法摆脱羞怯感。

任务三　增强适应能力

任务引入

　　为了尽快地适应大学生活，我积极参加学生会和社团，想通过多接触学长学姐获得更多的经验与人际支持，以便对学业情况和未来的就业提前做好心理准备。现实中我并不是一个主动的人，胆子也不大，一想到人生之路是靠自己走，必须学会独立去面对一些事情，便不断提醒与激励自己一定要有信心，努力把工作做到最好，要从工作实践中获得锻炼。其实自己刚开始一直不适应，现在近两个月了，自己也想把工作做好，但就是不尽如人意。久而久之，我觉得自己太没用了，也曾想过退出，但还是放不下面子，一直处在焦虑中，做事效率不高，在一些可以锻炼自己的场合总是怯场，一直无法克服自己内心的恐惧。

　　作为一名新生，我一直任劳任怨的工作，在工作中一些学长总是吩咐这吩咐那，总是干一些帮他们跑腿的活，他们却坐在那里一动不动。有时候觉得不公平，我在学生会里只有干活的份儿，很辛苦，这么久过去了，自己的心理一直没办法平衡。现在在学生会里我觉得自己没有达到初衷，内心非常挣扎，正常的学习和生活也受到了影响。我越来越不适应了，怎么办？我越来越不理解自己，并且开始讨厌自己了。

　　请思考： 通过案例中"我"的描述，"我"出现了什么问题，应该怎么应对呢？

相关知识

一、　舒适区理论

　　低质量的忙碌意味着一个人的大脑始终沿着惯性运转，没有停下来思考的空隙，也可能意味着对"舒适区"的依赖和创造力的衰竭。主动脱离"舒适区"，去进取、去突破和挑战自我，才能在学习中获得自己真正想要的成长。

　　舒适区并不是空间意义上让人觉得舒适的空间与区域，而是心理意义上让人觉得舒适的模式与方法。当你面对各种现实情境与问题，能够驾轻就熟地用自己熟悉的思维模式与行动方式去解决时，说明你正处于舒适区。用惯常的思维方式看待现有的环境，用熟悉的认知方式解决熟识的问题，对每个人而言，在心理意义上或多或少都会有一种舒适感。

如果说人在舒适区是借助熟练的技能解决实际问题，那么逐步学会用新技能解决新问题的人就处在学习区，而面对新问题尚未找到相关新技能或暂时未学会新技能的人则处于恐慌区。走出成长的舒适区，首先要敢于从行为动作上"走出"，也即主观上敢于挑战、敢于跨越；其次要能够在行为结果上"走出"，也即能力上有所提升、实现突破。从这两个维度思考，我们可以发现：人的成长是一个动态的过程，从"舒适区"出发，行进到"不舒适区"，并通过努力把"不舒适区"转变为"新的舒适区"，再从"新的舒适区"出发，挑战"新的不舒适区"……在此过程中，"舒适区"如水波般不断向外拓展、延伸、荡漾……

根据每个人的成长区域及心理舒适度，可以分为舒适区、学习区与恐慌区，处在不同区域的人会表现出不同的心理状态，如图 3-2 所示。

舒适区，是让人觉得舒服的区域。处在这个区域里的人，会觉得放松，稳定，很有安全感。

学习区，是最能让人进步的区域。处在这个区域里的人，愿意学习新的知识，掌握新的技能，不断尝试新鲜事物，探索未知领域。

恐慌区，是学习潜力最低的区域。处在这个区域的人常常感到忧虑，恐惧，心理压力巨大以至于不堪重负。主动进入学习区，不断开拓思维，开阔视野，激发潜力，是摆脱恐慌的最佳方式。

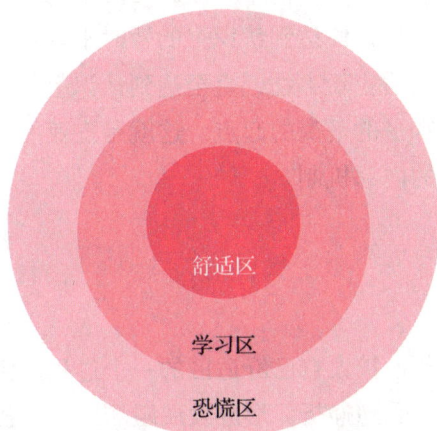

图 3-2　舒适区三圈理论图解

沉溺于舒适区的人，对现状感到惬意舒服，觉察不到任何真正的压力，没有危机感；没有强烈的改变欲望，更不会主动付出太多的努力；会不思进取，故步自封；甚至会有自己比他人好的错觉，并因此而自鸣得意。总之，长久的舒适就像"温水煮青蛙"。青蛙满足于水温的舒适而悠然自得，一旦发现无法忍受高温时，就已经心有余而力不足了。因此，只有突破舒适区，寻求改变，谋求发展，才能迈向成功。

二、 心理发展的实质

心理发展的实质是个体的心理受到环境与教育的影响，在低级心理机能的基础上，逐渐向高级心理机能转化的过程。一般来说，个体心理发展是遗传与环境相互作用的产物。个体心理的发展既不是简单地由遗传决定，也不只是由环境决定，个体心理的发展是遗传与环境相互作用的结果。在大学这一阶段，遗传的影响作用在减弱，个体与社会环境相互作用对发展的影响增强，在心理发展过程中，皮亚杰理论中的同化与顺应发挥着主要的作用。

皮亚杰认为，心理的发展具有自我调节作用的平衡过程，他认为平衡过程是心理发展的内部机制，它不能归结为单独的遗传性，也不存在预先制定的规划，实际上它是一种认知结构建造的过程。婴儿最初只具有一些本能动作的遗传性图式（Scheme），图式指动作（包括认知动作）的结构，然后在个体与环境相互作用的过程中，经过同化（Assimilation）和顺应（Accommodation），图式就不断改变或复杂化，儿童的心理随之不断发展。

皮亚杰说："刺激输入的过滤或改变，称为同化；内部图式的改变以适应现实，称为顺应。"所以，同化是主体把客体纳入其已有的图式之中，这可以引起图式量上的变化；顺应则是主体已有图式不能同化客体，促使调整原有图式，因而这可以引起图式在质上的变化。平衡（Equilibrium）是指同化和顺应两种机能的平衡。个体遇到新事物，总是先试图用已有图式去同化，如获成功，便达到认识上的暂时平衡；反之，个体就做出顺应，调整已有图式，改变认知结构以适应新事物，直至达到认识上的新的平衡。这种新的平衡不是静止的，是向另一个更高水平的平衡的起点。这就是皮亚杰所说的认知结构形成和发展的基本过程，个体心理发展的内部机制。

任务实施

大学生的成长就是在不断地扩大自己舒适区的一个过程。由于很多时候无法将恐慌区适应为舒适区，导致自我成长受到挫折，形成发展阻滞。为了提升大学生的适应能力，可以从以下几点尝试改进提升。

一、 积极融入生活环境

如何才能积极地融入当前的生活环境？首先要对当前的生活环境提前进行熟悉，了解哪些是我们能够顺利适应的，哪些会对我们形成挑战；并据此提前做好相应的准备，提前谋划好动用哪些资源去解决。如提前联系相关专业的辅导员或者学长，从他们那里获得相应的一些知识经验，甚至是了解学长以前面临的一些问题，多学习，提前准备好应对措施。

当然很多人不可能有这样提前预判的能力，一些是在问题出现之后才发现问题，在出现心理失衡之后，才意识到问题。发现问题之后，大学生们根据问题顺应当前的环境，主动调整自己的心态、行为习惯、作息时间等以适应当前的生活环境，主动匹配当前环境对自己的需求，积极适应当前的生活环境。

二、 学会自主学习

大学生的职责与使命就是学习，随着专业教育的实施，学习更强调学生自学能力的培养。自主学习是以学生作为学习的主体，通过学生独立地分析、探索、实践、质疑、创造等方法来实现学习目标。自己是学习的主人，大学生对学习要有清醒的责任感，积极主动地探索、选择信息，积极主动地建构、创造知识。下面从两个方面对大学生如何培养自主学习的能力进行探索。

一是要明确思路，积极实践。学习中根据学习内容制订计划，明确学习目标，并评估可行性，对过程加以监督，最后强化自我检查和反省，不断提升自己的学习效率。通过计划—行动—反思—改进这一循环使学习不断提升，使个人对自己的学习进行主动监测并自行调节。

二是注重对学习过程的影响因素，形成协同作用。有了思路并不代表就一定能学得好，在学习中需要考虑一些内外的影响因素，如有助于效率提升的学习氛围环境，激活自己的内在动机与学习资源，建立和谐融洽的师生、生生关系，合理分配每天的学习时间及任务难度，克服外在影响按时间表行事的阻力，充足的休息和适量的运动等。一些因素是来自自我内部，一些来自外部，因此需要有针对性地根据具体的影响因素进行分析并解决，同时，需要坚持小步子渐进原则，通过自我激励来激活内在动力。

三、 建立和谐的人际关系

人际交往经验越少的人，越回避人际交往，越回避就越难以从人际互动中获得锻炼与帮助。大学生想要建立和谐的人际关系，可以从以下两点努力尝试。

一是努力提升自己的人际吸引力。大学生性格、能力、知识、长相等各不相同，可以从以下几方面来进行提升，如不伪装，做真实的自己，积极思考，善于动脑筋，提高对自己的认可度，变得自信，乐观积极，等等。

二是在人际互动中积极学习、实践、反思。将那些有着良好人际关系的同学作为学习的对象，观察、模仿他们的人际交往方式；学会理解尊重他人，善于倾听，当同学有困难时热心帮助。人际交往是一门科学更是一门艺术。通过一些人际交往技巧的学习训练，不断结合自己的人际交往实际，来反思自己的人际交往模式，如加入社团组织，可以接触不同专业的同学，在人际互动实践中不断提升自己的交往能力，为建立和谐人际关系打下基础。此外，良好的人际关系作为人际支持系统的一部分，当出现适应不良，呈现相应的心理问题的时候，可以动员一些人际资源来协助解决。

四、 学会自助和他助

当适应不良引发相应的心理困惑时，大学生们首先会选择心理"自助"来进行积极调适，以解决面临的心理困扰。"自助"可以采取自己解决现实问题、积极心理暗示、情绪调节等方式，通过自我摸索与解决，调节心理失衡。我国的传统文化多引导人们更习惯于默默承受，自助更能彰显个人的价值与尊严，特别是由适应导致的心理困惑，更不乐于"他助"。

心理上的"他助"则是指在自身无法摆脱心理阴影的情况下，向他人寻求支持、帮助。大学生寻求帮助的途径有很多，可以向高年级学长、任课老师求助，也可以向亲人、辅导员、心理辅导老师等求助，自己解决不了的问题可以通过专业的指导及心理支持来摆脱，迅速解决适应中出现的问题。

"他助"的关键是要敢于"不耻下问"，改变被动行为，通过寻求专业帮助，可以提高自己对知识认识的深度，如把压抑在心头的难以言说的负面情绪向他人倾诉，在倾诉中感到人际支持的温暖，获取力量，打开紧锁的心门，摆脱心理压力。可以通过更多的"他助"来提升解决问题的能力与适应能力。

五、 走出舒适区

走出舒适区，首先要克服心理障碍。舒适区外一定是困难重重的，所以必须要克服自己的心理障碍，直面困难，接受挑战，用"破冰之履"在舒适区外创造奇迹。

其次，要改变固有的习惯。科学研究表明，一个人只要坚持4周就能改掉一个习惯，或者培养出一个习惯。我们要思考自己真正需要改变的是什么，把目标分解成小目标，按步骤一步步完成。

再次，找到合适的同伴。改变的路上，既需要确定适合的目标，也需要找到能与自己共同进步的同伴，互相督促，互相鼓励，一起走出舒适区。

最后，坦然接受失败。每次新的尝试必然会有不适应，会有难题解决不了。不必回避它，做你应该做的事情，不要做你想要做的事情。坦然接受失败，这样才能长久保持走出舒适区的勇气和动力。

拓展提升

一、 任务拓展

从《谁动了我的奶酪2》
中追寻智慧与勇气

二、 拓展训练

投篮游戏

1. 每小组分发 5 张报纸，制作 10 个纸球。

2. 每个组由一人双手抱做"篮筐"，站定后，双脚不能动，"篮筐"可以左右上下变动接球。

3. 学生助手一人负责捡球，球不能直接交回队员手里，只能抛或丢回去。

4. 每组余下所有人为投手，纵队排列，每人每次只能投一次，投完后站在队尾轮转。

5. 每组有 2 分钟的时间进行练习，竞赛时间为 3 分钟，各队同时进行，以进筐球数排列名次。

6. 讨论：活动中感受如何，哪些值得肯定，哪些需要改进？

记忆翻牌

各组选一名监督者交叉监督翻牌任务，其余所有组员均为参赛者。各组成员排成一列，距离放扑克牌的地方 10 米，主持人下达开始口令后，各组同时开始，每组成员依次跑到放置处翻一张扑克牌（按黑桃 A~K 顺序翻），每次一个人只能翻一张扑克牌，若翻到正确的扑克牌，则还有一次翻牌机会。全程以接力赛的方式完成，翻完为挑战成功。

三、 任务考核

1. 请你访问一位自己身边非常优秀的同学或朋友，了解他们是如何适应环境并获得持续发展的，并总结出可供学习和参考的经验。

2. 结合《谁动了我的奶酪？》第一部和第二部，思考自己的生命在变化与适应中如何获得平衡与发展。

项目四　识别情绪　管理情绪

项目导读

"人非草木，孰能无情。"情绪和情感是个体心理活动的重要组成部分，渗透于每个人的各种活动中。在生活中，我们每时每刻都在体验着情绪，每个人都体验过快乐、悲伤、害怕、愤怒等。情绪无处不在，每种情绪都有存在的必要和价值，没有好坏对错之分，但由情绪引发的行为或行为的后果则有好坏之分。

我们所有大大小小的心理问题，最初或多或少都表现出一定的情绪问题，因而管理好情绪能在一定程度上预防心理问题。情绪管理并非是消灭情绪、控制情绪，而是在觉察与感受情绪的基础上，合理疏导情绪、有效释放情绪的张力。我们和情绪的关系，不是控制或驾驭，而是努力地认识这个"朋友"，学会管理自己的情绪，做一个真正拥有情绪自由的人。

学习目标

知识目标

1. 了解情绪的定义和分类，知道觉察情绪的步骤。
2. 理解影响情绪的因素及常见的不良情绪类型。
3. 理解积极情绪的来源及特点。

技能目标

1. 能够正确识别自己及他人的情绪。
2. 能排解负面情绪，掌握培养积极情绪的方法。

素质目标

1. 养成自觉觉察情绪，合理调控负面情绪的心理品质。
2. 养成阳光、理性的心态，发展积极情绪。

任务一　认识情绪

任务引入

　　海燕（化名）是某学校心理社团宣传部部长，社团内部活动中有一个版块叫"心晴小语"，是她钟爱的部分。她组织社团成员在上面轮流诉说当下的心情，有人说："我的资格证考试过了，心情好极了！"有人说："要考试了，我有些紧张，有些没底，但也要面对。"有人说："失恋了，一个字，伤！"还有人说："和同学相处让我觉得困扰，有点累。"活动受到同学们的一致好评。

　　有人发短信询问海燕："我发现你就像'心晴'大使，给我们带来好心情的同时，你的心情似乎也更好了，你是怎么做到的呢？"海燕仔细思考了这个问题，她写下这样的感触："通过组织'心晴小语'，我有了更多的机会了解情绪知识，也更多地关注自己的情绪状态！当我因取得好成绩而无比喜悦时，我发现，这种喜悦也会渐渐消散；当我因被舍友误解，委屈难堪时，这样的感觉也会慢慢缓解。没有人总是活在喜悦中，也没有人能完全掌控情绪。即使我觉得心情差，我也不慌张，听听喜欢的歌，找好友聊聊天，看看风景，就会重新好起来。"

　　请思考：你认为"心晴小语"这个活动为什么受到大家的一致好评？你了解自己的情绪吗？

相关知识

一、情绪的定义

　　今天你的情绪状态如何？是开心、愉悦，还是悲伤、焦虑？是平静还是波动较大呢？无论是哪种情绪都在告诉我们，喜、怒、哀、惧等情绪与我们的生活如影随形，随时随地发生在我们的身边，我们的活动都会打上情绪的印迹。情绪像是染色剂，使人们的生活五彩斑斓；情绪也像是发动机，可以让人积极进取，也可以让人耗尽自身能量。人的一生，就是这样在情绪世界里领略着人生五味。那么，什么是情绪呢？情绪是如何产生的呢？

　　情绪是指人对客观事物是否符合自己的需要而产生的内心体验。首先，情绪产生的源泉是客观事物及主体需要；其次，情绪是以需要为中介产生的；再次，情绪是主体的一种主观感受、内心体验；最后，情绪能够引起生理唤醒、行为反应等。例如，一个原始部落的人在丛林里遇到野兽时的恐惧和你在城市中遇到歹徒时的恐惧，都有相似的生理反应，如肌肉紧张、心跳增加、出汗、颤抖等，伴随着心率、血压、呼吸等多种身体状态变化。这种情绪体验和生理反应会激发人们采取相应的行动，进而顺应环境变化生存下来。

情绪是人重要的心理活动，但是情绪不会单独出现，情绪总是伴随着其他几种重要的心理成分，如生理唤醒、主观感觉、认知过程、行为反应等。

二、 情绪的分类

（一）基本情绪和复合情绪

1. 基本情绪

近代心理学研究中一般把基本情绪分为快乐、愤怒、悲哀和恐惧四种类型。基本情绪是人和动物共有的，不学而会的，又叫原始情绪，有文化共通性。

2. 复合情绪

复合情绪是在快乐、愤怒、悲哀和恐惧这四种基本情绪的基础上，通过不同的组合派生出的复合情绪体验形式，属于高级的社会情感。例如，由疼痛引起的不快，是比较单纯的情绪；而悔恨和羞耻则包含了不快、痛苦、怨恨、悲伤等复杂因素，是复杂的情绪体验。羞耻感继而变成了道德体验的成分，它对于培养高级的道德情感具有重要意义。

（二）心境、激情和应激

根据情绪发生时的速度、强度和持续性，可把它分为心境、激情和应激三种类型。

1. 心境

心境是一种比较微弱、持久，具有弥散性、渲染性的情绪状态，通常叫作心情。心境可以分为积极和消极两种。积极的心境使人振奋乐观、朝气蓬勃，在乐观快活的心境下，工作、学习的效率都会提高；消极的心境使人颓丧悲观，工作、活动效率下降，甚至影响学业的顺利完成及身心健康。

2. 激情

激情是一种短暂的、强烈的、爆发式的情绪状态，伴随着剧烈的生理反应、内心体验和明显的外部行为表现。例如，盛怒时，拍案大叫，暴跳如雷；狂喜时，捧腹大笑，手舞足蹈；绝望时，心灰意冷等。例如，女友对小雷很好，但他总是不放心，不允许女友和男同学接触。有一天，在食堂，小雷看到女友又和其他男生说话，小雷非常气愤，和那个男生打了起来。

激情也有积极和消极两种表现：积极的激情能够激发个体的活力，提高效率，激励我们积极向上、克服困难，帮助我们在竞赛中、在面对艰巨任务的紧要关头时依然保持冷静的理智和坚强的意志；消极的激情是指对身体有害的、不符合社会要求的激情，它常常对个体活力产生抑制和阻碍作用，并且引起个体在分析判断力和自我控制力下降的情况下做出冲动行为。

3. 应激

应激是在出乎意料的紧张或危险情境下所产生的高度紧张的情绪状态。应激状态也有积极和消极之分，应激可以通过调整个体情绪来应对。应激的积极状态可以通过培养和训练习得，消极状态也是可以控制的。我们应该尽量发挥其积极作用，避免和控制消极反应，以促进身心健康发展。例如，地震发生之后，同学们投入救人的行列中，连续3天不睡觉，好像有无穷的力量。应激的消极状态表现为活动抑制或完全紊乱，甚至发生感知记忆的错误，表现出不适应的反应，如目瞪口呆、手忙脚乱、陷入窘境、失眠等。

任务实施

一、从情绪的外部表现认识情绪

情绪是一种内部的主观体验，但在情绪发生时，又总是伴随着某种外部表现。这种外部表现就是可以观察到的某些行为特征，这些与情绪有关的外部表现，叫作表情。表情也是情绪的一个重要部分，是人的情绪感觉的外在特征。例如，一个害羞的人当众讲话，他会感到非常紧张焦虑、手心出汗、脚发抖、声音发颤、身体收缩，好像随时想逃走的样子。此时，台下的观众可以很清晰地感受到他的情绪。因此，在人际交流中，观察表情，可以帮助我们了解对方的情绪状态。

通常人们把表情分为三大类：面部表情、姿态表情和语调表情。面部表情是指通过眼部肌肉、面部肌肉和口部肌肉的变化来表现各种情绪状态。人的眼睛是最善于传情的，不同的眼神可以表达人的各种不同的情绪和情感。例如，高兴和兴奋时"眉开眼笑"，气愤时"怒目而视"，恐惧时"目瞪口呆"，悲伤时"两眼无光"，惊奇时"双目凝视"，等等。

姿态表情可分成身体表情和手势表情。人在不同的情绪状态下，身体姿态会发生变化，如高兴时"捧腹大笑"，恐惧时"紧缩双肩"，紧张时"坐立不安"等。手势通常和言语一起使用，表达赞成还是反对、接纳还是拒绝、喜欢还是厌恶等。

语调表情也是表达情绪的重要形式。朗朗笑声表达了愉快的情绪，而呻吟表达了痛苦的情绪。言语是人们沟通思想的工具，同时，语音的高低、强弱、抑扬顿挫等，也是表达说话者情绪的手段。例如，当播音员转播乒乓球比赛的精彩实况时，他的声音尖锐、急促、声嘶力竭，表达了一种紧张而兴奋的情绪。

总之，面部表情、姿态表情和语调表情等，构成了人类的非言语交往形式，心理学家和语言学家称之为"身体语言"。人们除了使用语言沟通达到互相了解之外，还可以通过由面部、身体姿势、手势以及语调等构成的身体语言，来表达个人的思想、感情和态度。在许多场合下，人们无须使用语言，只要看看脸色、手势、动作，听听语调，就能知道对方的意图和情绪。

二、 从情绪与健康的关系理解情绪

情绪与健康是什么关系呢？这个问题自古以来就引起了学者们的注意。我国医学很早就记载了"内伤七情"是致病的重要原因，如"怒伤肝""忧伤肺""恐伤肾"……这都是解释情绪与人体健康的重要关系。情绪与大学生的身心健康、生活、学习、人际交往和个人发展都关系密切。尤其是身心健康方面，值得大学生给予情绪足够的重视。

为什么情绪对健康有如此大的影响呢？这是由于伴随着情绪的出现，会出现一系列生理变化。我们都有这样的体验，当你兴奋时，会心跳加速，呼吸加快，脸涨红；恐惧或突然吃惊时，脸色会变得发白。这种感受说明，任何情绪表现，对有机体的器官会发生影响。情绪的起落往往对有机体的各种生理器官的活动发生作用。例如，由于不好意思，脸马上红了起来；由于生气，脸马上变得苍白，这是因为血管舒缩神经的活动与我们的感觉和情绪的变化是非常密切的。呼吸机能与情绪状态也是密切相关的。如果心情很好，我们的呼吸就顺畅，深度大。情绪一变坏，声音的音质，呼吸的节奏都会随之变化。肌肉紧张与人的情绪状态也有密切的联系。当情绪安定时，我们的肌肉紧张就降低，就能有效地进行休息，迅速消除疲劳。相反，如果我们让愈益发展的坏情绪所控制，肌肉的紧张度就会愈益增高。清楚了情绪的产生与生理变化密切相关时，我们就不难理解情绪和健康的关系了。

一个人的情绪，如果长期处于苦恼、烦闷、忧愁、痛苦的状态时，又会产生什么现象呢？以消化系统为例。根据科学家研究情绪对胃机能的作用表明：当人生气、焦虑时，整个大脑皮层对皮层下的调节、控制减弱了，由于植物性神经功能处于不正常状态，从而使胃液的分泌发生变化；而抑郁、悲伤、失望则使胃的运动功能下降。长期的情绪激动，如焦虑、生气会使胃酸分泌持续升高，使充血的胃黏膜发生糜烂，而由此发展成溃疡病。人们常说"气得吃不下饭"，说的就是情绪对胃的影响，道理就在这里。

现代医学研究表明，人们的生理疾病中，70%同时伴有心理上的病因。尤其是现代社会中的高血压、心脏病、癌症等直接威胁人类健康的重要病症，都与人的情绪状态有着直接的关系。在大学生中，长期的压力造成失眠、紧张、神经性头痛、消化系统疾病等，大都是因为其情绪状态没能得到很好的调整。因此，保持良好的情绪状态对大学生来说非常重要。

一、任务拓展

（一）情绪词汇

一起学习"萨提亚家庭研究院"描述情绪的词汇，通过这部分的学习提升我们对情绪的感受力，让我们自己先清楚情绪含义。

高兴：愉快而兴奋。好受：感到心身愉快；舒服。开心：心情快乐、舒畅。

快乐：感到幸福或满意。庆幸：为事情意外地得到好的结局而感到高兴。

舒畅：开朗愉快；舒服痛快。舒服、舒坦：精神上感到轻松愉快。

爽快：舒适痛快。甜美：愉快、舒服。甜蜜：形容感到幸福、愉快、舒适。

甜丝丝：形容感到幸福、愉快。喜出望外：遇到出乎意料的喜事而特别高兴。

畅快：舒畅、快乐。喜悦：愉快、高兴。喜滋滋：形容内心很欢喜。

心花怒放：形容高兴极了。心旷神怡：心情舒畅，精神愉快。

幸灾乐祸：别人遭到灾祸时自己心里高兴。愉快：快意、舒畅。

愤慨：气愤不平。愤怒：生气（激动到极点）。悲哀：伤心。

悲伤：伤心难过。沉痛：深深的悲痛。惨然：形容心里悲惨。

伤感：因感触而悲伤。伤心：由于遭受到不幸或不如意的事而心里痛苦。

痛苦：身体或精神感到非常难受。

（二）情绪健康特点

一个情绪健康的大学生应该具备以下特点。

（1）开朗、豁达，遇事不斤斤计较。

（2）及时、准确、恰当地表达自己的主观感受。

（3）情绪正常、稳定，能承受快乐与痛苦的考验。

（4）充满爱心和同情心，乐于助人。

（5）正确地认识自己和他人，人际关系良好。

（6）对前途充满信心，富有朝气，勇于进取，坚韧不拔。

（7）善于寻找快乐、创造快乐。

（8）能面对现实、承认现实和接受现实，善于把个人需要与社会需求相结合。

二、拓展训练

我演你猜

老师准备六张"情绪卡片"，卡片上分别写上喜、怒、哀、惧、疑（怀疑）、恶（厌恶）。

1. 让自愿上台的学生随机抽出一张卡片，用表情、动作等非语言信息表达卡片上所写的情绪，不能用言语表达。让台下的同学猜测台上的同学要表达什么情绪。

2. 请出六位同学表演六张"情绪卡片"上所写的内容。

3. 组织讨论："你能识别出同学表演的情绪嘛？""情绪有好坏之分吗？为什么？"

我诉我心

体会情绪对生理的影响力。仔细想想，当下面这些情绪发生时，你的身体通常会有怎样的变化？

在开心、愉快时，我会……

在难过、悲伤时，我会……

在紧张、焦虑时，我往往会……

在激动、兴奋时，我总是……

在受到惊吓时，我会……

在生气、愤怒时，我常常……

三、 任务考核

1. 你能识别出别人的情绪吗？你认为最让你快乐的事情是什么？

2. 当你快乐时、伤心时、愤怒时、恐惧时，你的身体会有哪些反应？它们有什么不同？

任务二　觉察情绪

任务引入

作为家中的男孩，父母经常说，"男孩子要坚强""男孩子怎么可以这么容易哭？"在这样的环境中，阿明（化名）慢慢长大。阿明天生情感丰富，但受大人教导要成为一个坚强的、有所成就的男子汉。因此，阿明只能隐藏自己的情绪，于是形成了内向、胆怯的性格。中学时，妈妈要他参加学校的演讲比赛，他不敢说"不"，心里紧张得要命，只能硬着头皮上，结果可想而知。

长期以来压抑自己的情绪，让他觉得很难受。在高三时，他压力很大只能在家学习，结果高考成绩不太理想，去了一所职业院校。如今，父母让他继续好好学习，不能因为在职业院校就混日子，以后要找一份好工作。阿明觉得自己是个普通人，这十几年一直竭尽全力达到父母的目标，然而自己过得并不开心。经常觉得烦躁、疲惫，父母设定的目标好像一座大山压在心头，但是他始终不敢和父母说出自己的想法。

阿明的内心充满了复杂的情绪，悲伤、内疚、愤怒、厌恶，等等，但是他压抑的性格让他没有意识到这些情绪的存在，更不知道这些情绪要告诉他什么。阿明只觉得自己的天空是灰色的，自己是个不开心的人。

请思考：根据案例中阿明的描述，他的情绪出现了什么问题，出现问题的原因可能是什么？

相关知识

一、 识别情绪

情绪是综合了人的感觉、思想和行为的一种状态，在人与人的交流中发挥着重要作用。识别情绪是指个体对于自身情绪及他人情绪的感知、觉察与辨别，对应于不同的情绪诱发方法，情绪识别方法也各不相同，常见的情绪识别方法如下。

1. 正视情绪

情绪不会凭空消失，存在就是存在，它不可能因为你的否定而消失。相反，一味地否定只能让情绪潜藏在意识里，可能会带来更坏的影响。每个人都有发泄情绪的权利，如果不敢承认情绪的存在，可能也就不敢发泄情绪，盲目压抑情绪对个人的身心发展不利。

2. 体察情绪

情绪就像生活中的信号灯，当我们遇到危险时会提醒我们及时调整自己，但是信号灯也有失灵的时候。这就需要我们学会体察情绪，识别自我情绪，时时提醒自己注意："我现在的情绪是怎样的？"关注自己的情绪状态，经常进行自我反省，从不同的角度了解、考虑问题，调整心态，寻找问题解决办法。情绪的体察可以通过我们自身反省、他人反应及表现等方法来更好的察觉。

3. 理解非语言信息

识别他人情绪的关键，在于理解非语言信息，通过这些线索来察觉他人的感受。非语言信息一般包括声音、语调、面部表情、手势、体态等。非语言信息赋予了各种情绪或情感丰富的表现形式。譬如紧张时，有的人会全身微微战栗；有的人会不停地啃指甲；有的人会大口大口地呼吸；有的人会言语停顿；等等。心情愉悦时说话的语调会比较欢快，烦躁时语调会比较沉闷。

4. 运用同理心换位思考

从别人的角度观察事情、体会别人情绪的能力就是同理心，它表现为能设身处地地替对方考虑。富有同理心，是理解他人感受，识别他人情绪的关键。培养同理心很简单，就是换位思考，推己及人，理解他人感受。

二、 大学生不良情绪的表现

正面情绪能够带来希望，激励我们前进，自己开心的同时也给别人带去快乐。负面情绪就像一柄伤人伤己的利剑，在伤害我们身心的同时，还会波及我们身边的人。所以，大学生应形成主动识别和调适不良情绪的意识。常见的不良情绪主要涉及以下几个方面。

1. 自卑

在社会交往方面自卑，自我封闭，不愿与人交往，暗藏心事而不愿与人诉说，缺乏活力。

2. 抑郁

抑郁的明显症状是压抑的心情，常伴随焦虑、易怒、负罪感、苦闷、无助等。抑郁的人常消极看待世界，且常感觉乏力，睡眠状况不好。抑郁情绪是人的一种常态，时不时低落消沉一下，过几天或者出去散散心、聊聊天、转移一下注意力，它就消散了。抑郁情绪其实跟我们的喜怒哀乐是一样的，有欢笑的时候，那么在未来的某个日子里也会有低落的时候。而人的情绪起伏大多数都是平静的，遇到令自己开心的事情时，我们会喜悦、会兴奋；而遇到打击和挫折或者压力时，我们的情绪就会下沉，出现低落抑郁的情绪，这是人的本能。也是非常正常的一种情绪起伏的状态。

3. 冷漠

冷漠表现为对外界任何刺激都无动于衷，早期表现为心情平淡，对什么都不感兴趣，然后发展为感到越来越空虚，缺乏责任感和成就感，陷入这类情绪的人，平时面部表情平淡、呆板，行动无生气，懒散，对他人的奋斗进取精神不理解。

4. 易怒

有这类情绪的人主要表现为容易发火、急躁，对轻微的刺激有剧烈的情绪反应。例如，常在寝室、食堂、球场等地方因一些小摩擦就与人发生激烈纠纷。处于精力充沛、血气方刚的青年时期的大学生，在情绪发展上往往有易激动、动怒的特点。有的大学生因一句刺耳的话或一件不顺心的小事而暴跳如雷；有的大学生因别人的观点或意见与自己相左而恼羞成怒。愤怒有程度的不同，从轻微不满、怒、激愤到大怒等。愤怒的强度和表现与人的修养有密切关系。

5. 焦虑

很多大学生会静不下心来，常因多思、想入非非或过度紧张而焦虑。焦虑是常见的情绪状态，焦虑情绪是与处境不相称的痛苦情绪体验，是一种类似担忧的反应或是自尊心受到潜在威胁时产生担忧的反应倾向。焦虑是人的一种本能情绪，每个人都会存在着焦虑情绪。当我们处于心理压力状态，受到刺激时，我们都会出现焦虑情绪。正常的焦虑情绪能够帮助我们面对突发的事件，但是长期的焦虑情绪会影响我们的心理健康。

任务实施

感知并接受你的情绪，这是情绪觉察的第一步，不要拒绝，不要压抑，勇敢地面对自己的情绪变化，可以通过以下方法进行情绪觉察。

一、 记录法观察情绪

我们要做一个自我情绪的有心人。你可以抽出一两天或一个星期的时间，有意识地留意并记录自己的情绪变化过程。可以情绪类型、时间、地点、环境、人物、过程、原因、影响等项目为自己列一个情绪记录表，连续地记录自己的情绪状况。回过头来看看记录你就会有新的感受。在情绪来临的当下，对它有一个觉察，并意识到自己在情绪中。要愿意观察自己的情绪，愿意诚实地面对自己的情绪，给自己应有的情绪空间。提醒自己注意："我现在有怎样的情绪？"例如，当自己因同学的一句话而生气，不给对方解释的机会时，就问问自己："我为什么这么做？我现在有什么感觉？"如果觉察自己只对同学一句无关紧要的话而感到生气，就应该对生气做更好的处理。有许多人认为："人不应该有情绪"，因而不肯承认自己有负面的情绪。实际上，人都会有情绪，压抑情绪反而会带来不良的结果。

二、 访谈法了解情绪

通过与你的家人、同学、朋友等进行诚恳交谈，征求他们对你情绪表现及管理的看法和建议，借助别人的眼光认识自己的情绪状况。与别人交谈、倾诉可以释放自己的心理压力，在倾诉的过程中也会厘清自己的思路，加上别人的意见、安慰和鼓励，能够找到自己想要的答案，进而改善自己的情绪。

三、 反思法觉察情绪

你可以利用你的情绪记录表反思自己的情绪，也可以在一段情绪过程之后反思自己的情绪反应是否得当。为什么会有这样的情绪？产生这种情绪的原因是什么？有什么消极的负面影响？今后应该如何消除类似情绪的发生？如何控制类似不良情绪的蔓延？在反思的过程中，不带评判地感受身体，让情绪流动起来，找到出口，得到疏导。情绪不会凭空消失，存在就是存在，它不可能因为你的否定而消失。相反，一味地否定只能让情绪潜藏在意识里，可能会带来更坏的影响。沿着自己的心灵发展轨迹，溯流而上，用当前情绪去联想更多的情绪状态，慢慢体味、细细咀嚼自己的各种情绪经历，并询问自己当时如果没有产生这种情绪会是一种怎样的情形，这样可以使人变得心平气和。

四、 探索法理解情绪

借助专业的情绪测试软件工具，或是咨询专业人士，获取有关自我情绪认知与管理的方法建议，探索自己的情绪。尝试去觉察触发自己情绪的按钮是什么，为什么这件事、这个人、这种处境，对我来说这么难以接受？为什么我被激起愤怒、委屈的情绪？进而探索自己的内在模式。更清楚地认识自己的情绪源头，也有助于理解和接受他人的错误，从而轻松地控制消极的情绪，培养积极的情绪。疏解和调理情绪，也需要适时地表达自己的情绪。

当我们学会与情绪相处，给予情绪应有的空间，而不是一味压抑情绪。有了这样的觉察与理解，我们的情绪按钮就不会那么轻易再被触发了，身心也会越来越健康、平静、喜乐。

拓展提升

一、 任务拓展

情绪表达训练

二、 拓展训练

觉察情绪练习

请将你的注意力放在自己的身体感受上，它的体验就是你所寻找的情绪。下面一起来练习觉察情绪，注意你的身体有什么体验，用你对自己的了解来指导自己。比如，你可以放松下来，然后一点一点寻找自己身体的感受。例如，去体会我的胸部紧张吗？我太阳神经丛区域的感觉如何？我的颈部和肩膀是紧绷的吗？

如果你感觉到自己的胸口好像有一块石头，感觉有些堵，有这样的感觉很好。再仔细去感受自己，那是一块多大的石头？什么形状？什么颜色？什么位置？然后试着把石头搬起来，从胸口慢慢移开。也许你的感觉就有明显的改善。

以这样的方式来引导你的注意力就是察觉情绪的第一步。当你将自己的注意力放到别的地方时，你就错过了自己的情绪。什么是情绪的觉察？就是自己当下情感的自我认识。例如，在遇到一件不幸事件后，体验自己此刻的心情是微怒、生气、狂怒还是含着悲伤。这种感受只是自己的感受，与他人无关，与事件也没有关系。假如此刻你还沉浸在事件本身，或者迁怒于他人，你根本没有进入自己的情绪。

"镜中人"练习

1. 同学们两人一组，其中一方作为指导者，指导对方表达某种情感（如愤怒、喜悦、悲伤等），做出表情和动作后，指导者用相机拍下来；然后指导者把某一句话说三遍，每遍语气都不一样，表达三种情感，让对方猜，猜对得 1 分。

2. 双方互换角色。

3. 同学们围绕刚才的活动讨论分享：看到"镜子"的表情，你有什么感受？情绪可以传染吗？在努力做各种或者模仿各种表情时，你的情绪有变化吗？

三、任务考核

1. 在日常生活中，你是否能够关注自己的情绪？对你而言，有哪些经常出现的不良情绪呢？

2. 根据觉察情绪训练及"镜中人"练习的具体步骤，觉察自己的情绪，并谈谈你的感受。

任务三　调节情绪

任务引入

男孩和钉子

有一个脾气很坏的男孩，从高中开始觉得越来越不能控制自己的脾气，想要改掉自己的暴脾气。于是，他父亲给了他一袋钉子，并且告诉他，每当他发脾气的时候就在心里默数 10 秒，回家后就钉一枚钉子在后院的围栏上。第一天，这个男孩钉下了 37 枚钉子。慢慢地，每天钉下的钉子数量减少了，他发现控制自己的脾气要比钉下那些钉子容易。

经过这样不断地练习，终于有一天，这个男孩觉得已经能够控制自己，不再乱发脾气了。他告诉父亲这件事情，父亲又说，现在开始每当他能控制自己脾气的时候，就拔除一枚钉子。一天天过去了，最后男孩告诉他的父亲，他终于把所有钉子都给拔出来了。

父亲拉着他的手，来到后院说："你做得很好，我的好孩子。但是，看看围栏上的那些洞，这些围栏永远不能恢复到从前的样子。你生气时说的话就像这些钉子一样留下了疤痕。如果你拿刀子捅别人一刀，不管你说了多少次对不起，那个伤口将永远存在，话语的伤痛就像刀子的伤痛一样令人无法承受。"

请思考：案例中的男孩是如何控制住自己的脾气的？你有哪些管理情绪的妙招？

相关知识

一、 情绪的影响因素

情绪的变化，常会受到多种复杂因素的影响和制约。常见的影响因素主要涉及以下几方面。

1. 社会发展

随着生活物质水平的提高，使得大学生的精神和物质需求处于长时间的满足状态，一旦满足感被迫降低，就会产生挫败感等负面情绪；同时，我们处于信息爆发的网络时代，价值观呈现多元化的特点，价值判断更加以自我为中心，追求个性，喜欢快餐文化。但也会出现对自己圈子外的人冷漠，不爱参加集体活动，奉行利己主义、过度自卑或过度自我等现象。这会让大学生情绪不稳定，且容易被各种消极心理影响。

2. 环境变化

环境包括自然环境和社会环境，天气变化、晴雨状况、自然风景等自然环境会影响人的情绪。同一件事情发生的社会场景不同，也会使人有情绪起伏，例如灰蒙蒙的天空会让人感到压抑、郁闷，天气转晴则让人心情好转；青山绿水使人心情舒畅，但如果草木凋零，就会让人产生悲凉、悲伤、苍凉之感。在安静的图书馆看书会让人平心静气，而在吵闹的宿舍看书，则会容易产生烦躁感等。

3. 生理因素

人体的一切生理活动都不是恒定不变的，而是起落有常，这就是生物钟。人体的血压、体温、脉搏、心跳、神经的兴奋抑制、激素的分泌等100多种生理活动都要受生物钟规律的支配，从而产生生理活动的高潮和低潮，高潮时期情绪往往比较饱满，工作效率高。而低潮时期情绪比较低落，容易表现出不耐烦等不良情绪反应，办事效率低下。如果大学生违背生物钟做事，就容易导致情绪低潮、容易出差错等。

4. 气质类型

气质类型是对人的气质所进行的典型分类，不同气质类型的人会表现出不同的性格和情绪特点。例如，胆汁质的人情绪兴奋度高，感情强烈，脾气急躁，情绪体验的波动性比较大；抑郁质的人易伤春悲秋，情绪容易低落；多血质的人有朝气、热情、有同情心、思维敏捷，但情绪情感容易产生也容易变化和消失；黏液质的人平静，善于克制忍让，生活有规律，严肃认真，但不够灵活，注意力不易转移，因循守旧。

5. 个体认知差异

不同的人在相同的情境下，如果认知评价不同，那么，对同一件事情也会有不同的情绪体验。人之所以产生各种各样的情绪，原因不在于事件本身，而在于个人对事件的看法。同一件事情，只要个人的看法不同，结果在其内心产生的情绪就会不同：积极的看法引发积极的情绪，消极的看法引发消极的情绪。因此面对一件事情产生何种情绪体验，决定权完全在个体自己的手中。例如，对"你被人踩了一脚"这件事，假如你的想法是"这人太可恶了，故意踩我一脚"，就会感到非常生气；而假如你的想法是"这里人太拥挤了，他也不是故意踩我的"，就会感到不介意。

6. 色彩

色彩会对人的生理、心理产生影响，它不但影响人的视觉神经，还影响心脏、内分泌系统、中枢神经系统的活动，使人产生不同的情绪，从而引起人的心境变化。日常生活中，我们要巧妙利用颜色对人的心理的影响。

7. 音乐

音乐可调节人体大脑皮层的生理机能，使人体分泌出有益健康的激素和乙酰胆碱等物质，提高体内生物酶的活性。音乐在调节情绪方面起着重要的作用。当心情烦躁时，听听轻松的音乐，不舒畅的心情可以得到缓解。工作有压力时，听一些独奏的管弦乐曲，可减轻紧张感。节奏鲜明的音乐能振奋人的精神，而缓慢、悠扬的乐曲又会对人起松弛和催眠作用。

二、　情绪调节认知行为理论

认知是人们看待事物的方式，它包括一个人的思想观点、阐释事物的思维模式、评价是非的标准、对人对事的基本信念等。认知是刺激与反应的中介，通过认知的转换，而使刺激具有了不同性质、不同程度的意义。研究发现，心理健康状况在很大程度上与认知合理与否有关，情绪变化受个人认知影响。

美国临床心理学家艾里斯认为，每个人既有理性的一面，又有非理性（不合理认知）的一面；人生来都具有以理性信念对抗非理性信念的潜能，但又常常为非理性信念所干扰。人的情绪和行为障碍不是由于某一激发事件直接所引起，而是由于经受这一事件的个体对它不正确的认知和评价所引起的信念，最后导致在特定情境下的情绪和行为后果，这就称为认知行为理论。

通常认为情绪和行为后果的反应直接由激发事件所引起，即 A 引起 C。而 ABC 理论指出，诱发性事件 A 只是引起情绪及行为反应的间接原因，而人们对诱发性事件所持的信念、看法、解释 B，才是引起人们的情绪及行为反应 C 的更直接的原因。情绪 ABC 理论如图 4-1 所示。

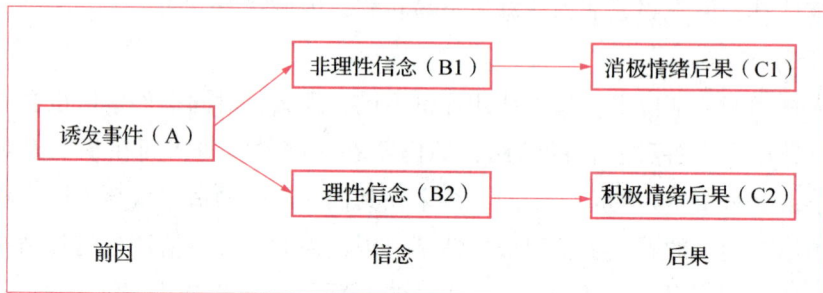

图 4-1　情绪 ABC 理论

对情绪的调节，重在对非理性信念的调整与改变，非理性信念反映出人在潜意识或意识层面的特征，主要有三种典型的特征。

1. 绝对化要求

在各种不合理的信念中，这一特征是最常见的。它指人们以自己的意愿为出发点，对某一事物怀有认为其必定会发生或不会发生这样的信念。这种信念通常与"必须""应该"这类词联系在一起。如"我必须成功""他应该待我好"等。持有这种信念的人往往把生活看成非黑即白的单色调，没有中间色，因而极易陷入情绪困扰中。

2. 过分概括化

这是一种以偏概全的不合理思维方式的表现。就好像以一本书封面的好坏来判定一本书的好坏一样。过分概括化的一个方面是人们对其自身的不合理评价。当一些人面对失败或是极坏的结果时，往往会认为自己"一无是处""一文不值"，是"废物"等，以自己做的某一件事或某几件事的结果来评价自己整个人，评价自己作为人的价值，其结果常常会导致自责自罪、自卑自弃的心理。

3. 糟糕至极

这种不合理信念认为如果某一件不好的事件发生将是非常可怕、非常糟糕的，是一场灾难。这种想法会导致个体陷入极端不良的情绪体验，如羞耻、自责自罪、悲观、抑郁的恶性循环之中而难以自拔。其实对任何一件事情来说，都可能有比之更坏的情形发生，没有任何一件事可以定义为是百分之百的糟糕透了。当一个人沿着这种思路想下去时，当他认为遇到了百分之百糟糕的事情或比百分之百还糟的事情时，就是把自己引向了极端的负面不良情绪状态之中了。

任务实施

情绪管理是对情绪进行控制和调节的过程，即通过一定的策略，使情绪在生理活动、主观体验和表情行为等方面发生一定的变化，以建立和维护良好的情绪状态。情绪时时刻刻伴随着我们，当我们有情绪的时候，应该进行合理的引导与宣泄，而不是压抑情绪。我们可以通过具体的行为来调整自身的情绪。调节情绪主要有以下几种方法。

一、　认知调节法

通过调节认知来调节情绪是很有效的疏导方式之一。人在遇到挫折和不幸时，为了自我保护，冲淡内心的不安与痛苦，不妨进行自我安慰，为自己的不良情绪寻找一个疏导的缺口，并将这种不良情绪转变为积极情绪。例如，在遇到非原则问题时难得"糊涂"、对痛苦不快的情绪快速遗忘、凡事不过分强求、告诉自己"塞翁失马，焉知非福""胜败乃兵家常事"等，达到自我激励和自我开解的目的，以免由于终日苦恼或情绪不高，处于不好的精神状态中。

二、　交往调节法

交往调节法是指通过与人交往来调节自己的情绪。这种调节方法的作用主要体现在两个方面：一方面，大学生与好友、朋友的交谈沟通，可以对不良情绪起到抚慰、缓和的作用；另一方面，在人际交往的过程中常能达到情感、思想的共通，这也能帮助大学生更理智地对待各类不良情绪，增强面对不良情绪的勇气。

三、　合理宣泄法

通过倾诉、哭喊、击打非破坏性物件（如枕头、沙袋等）、参加体育运动和文艺活动等方式可使情绪得到释放，减轻心理压力。合理宣泄法有直接和间接两种方式：直接宣泄法就是向引起消极情绪的人或物表达；间接宣泄法就是向当事人以外的人或事表达，或通过一定的活动发泄消极情绪使身心得到调节。所以，为了身心健康，需要适当地宣泄不良情绪。但宣泄情绪应注意场合、身份、气氛，宣泄应是无破坏性的。

四、　注意转移法

把注意力从消极情绪转移到积极情绪上。当不良情绪出现时，可以采取转移注意力的方法寻找一个积极的刺激，使不良情绪逐渐消失，如参加体育运动、进行自我娱乐、接受大自然的熏陶、参加感兴趣的活动，等等，使自己没有时间沉浸在因各种原因引起的不良情绪反应中，以求得心理平衡。

五、 情绪升华法

当我们感受到悲伤、痛苦等其他消极情绪时，可以对其进行引导和转化，将其变为积极向上的，具有建设性的，对本人、他人和社会都有利的情感和行为，从本质上讲就是将消极情绪引向崇高的境界。例如，歌德在失恋后将痛苦情绪升华为文字写作的动力，写出了《少年维特之烦恼》这一巨著，或某同学在考试失败后，发愤图强，努力学习。

六、 生理调节法

当人处于消极情绪状态的时候，身体肌肉往往是紧张的，如果从放松肌肉入手，可以起到很好的调整情绪的作用。深呼吸就是一种特别容易操作而且非常有效的方法，可以试试看。具体做法如下：选择一个舒服的姿势，长长地吸气，再慢慢地呼气。让你的膈肌做缓慢的升降，腹肌做有力的回收，尽量找到"前胸贴后背"的感觉，然后再慢慢地呼气。当然，洗个热水澡、放松肌肉、按摩等都是很好的放松身体进而调整情绪的方法。

通过肌肉的拍打也可以起到一定的放松作用。一手握空拳，首先拍打上身，用合适的力度拍打对侧肩膀、后背、胳膊，当感觉已经放松下来时，更替拍打身体的另一侧，同样要对肩部多用一些时间。还要同时拍打腹部、肋骨部位的肌肉，力度不必太大。然后，依次拍打下肢，膝盖侧面是重点拍打部位。最后，对尚有肌肉紧张的部位再次重点拍打。通过这样的拍打，你会感到身体的肌肉非常放松、非常舒服，血液的流动也畅通很多。这时候你的心情也就随着肌肉的放松而放松了。

"积极的情绪像阳光，照到哪里哪里亮；消极的情绪像月亮，初一十五不一样。"管理好自己的情绪、尽力发挥积极情绪的正向作用、减弱消极情绪的负向作用对每个人来说至关重要。我们每个人并不总是处于积极的情绪状态中，消极情绪让人意志消沉，不仅不利于大学生的学习和生活，还会影响心理健康。因此，大学生应掌握情绪的调节方法，学会排解不良情绪，保持健康的情绪状态。

拓展提升

一、 任务拓展

艾迪巴的故事

从前有一个叫艾迪巴的人，别人都觉得他很奇怪，每次跟别人有冲突，和别人生气的时候就飞快地跑回家，绕着自己的房子和土地跑很多圈，然后坐在房子旁边喘气。但是艾迪巴是一个非常勤奋努力的人，他的房子越来越大，土地也越来越多，然而不管房子有多大，土地有多少，只要他和别人生气的时候，他就马上绕着房子和土地绕三圈。大家都问过艾迪巴为什么要这样？但是他却从来不多做解释。慢慢地大家都当他是一个奇怪的人。虽然如此，身边的人还是很喜欢这个勤奋努力的小伙子。很多年过去了，艾迪巴老了，再也跑不动了，但是每次生气的时候，他还是拄着拐杖绕着房子和土地走三圈。这天，他好不容易走了三圈，太阳都已经下山了，艾迪巴坐在田边喘气。他的孙子问他："爷爷，您看附近的人再没有人比你的土地更大，您现在可以告诉我这个秘密了吗？为什么您一生气就要绕着土地跑上三圈？"

艾迪巴看着孙子，终于把埋藏在心里很多年的秘密说出来了，他说："年轻的时候，我和别人生气或是争执的时候，就绕着房子跑三圈，我一边跑一边想，我的房子那么小，土地那么少，哪有时间有资格和别人生气，想到这里，我的气就消了，于是我就努力工作，不会再和别人生气。"孙子说："不对呀，爷爷，您现在已经是富有的人了，那为什么还要绕着房子走三圈呢？"艾迪巴说："我现在还是会生气，生气的时候也绕着房子和土地走，一边走一边想，我的房子那么大，土地那么多，又何必和别人斤斤计较呢？想到这我就不生气了。"

请问同学们，你们如何调节自己的情绪呢？

常常有人说，我的生活我做主，我的未来我做主，我的青春我做主……没错，我们的生活、未来、青春都能自己做主，但是难做主的就是自己的情绪。或许会有人站出来反驳，认为情绪既然是附加在我们的身上，那为什么会难做主呢？看看身边的人吧，有没有人遇到一点事就暴跳如雷的，有没有高兴或不高兴都写在脸上的，又或者高兴的时候待人热情如火，不高兴的时候就对人冷若冰霜？其实这些人都被情绪控制了，他们不再是自己的主人，真正的主人变成了情绪。

拥有积极
情绪的策略

二、　拓展训练

理性认知训练

你躺在宿舍的床上，心情非常低落，因为在今天的班会上，你的班级活动提议没有人理睬。你想睡一觉让自己忘记这个不愉快的事情。这时，你的舍友回来了，他们不知道你躺在床上，他们在评论你的提议，并认为你的提议太差了，没有意义，他们一边议论一边笑着。这时你的感受是什么，当时有什么样的想法，会有什么样的情绪反应？如果你不想有这样的情绪行为反应，你将如何调节？

情绪觉察如表 4-1 所示。

表 4-1 情绪觉察

情景	我的想法	我的情绪	我的行为
如，当我在大庭广众下说话时	我要好好表现，给人留下深刻印象	紧张	想咳嗽，身体有点僵硬

放松训练

训练是为了缓解紧张、焦虑的情绪。放松训练的方法主要包括深呼吸放松训练、全身肌肉放松训练和意象放松训练。这里我们主要介绍深呼吸放松训练和全身肌肉放松训练。

1. 深呼吸放松训练步骤如下。

（1）在进行放松训练时，呼吸应尽可能慢而深。

（2）用鼻子慢慢地吸气，并让气进入腹部，然后缓慢地呼气。

（3）呼吸时全身放松，体会腹部的上下起伏。

（4）注意力集中在呼吸时的气体及其通过的身体部位上。

2. 全身肌肉放松训练步骤如下。

（1）选择一个安静且不受打扰的地方躺着或坐着。

（2）闭上双眼，减少意识活动。

（3）把注意力从一块肌肉转移到另一块肌肉上，自然而然地放松，体会肌肉收缩在放松的感觉。

每天可练习 1~2 次，每次 5~10 分钟，每块肌肉收缩 5~8 秒，然后放松 20~30 秒。

三、 任务考核

1. 你认为影响自己情绪最大的原因是什么？你如何调节自己的不良情绪？

2. 根据拓展训练的具体要求，体会影响情绪的因素及调节情绪的方法。

任务四　发展情绪

任务引入

　　一位父亲欲对一对孪生兄弟进行"性格改造"，因为其中一个过分乐观，而另一个则过分悲观。在圣诞节前夕，家里人希望改变他们极端的性格，为他们准备了不同的礼物：给哥哥的礼物是一辆崭新的自行车，给弟弟的礼物则是满满的一盒马粪。拆礼物的时候到了，所有人都等着看他们的反应。

　　哥哥先拆开他那个巨大的盒子，竟然哭了起来："你们知道我不会骑自行车！而且外面还下着这么大的雪！"正当父母手忙脚乱地希望哄他高兴的时候，弟弟好奇地打开了属于他的那个盒子——房间里顿时充满了一股马粪的味道。出乎意料，弟弟欢呼了一声，兴高采烈地去马粪里掏着什么。"告诉你，爸爸，"那孩子得意扬扬地向父亲宣称，"我想马粪堆里一定还藏着一匹小马呢！"

　　讨论：在日常生活中，你的选择是偏向悲观还是乐观呢？如何培养自己以乐观积极的心态对待生活？

相关知识

一、　情绪与情商

　　情商（EQ）又叫情绪商数或情绪智力，指一个人对情绪的认知和管理的能力，是心理学家们提出的与智商相对应的概念，由美国心理学家约翰·梅耶和彼得·萨洛维于1990年首先提出。1995年，时任《纽约时报》的科学记者丹尼尔·戈尔曼出版了《情商：为什么情商比智商更重要》一书，引起全球性的EQ研究与讨论，因此，丹尼尔·戈尔曼被誉为"情商之父"。情商是可以通过全面系统的课程培养提高并且改变的，一个人的成功，只有20%归于智商，80%则取决于情商。

　　当情绪产生时，大学生虽然有时无法抑制自己的情绪反应，但也应当通过自我控制，掌握自己的情绪，重视自己的情商培养。丹尼尔·戈尔曼接受了萨洛维的观点，认为情绪管理主要体现在五个方面，分别是认识自身情绪的能力、妥善管理自身情绪的能力、自我激励、认识他人的情绪和人际关系的管理。

（1）认识自身情绪的能力。关注情绪时时刻刻的变化，能够察觉某种情绪的出现，观察和审视自己的内心世界体验，它是情绪智商的核心，只有认识自己，才能成为自己生活的主宰。

（2）妥善管理自身情绪的能力。能根据自己的身心、所处环境、人际状况，把握调控自己的情绪，使之适时适度地表现出来，即能做到情绪的自我调控。

（3）自我激励。能够依据活动的某种目标，调动、指挥情绪的能力，它能够使人走出生命中的低潮，重新出发。

（4）识别他人的情绪。能够通过细微的社会信号，敏感地感受到他人的需求与欲望，即认知他人的情绪，这是与他人正常交往，实现顺利沟通的基础。

（5）人际关系的管理。调控自己与他人的情绪反应的技巧，如有效沟通与合作等。

由此可见，情绪管理是一种综合行为，具有科学性和艺术性。情商高的人往往能保持较好的人际关系和团队合作，并能通过自控增强实现目标的情绪力量。因此，大学生在学习发展智力的同时，也要注意培养和提高自己的情商，尽量做一个能清醒地把握自己的情绪、敏锐感受并有效反馈他人情绪变化的人，真正控制情绪，做自己的主人。

二、 发展积极情绪

积极情绪即正性情绪或具有正效价的情绪，许多研究者为积极情绪给出过具体的描述或定义。罗素曾提出"积极情绪就是当事情进展顺利时，你想微笑时产生的那种好的感受"。弗雷德里克森认为"积极情绪是对个人有意义的事情的独特即时反应，是一种暂时的愉悦"。孟昭兰认为"积极情绪是与某种需要的满足相联系，通常伴随愉悦的主观体验，并能提高人的积极性和活动"。

美国一位名叫斯诺格拉斯的心理学家曾提出一个非常简单的改善情绪的方法，改变走路姿势，昂首阔步走几圈。他招募了79名大学生来做实验，分成三组：第一组大步走，第二组小步走，第三组平常速度走。结果发现，昂首挺胸大步走的一组，精神、心理呈现出亢奋、愉悦、精力充沛的状况。他认为昂首挺胸走几圈，可以使情绪不佳的人心境得到改善，精神得以振奋。具体做法是：加大步幅，双手摆幅加大，频率加快挺胸抬头。事实证明：体育运动可以改变情绪状态，而情绪状态也可以反过来改变身体活力。

致力于研究积极情绪的美国心理学家芭芭拉·弗瑞德列出了积极情绪的十种形式，按照人们所反馈的感受频率，从高到低依次为：①喜悦（Joy）；②感激（Gratitude）；③宁静（Serenity）；④兴趣（Interesting）；⑤希望（Hope）；⑥自豪（Pride）；⑦逗趣（Amusement）；⑧激励（Inspiration）；⑨敬畏（Awe）；⑩爱（Love）。

积极情绪唤醒的方法有以下几种。

（1）增加掌控能力。掌控能力指有效地应对环境的挑战而做出合理行为的自控能力，是自我激励的重要因素。人越有掌控的能力，对事情就越有把握，便可更加积极乐观。

（2）提升正面情绪。正面情绪不但可以提高人的掌控能力，更有助于培育积极思想，如多回忆成功和愉快的经验，可以增加人的积极行为。

（3）正向解释。以正面和乐观的思维去理解事情和因果关系，学习阳性赋义，建立积极的人生观。

（4）使用积极的心理应对机制。例如使用幽默感、升华等方法可以帮助减轻焦虑或忧郁的情绪，令人跳出低迷的处境。

（5）做好时间管理。科学的计划安排、目标设置、时间分配、结果检查等一系列监控活动，可提升对实施行为的自信心，从而提高自我效能感。

任务实施

积极情绪是快乐（或愉悦）的元素，包含了主观幸福感的常见因素：高兴、狂喜、温暖等。人的思维能力是受情绪影响的，同样，思维能力也是情绪的外在反映。例如，同一班级的学生，根据出示卡片上的名称，选择按下相应的物体按钮，情绪好的学生，其反应快。这说明积极的情绪有助于激发人的思维能力，从而有助于创造力、想象力的培养。大学生可以从以下几个方面发展积极情绪。

一、　找到生命的意义

在你的日常生活中，要更加频繁地寻找积极的意义。人们在日常生活中所面对的大多数事件并非一无是处，所以，在生活中发现好的方面以及由衷地强调积极意义的机会，是始终存在的。消极情绪并非来自人们遭遇的不幸，而是来自人们如何看待不幸。当你将不愉快甚至是悲惨的境况以积极的方式重新定义时，你就提高了自己的积极情绪。

研究亲人亡故后人们的情绪波动的科学家发现，体验到交织在悲伤中的某些由衷的积极情绪的人们从哀伤中恢复得更快。有的人通过回顾亡故的亲人的良好品质来培育自己的积极情绪，还有的人则通过帮助他人来重新点燃自己的积极情绪，有的人是通过珍惜来自健在的亲人的关照来提升自己的积极情绪，有的人则通过认真投入自己的日常生活来提升积极情绪。

二、　梦想未来

提高积极情绪的简单方法之一，就是更加频繁地梦想你的未来，为自己构想最好的将来，将美好未来形象化能够让你把自己每天的目标和动机与梦想相契合，把对于未来的规划融入每天的实际行动中。

三、　利用优势

调查结果表明，每天都有机会做自己最擅长的事情的人，更容易在工作与生活中取得成功。确定自己的优势，并据此重新制定你的工作与日常生活流程，重塑自己，由此产生的积极情绪的提升，这既简明又能持久地做下去。

四、　与他人在一起

没有人能孤立地实现自己的全部潜能，人们通过与他人相处，可以获得更多的积极情绪。每个欣欣向荣的人都与密友及家人有着温馨又可信赖的关系，与枯萎凋零者相比，欣欣向荣者每天与自己亲近的人相处的时间更多。

无论你是否性格外向，每天都要与他人建立联系。科学实验表明，当你和别人在一起的时候，即使你只是假装外向，也会表现得更大胆、健谈、自信、积极主动和充满活力，你就能从中获得积极情绪。科学研究还表明，培养对他人的关爱，培养自己的温和性情和同情心，你也会从中获得更多的积极情绪。

五、　享受自然环境

一个人获得积极情绪的环境因素中，自然环境可能与社会环境一样重要。因此，在明媚的好天气外出也是提高你的积极情绪的简单方法。在春季和初夏，每个在好天气里在户外至少待上 20 分钟的人，都表现出了积极情绪的增长和更加开阔的思维。

全球心理学研究机构提供的大量数据表明，人类的情绪会触动和改变他们生活中的许多方面。人类所拥有的对自身情绪的控制能力远超过自己的想象，所以，人们有能力促进自身的成长使自己达到较佳的机能水平，并按照自己选择的方向来掌握和驾驭自己的生活。

拓展提升

一、　任务拓展

丹雅今年 20 岁，有一个弟弟和一个妹妹，爸爸妈妈都在外打工供养着三姊妹。最近丹雅因为和朋友关系不太融洽，且弟弟很调皮，觉得自己很没有用，无法帮助父母排忧解难，也不能和朋友很好地相处。她时常在想："我是最糟糕的，不配当好姐姐，不配拥有朋友。"其实她并不像自己想的那样，之前还在家的时候，她每天都等弟弟妹妹放学后一起回家，互相玩游戏，辅导弟弟妹妹的功课，而且和班级同学也相处得很融洽。她没有任何爱好，因为她觉得自己什么都做不好。其实，她做得一手好菜，而且在学校时很乐意帮助他人。

丹雅不仅很悲观，而且常常陷入抑郁情绪中，不能自拔。"事情真的很糟，我心情一直不好。我不是一个爱哭的人，但是现在只要有了我不喜欢的事，我就开始哭……"丹雅患上了较为严重的抑郁症。后来，她接受了心理治疗，病情慢慢好转。她不再把所有的责任都归到自己身上。当朋友不愿意陪她去逛街时，她会想："我可以自己一个人去逛街，我朋友有别的事情要做，不肯陪我去。"当她父母和其倾诉弟弟很调皮，作为姐姐要好好管教时，她会想："虽然我很懂事，但我的能力有限，也只能先管好自己，至于弟弟听不听自己的话，这个管不了太多，只能尽量去做就行。"她找了一份兼职工作，有了一笔收入，够自己的生活费并且能偶尔出去旅游放松自己的心情。她越来越自信，越来越主动。

读完丹雅的故事，请思考，如何与消极情绪抗争呢？

（1）学会去认识在情绪最低沉时自动冒出来的想法。例如，丹雅在情绪低落时会不自觉地对自己说，"我是最糟糕的"，她学着感知这个想法的出现。

（2）学会与这个自动冒出来的想法抗争。举出各种与之相反的例子。每当"我是最糟糕的"这个念头出现时，就集中注意力去想那些自己乐于助人、与他人融洽相处的例子，并与之抗争。

（3）学会用不同的解释，重新归因去对抗原有的想法。当丹雅学习对自己说"我会照顾弟弟妹妹，辅导弟弟妹妹的功课，而且和班级同学也相处得很融洽。做一手好菜，能兼职养活自己"，这种正面的、积极的解释去对抗原来消极的解释链——"我是最糟糕的，不配当好姐姐，不配拥有朋友"。

（4）学会如何把自己从抑郁的思绪中引开。丹雅意识到消极想法的出现是不可避免的。如果常去反思则会使情况更糟，最好先不要去想它。

二、　拓展训练

三件好事练习

在一个星期的每天晚上，都请你在睡觉之前花10分钟写下今天的三件好事，以及它们发生的原因，这三件事情不一定要惊天动地，例如，"已经连续几天雾霾了，今天见到了蓝天白云""今天室友回来的路上帮我打了开水"，也可以是很重要的事情，如"我考过了职业资格证书""我姐姐今天结婚了。"

在每件好事的下面，都写清楚"它为什么会发生"。例如，"天气好转""室友很热心""我很努力""姐姐很聪慧，很会规划自己的人生"。刚开始写的时候可能会很困难，坚持一个星期后就会变得容易。一般来说6个月后，你的焦虑会更少，你会更幸福，并会喜欢上这个练习。

自我暗示练习

首先，分阶段设置暗示语。在实施自我暗示前，必须根据自己的情况设置积极的暗示语言。如"我今天一定行""我明天能做得更好"等。经过一段时间的暗示训练，当发现自信心有所提高，每天都很充实、快乐时，就应考虑重新设置自我暗示语。这个阶段的暗示语不必那么具体，但一定要根据现阶段的状况提出更高要求。暗示语设置好之后，要熟练地背下来，牢记于心。

其次，实施积极的自我暗示。早上起床，精神饱满地站在镜子前，感受自己的状态。如果感觉不是很清醒，可以先暗示自己"我感觉非常有精神，状态很好！"然后，看着镜子中的自己，想象振奋的感觉由内而外散发出来。然后伴随一些体态语（可以握紧拳头，震动两下，感受自己的力量），大声说出事先想好的鼓励自己的话，声音一次比一次高。每说一次，就会感觉内心的自信和力量增加了一些。这样说几遍后，就会感觉心情畅快、很轻松、很有劲头。每天可以连续说3~5遍。刚开始训练时，需要意志进行控制，一旦养成习惯，每天就会自然地去做。这样，逐渐地就会成为一个自信、向上的人。

三、 任务考核

1. 在日常生活中，你是一个偏向悲观的人还是乐观的人？你是如何对抗消极情绪的？你会采用哪些方法来培养自己的积极情绪？

2. 坚持每天三件好事的记录，一周后总结收获。

项目五　学会学习　提高效率

项目导读

　　学习是人类认识自然和社会、不断完善和发展自我的必由之路。无论一个人、一个团体，还是一个民族、一个社会，只有不断学习，才能获得新知增长才干。古人云："学而时习之，不亦说乎""玉不琢，不成器，人不学，不知理"。我们正处在从"学历社会"向"学习社会"转化的时代，学习成为贯穿人们一生的重要活动。对于莘莘学子来说，学习是最主要的任务，不仅要学习科学知识，专业技能，还要学习人际交往及自理自立。大学为每个学生的成长提供了良好的学习空间，利用好学校的每一份资源、每一分钟和每一次机会，才能更好地完善自我，真正实现自我价值。

　　在大学阶段，学习是大学生的天职，不仅是未来事业发展的需要，更是大学生自身成长历程的关键。抓住大学阶段这个记忆、思维、行为反应最佳的"黄金期"，抓住这个我们一生成长、发展的"关键期"，主动学习、自主探究、合作学习，在学习中体验知识的获得与技能的形成，在积淀智慧的同时，形成我们受用一生、足以安身立命的一技之长是我们作为大学生的主要学习任务。

学习目标

知识目标

1. 掌握大学生学习的概念和特点。
2. 掌握提升学习动机的思路与方法。

技能目标

1. 能解决大学生日常遇到的学习心理困扰。
2. 会自觉主动增强自主学习动机。

素质目标

1. 培养大学生应对学习中常见心理问题的能力。
2. 养成"活到老，学到老"的终身学习意识。

任务一 认识学习

任务引入

小江（化名）拿到高职录取通知书后，想着班上好几个考上重点大学的同学，心里不免失落难受，但心里也暗自下定决心，在大学里要好好学习，不好的起点一样有精彩的人生。

入学后，小江每天将自己的时间安排得满满的，一有空就去图书馆，虽然她也觉得自己的学习效率不是很高，但相对同学们待在寝室玩游戏，自己也能学到很多东西，她坚信笨鸟先飞总会飞到自己期望的远方。

第一学期结束后，班上第一勤奋的小江成绩竟然没有进入前十名，虽然她的期末考试成绩很好，但其他的实训方面得分都较低，特别是小组间的协作，得分最低。这主要是因为她自己一天就只知道埋头苦读，没有花时间加强人际交往，也没有注重实训操作。面对这样的结果，她感到非常伤心，觉得自己的努力付出都没有得到回报，作为班上最努力、最认真的同学，班上的奖学金都拿不到，小江突然对学习失去了信心，这一学期不想再去图书馆了，也不想再好好学习了。

请思考：案例中"小江"的学习存在什么问题，如何帮她调节？

相关知识

一、 学习的含义

在中国，"学习"一词，是把"学"和"习"结合而组成的词。最先把这两个字连在一起讲的是孔子。孔子说："学而时习之，不亦说乎？"意思是，学了之后及时、经常地进行温习，不是一件很愉快的事情吗？按照孔子和其他中国古代教育家的看法，"学"就是闻、见，是获得知识、技能，主要是指接受感性知识与书本知识，有时还包括思的含义。"习"是巩固知识、技能，一般有三种含义：温习、实习、练习，有时还包括行的含义。所以学习就是获得知识，形成技能，培养聪明才智的过程，实质上就是学、思、习、行的总称。

学习的定义一般分为广义和狭义，狭义的学习，即指学生的学习，在各类学校环境中，在老师的指导下，有目的、有计划、有组织地进行的，是在较短的时间内系统地接受前人积累的文化经验，以发展个人的知识技能，形成符合社会期望的道德品质的过程。较之于一般的人群学习，学生的学习具有以下特点：以掌握间接的知识经验为主；是在老师的指导下，有目的、有计划、有组织地进行的；是在固定地点、规定时间内进行的；是在集体中进行的，学习效果受周围人的影响。

目前比较被大多数学者所接受的是广义的学习，学习是个体在特别情境下，由于练习或反复经验而产生的行为、能力或倾向上的比较持久的变化及其过程。这一概念包含三层含义。

一是学习表现为行为或行为潜能的变化。通过学习，我们的行为会发生某种变化，如从不会游泳到会游泳。当然，有些学习不会在我们的当前行为中立即表现出来，但会影响我们对待事物的态度和价值观，即改变我们的行为潜能。

二是学习所引起的行为或行为潜能的变化是相对持久的，如学会游泳后游泳技能将终身不忘。药物、疾病、疲劳等因素也会引起行为或行为潜能的变化，但这种变化是暂时的，因此不能称为学习，如学生因疾病降低学习成绩等。

三是学习是由反复经验引起的。有时候个体的生理成熟或衰老也会引起行为产生持久改变，如青春期少年的嗓音变化，这是由生理成熟引起的，与经验无关，所以不能称为学习。由经验而产生的学习主要有两种：一种是正规学习，如有计划地训练或练习，学校的学习等；另一种是随机学习，因偶然的生活经历而产生，如幼儿被开水烫一次就知道开水不能摸。

二、　大学生学习的特点

大学生的天职是学习，只有在学习中才能获得进步与发展。大学生正处于心理过程和各项个性心理发展的高峰期。此时人的记忆力、逻辑思维能力、智力水平都达到人生的高峰期和鼎盛时期，人格特征、动机需要逐渐趋于稳定。大学时期作为个体系统掌握科学文化知识和寻求发展最大化的最佳时期，大学生学习特点表现为以下几个方面。

1. 学习内容的专业性与技能性

高职院校的大学生毕业后，对工作岗位的适应比较迅速，具有"上手快"的特点，这也是高职院校大学生的优势所在，因此，学生在校学习期间就应该注重实践能力和动手能力的培养，使得自己具备未来就业岗位的职业技能。在高职教育的教学体系中，实践教学环节帮助高职院校大学生将专业理论知识用于实际应用，掌握运用知识的能力。学生通过实验、实训、实习等环节，接触仿真的和真实的工作环境，逐渐了解职业岗位的相关要求，学习职业岗位所要求的知识和技能，形成爱岗敬业的责任感，这些对于日后的工作都是必不可少的。

2. 学习的自主性与探究性

随着大学生知识结构逐渐丰富、各项能力不断增强，自我评定趋于综合和完善，逐渐形成自主学习的能力。一方面，他们可以对自己的学习活动进行全面的调节和控制，制订适合自己的发展规划，全面提升自我；另一方面，他们对自己的评价不再只拘泥于学习成绩的提高，他们会综合考虑智力水平、综合能力等指标，对自己的评价日益完善。为了适应职业岗位群所需要的专业知识和职业技能，在校期间的学习具有专业定向性和实践操作性的要求，内容较为复杂和多样，需要课后的自主学习；毕业后，大多工作于生产、建设、服务和管理的第一线，所从事的工作需要随时更新专业技术知识。在不断地学习与经验积累中持续深入思考，在已有的专业技能掌握基础上探索拓展新的能力。因此，高职院校大学生自主学习及探究能力的培养显得尤为迫切，以便于他们能够适应将来工作岗位知识和技术不断更新的要求。

3. 学习动机趋于稳定

根据产生的诱因来源，可将个人的动机分为内部动机和外部动机。由个人自身需要、兴趣爱好等因素产生的动机称为内部动机，如因为浓厚的兴趣爱好和强烈的求知欲产生的学习动机，一般而言具有持久性和主动性；而根据他人的强制要求、奖惩诱惑等因素产生的动机称为外部动机，如因为父母的奖惩措施而产生的学习动机，一般具有短暂性和被动性。大学生的动机需要逐渐清晰并内化，趋于稳定而持久。

针对大学生而言，学习可以促进人的全面发展以适应社会和个人成长的需要，学习的结果是为了更好地适应社会、适应生活环境。

任务实施

一、从自主性、多元性认识大学生学习特点

在大学生的学习活动中，由于教学内容大幅度增多和培养学生能力的需要，大学生对老师的依赖程度会明显减弱。老师讲授知识往往只是讲授有关内容的重点、难点，介绍一些学习和思考问题的方法，通常只是起引导的作用，较多的学习内容则要求大学生通过自学去掌握。

大学生的学习活动呈现出显著的独立性。同时，大学阶段的教学活动，在学习时间的支配、学习计划的安排、学习潜力的发挥上具有较强的自主性。因此，大学学习的特点客观上要求大学生必须具有较强的学习计划能力、自学能力和自制能力，这样才能合理安排学习内容和学习形式，最大限度地提高学习效率。

就目前的学习形式而言，虽然课堂教学在高等教育中仍是主要的学习途径，但已不像

中小学那样几乎是唯一的途径，尤其是信息载体不断涌现、信息渠道日渐宽泛、网络交流方便快捷的今天，大学生的学习形式已经不可避免地走向多元化，而在这种学习环境中，如何正确处理好课内知识和课外知识、课内活动和课外活动的关系以及专业学习和能力培养诸方面的关系，成为困扰许多大学生的矛盾所在，它常常使有些大学生顾此失彼，甚至对大学生的全面发展产生了消极影响。大学生的学习特点表明，大学生的学习活动是一种复杂而艰苦的脑力劳动，大学时期的学习无疑会消耗大学生许多心智能量，不仅如此，大学生的学习活动的持续和有效地进行更需要有良好的心理素质和健康的身体素质来保障。

二、 从探究性和协作性理解大学生学习规律

由于大学的教学过程渗透了科学研究和学术活动，因而大学生的学习必然具有一定的探索性。大学生不再只满足于接受书本的现成结论，而开始倾向于探索结论的由来与发展。特别是高年级的大学生，往往不满足于教学大纲规定的学习要求，而且还利用图书馆、实验室以及开展实际调查等多种渠道搜集本学科的各种信息，在信息交流中确定自主探究方向。大学阶段是大学生系统地接受学校教育的最后阶段，也是由"求学期"向"工作期"和"创造期"转变的过渡过程。因此，要求大学生不仅要理解、巩固知识，还要在学习中培养独立思考、探索创新的精神。倘若只会"死记硬背"必然导致"高分低能"，尤其是缺乏灵活性、创造性的大学生在未来的工作中难免会受到挫折或遭到失败。

俗话说："独学而无友，则孤陋而寡闻"。大学的学习可以说是一种合作性学习。一方面，大学涉及的学习内容异常广泛，一个人的能力毕竟是有限的，因此大家互相分享彼此的学习收获，可以凝聚更多的智慧。另一方面，大学的许多学习任务是需要大家合作完成的，尤其是一些研究性的任务，需要大家分工合作才能完成。斯坦福大学的校长说过：同学之间的相互学习往往比老师的教导更珍贵。的确，由于大学老师的工作压力大，需要处理的事务多，他们没有过多的时间跟大学生进行交流，而大学生之间朝夕相处，又是同龄人，类似的成长经历和面临类似的目标，更容易产生共鸣。因此，大学生要培养交流合作、互帮互助的精神，好的资源、重要的信息，大家共同分享。

三、 从专业性和技术性认识大学生学习内容

中学的主要任务是向学生传授科学文化的一般基础知识，为他们升学做好准备。而大学教育更多的是专业定向教育，其教学计划是针对专业培养目标制订的。大学的课程设置、教学活动都是围绕培养各类专门人才的需要组织的。中学教育与学生未来的职业没有直接的必然联系，而一个人只要上了大学，其职业倾向性就比较明确，这种职业倾向性必然决定大学教学过程要为专业培养方向服务，这制约着大学教学的各个环节。所以对专业是否有兴趣会直接影响大学生对学习是否有兴趣，进而影响学习动力、学业完成状况乃至

一生事业的成功。大学生学习专业性、技术性较强，实验实训多，更侧重动手能力，突出技能的获得，因而在学习中更注重师徒制，注重实操经验，大学生需要学以致用。

拓展提升

一、任务拓展

学习的分类

二、拓展训练

记忆力训练

请用 120 秒钟记卜 20 个词语。

小二　张三　手机　手枪　肥皂　毒气　图书馆　双城　黄河　绑带　大运河　垄断组织　石油　威海　烧烤场　面纱　细胞　冬奥会　绿叶

撕纸条

1. 游戏目的。

（1）让组员反思实际平时管理时间的习惯与问题。

（2）让组员相互学习，从他人那里借鉴有效利用时间的好方法。

2. 游戏导入。

（1）请同学们想一些有关时间的格言警句。

（2）给组员们讲下面的小故事。

小闹钟嘀嗒走

在我以前做过的活动中，有一位同学曾在活动结束分享时给大家讲了她家里小闹钟的故事。她说："在我还很小的时候，妈妈就给我买了一个小闹钟，告诉我的时间是这样'嘀嗒''嘀嗒'地溜走的。聪明的人可以将它的脚步变慢，更多的普通人却可能使它走得更快。我就嚷着我要做聪明人，让时间走慢。后来我长大了，发现时钟对每一个人来说，走的速度都是一样的，但是聪明的人抓紧时间多干事，提高了效率。"

（3）希望在我们今天的活动中，通过和大家的讨论和分享，我们都能找到做个聪明人的好办法。

3. 人员与场地。

分小组活动，10人左右一组，选择室内场地为宜。

4. 游戏道具。

报纸条：大约100厘米长，2厘米宽，要求每人一条，所有纸条统一规格。

5. 规则与程序。

（1）老师向组员讲明纸条含义和游戏规则：大家现在拿在手里的纸条就代表我们一天所拥有的时间——24小时，之后我将播放一段背景音乐，请大家在音乐中按我所说的内容从你的纸条上撕去相应的时间段。

（2）道具时间：将事先准备好的小纸条发给大家，准备音乐。

（3）请大家按照我说的内容从你的纸条上撕去相应的时间："吃饭""睡觉""玩游戏""聊天""发呆""运动""逛街"……

现在，请大家看一下自己手中的纸条还剩下多少，请大家继续往下撕，把你手中的这段时间里，学习的时间保留下来，其他时间统统撕去。完成的同学请高高地举起你的"学习时间"，大家来看一下，我们究竟每天都有多少时间在学习中度过？

（4）下面我们贴一张原始的纸条在黑板上，大家可以拿着你们手中的纸条和原来的纸张对比一下，更直观地看到现在手中这个小纸条和原来纸条的差距。

（5）小组交流，大家分享。

三、　任务考核

1. 自主学习就是我们通常说的自习吗？为什么？
2. 谈谈合作学习与探究式学习的联系。

任务二　调适异常学习心理

任务引入

　　小赵（化名）在高中时是个遵守纪律、学习成绩优秀的好学生。刚上大学时，她很有雄心壮志，立志一定要在大学里出类拔萃。但她的志向是模糊的、笼统的，具体应该怎样去做，她没有想那么多。她虽然上了自己喜欢的专业，但仍然很失望，甚至有些气愤。大一的课都是基础课，和她想象得很不一样。她原来憧憬的大学课堂，是充满知识、智慧和艺术的，老师才华横溢、幽默风趣。而现在，她发现老师呆板枯燥，毫无激情，更谈不上睿智深刻，课堂上冷冷清清，有不少同学逃课。

有的人即使在教室里，也在看课外书、玩手机、打瞌睡。她很无奈，自己喜欢的专业就是这个样子，她不知道该追求什么，觉得很没劲，没有学习热情，无所事事，就经常在宿舍里睡觉，有的同学戏称她"睡虫"。直到期末考试，她有两门未及格，才像被泼了盆凉水，清醒过来，痛下决心自己再也不能这样了。于是便来求助于心理辅导老师。只是她这样描述自己："我有时间也翻翻书，只是看不进几个字就想睡觉。老师，你说我这是不是神经衰弱了才不想学习？"

请思考：通过案例中的小赵的描述，她出现了什么问题，出现问题的原因可能是什么，我们应该如何帮助她呢？

相关知识

一、 大学生学习心理异常

1. 心理异常

心理异常是大脑的结构或机能失调或者人对客观现实反映的紊乱和歪曲，既反映了个人自我概念和某些能力的异常，也反映为社会人际关系和个人生活上的适应障碍。走进大学校园后，面对全新的生活环境和学习条件，许多大学生常常因自我调节能力有限而产生学习适应性失调心理问题，出现焦虑、自卑、内疚、自责、失落、矛盾等学习心理异常现象。

2. 学习中的心理异常

所谓学习中的心理异常，是指影响个体正常学习行为和学习效能的心理因素或心理状态，如缺乏学习兴趣，学习中的焦虑、自卑情绪，注意力不能集中，记忆困难，学习效率低下等。

二、 大学生常见的学习心理问题

1. 学习焦虑

焦虑是个体对当前或预感到的挫折的一种复杂的消极情绪状态，它包括自尊心的损伤、自信心的丧失、失败感和愧疚感等交织而成的紧张、不安、焦虑、忧虑、恐惧等情绪状态。轻度的焦虑在正常人的生活中是普遍存在的，当人们遇到挫折时，一般都自然地会产生焦虑的情绪反应。大学生在学习过程中，适度的焦虑能够形成一定程度的压力感而对提高学习效率有一定的积极作用，但过度的或过于持久的焦虑会损害大学生的正常心理活动，导致心理疾病，从而严重地影响他们正常的学习活动。当自己想学却又学不好，想学又不能控制自己主动去学时，就会陷入迷茫、烦躁与自责中。

2. 学习动力缺乏

大学生的学习动力缺乏是指学习上没有动力，没有明确的学习方向，无知识需求，更无学习兴趣，学习上得过且过，不求进取，这种心理问题在大学生中也是常见的，一些大学生常说的"学习没劲"即是这种类型的心态。学习动力缺乏障碍的心理特点主要表现为：对所学专业不感兴趣，学习动机不明确，学习态度不认真。例如，在学习活动中缺乏学习的自尊心和自信心，将上课当成负担，无学习成就感；学习过程敷衍了事，不积极思考；对待学习得过且过，把主要精力放在与学习无关的活动上，难以排除各种内外因素的干扰。

心理学认为，学习动力系统由学习动机、学习兴趣和学习态度组成，这三个要素密切联系、互相促进，贯穿于学习的全过程。良好的学习动力系统具有动力功能、反馈功能和调节功能，具有良好的学习动力系统的学生，能够树立端正的学习态度，养成浓厚的学习兴趣。

大学学习时间短暂而又宝贵，学习动力缺乏的大学生往往虚度光阴。因此，学习动力缺乏的心理异常会给大学生的学习活动带来严重的干扰，影响他们正常的学习生活，应引起高度重视。

3. 学习疲劳

学习疲劳是大学生学习活动中常见的障碍之一。所谓学习疲劳，是指在学习活动中，学习效率逐渐降低并伴有渴望停止学习活动的生理和心理现象，具体表现为学习错误增多、学习效率下降、对学习厌倦、动机行为改变、生理失去平衡等。学习疲劳包括生理疲劳和心理疲劳。生理疲劳主要是肌体受力过久或肌肉重复伸缩造成的肌肉痉挛，麻木、眼球发疼、头脑发胀、腰酸背疼、动作不准确、打瞌睡等肌体的生理反应。心理疲劳一般是由于长时间从事心智活动，大脑得不到休息，脑细胞处于抑制状态所引起的心理反应。此时，思维迟钝，注意力涣散，情绪躁动、忧郁、厌烦，学习效率下降。

学习疲劳是一种保护性抑制。一般来说，经过适当的休息即可得到恢复，对大学生的身心发展不会造成什么影响。但如果长期处于疲劳状态，勉强让大脑的有关部位保持兴奋，就会导致大脑兴奋和抑制过程的失调，严重的还会引起神经衰弱等疾病，并可能引发身体器官的病变，严重影响大学生的学习。

4. 考试焦虑

适度的焦虑是维持心身正常功能的必要条件，强烈而持久的焦虑可能造成心身功能迅速出现障碍或崩溃。

考试焦虑是大学生学习活动中的一种重要心理障碍，表现为过度考试紧张、考试怯场等。过度考试紧张就是担心自己考试失败有损自尊的、高度忧虑的一种负性情绪反应，表现为考试前后恐惧、心烦意乱、喜怒无常、无精打采、胃肠不适，可能出现原因不明的腹泻、呕吐、多汗、尿频、头痛、失眠、记忆力减退、注意力不易集中、思维迟钝、学习效率下降等。

考试怯场是过度考试焦虑在应考中的急性反应，是学生在考试中因情绪激动、过度焦虑、恐慌而造成思维和操作困难的一种心理现象，表现为在应试中心跳加速、呼吸急促、满头大汗、头昏、恶心、软弱无力、思维迟钝等，严重时，全身颤抖、两眼发黑，甚至昏倒（平常人们说的"晕场"）。

考试焦虑既影响学习，也损害身心健康。过度考试紧张和考试怯场都是一种负性情绪反应，在考试前和应试中，容易分散和阻断注意过程，使注意力不能集中。不能专注于学习和应试，而是专注于各种各样的担忧；还会使思维呆滞凝固，无法发挥正常的水平，严重影响考试成绩。

任务实施

培养大学生良好的学习心理是保证大学生高效能完成学习任务的重要条件。针对大学生学习过程中存在的心理异常，采取积极有效的方法加以调适，才能不断提高大学生的心理素质以保持大学生健康的学习心态，从而奠定大学生高效能学习的生理和心理基础。

一、 克服学习过度焦虑

大学生产生学习过度焦虑的主要原因在于学习期望过高，学习压力过大。那些好胜心强、心理脆弱的大学生更易发生学习过度焦虑。过度的焦虑心理对大学生的学习会造成不可低估的危害，克服学习过度焦虑的关键在于确立适度的学习目标，理性看待考试成绩，养成求真务实的学风。

重视并采取积极的态度和方法进行学习过度焦虑调适，一是要冷静分析造成心理焦虑的主观原因和客观原因，绝不能采取回避现实的态度放任焦虑的发展；二是要正确认识和评价自己的能力，确立切合实际的学习目标期望值，不必把每次考试成绩看得过重，必须懂得圆满完成学业，使自己在大学阶段德、智、体全面发展，才是一个大学生学习的真正意义；三是要增强自信心和意志力，面对困难或失败，能够保持情绪的稳定；四是要通过积极的自我调整，掌握大学学习的主动权，弥补中学应试教育的不足，尽快适应大学的学习生活。

二、 激发学习动力

大学生学习动力缺乏是包括社会、学校、家庭和个人等多方面原因造成的。例如，社会中一度流行的"知识贬值"或"读书无用"的言论，大学生就业困难现象，学校教育和教学方法落后，父母不恰当的期望等都会对大学生的学习产生负面影响。但是，大学生个人社会责任感不强和学习目的不明确、学习活动中没有压力感和竞争意识、对所学专业缺少兴趣，久而久之对学习产生厌倦或畏缩情绪，则是造成学习动力缺乏障碍的重要原因。造成大学生学习动力缺乏心理障碍的原因是多方面的，因此，具体到每一位大学生来说，应根据自身缺乏学习动力的原因做针对性的调适。但总的来说，主要应从以下两方面进行学习心理的调整。

1. 培养强烈的求知欲望与浓厚的专业兴趣

求知欲望与专业兴趣是直接的学习动机，是学习动机中最直接、最现实、最活跃的心理因素。它不仅可以推动学生主动地学习，而且能使学生在学习中获得满足，产生愉快的情绪，从而形成进一步学习的需要。强烈的好奇心与求知欲表现了大学生宽广而强烈的学习需要，只有当这种初级兴趣稳定地指向某一学科方向时，才能形成理论探讨、深入钻研的浓厚专业兴趣，这种浓厚的专业兴趣就成为推动学生不懈学习的内部动机，从而形成学习动力。

因此，帮助大学生了解本专业的特点及在社会发展中的作用，培养大学生的学科兴趣就成为巩固专业思想、端正学习动机、激发大学生学习动机的重要措施之一。

2. 要有意识地培养和激发自己的成就动机

所谓成就动机，是指个体对认为重要或有价值的学习和工作，积极去从事和完成，并渴望达到完美地步的内在的推动力量。它是推动社会向前发展的力量，社会的发明、创造和进步，以及个人的前途发展完全依赖于这种力量的推动。大学生要通过参与社会实践和了解国情来增强社会责任感，把社会需要化为个体内在的学习需要，激发自己的成就动机，增强学习的自觉性，在学习实践中体验获得知识的乐趣，在创造性的劳动中感受喜悦，在战胜困难中增强勇气和自信。

三、 消除学习疲劳

造成学习疲劳的原因是多方面的，而主要是在学习活动中学习压力大、学习时间过长、缺乏学习兴趣、睡眠时间不足，不注意劳逸结合，等等。防治学习疲劳障碍主要是学会科学用脑。学习疲劳是大学生中较为普遍的学习心理障碍，克服的办法主要有以下几种。

1. 要学会科学用脑

大脑左半球与逻辑思维有关，主管心智活动的计算、逻辑分析、书写等活动；右半球与形象思维有关，主管想象、色彩、音乐、韵律、幻想等活动。应根据左右大脑的不同分工，善于科学用脑。如果将读书与计算，读书与思考，书写与听音乐等脑力活动穿插进行，能防止疲劳，起到事半功倍的效果。

2. 注意劳逸结合，保证充足睡眠

大学生每天睡眠时间应保证在 7~8 小时。在紧张的学习之余，要适当参加文体活动或做一点自己感兴趣的事，使身心放松，这样有利于消除疲劳，提高学习效率。

3. 遵循个体生物节律

人体的日常生物节律，一般是上午 7~10 时精力逐渐上升，10 时左右精力充沛，处于最佳工作和学习状态；之后趋于下降，下午 5 时左右再度上升，到晚上 9 时达到高峰，晚上 11 时之后急剧下降。大学生应摸索出自己学习的黄金时间，合理安排学习内容。

4. 培养学习兴趣

研究发现，人对感兴趣的学习能做到乐此不疲甚至废寝忘食，如果对学习兴趣浓厚，学习时心情愉快，那么即使学习时间长也不易感到疲劳；反之，学习那些兴趣不大甚至厌烦的内容时，就会感到枯燥，很快进入疲劳状态。因此，培养自己的学习兴趣也是防止学习疲劳的方法之一。

5. 创设良好的学习情境，提高学习效率

良好的学习环境可使大学生在学习活动中心身心舒畅，提高学习效果；而在嘈杂、脏乱的学习环境中，可能引起心烦意乱，焦躁不安。在过暗或过亮的地方学习，可能头晕目眩，出现视觉疲劳，影响学习效果。这些情况大学生在学习时都应注意和避免。

四、 缓解考试焦虑

产生考试焦虑的原因主要是：有的学生把分数看得过重，对以往的考试失利顾虑重重；过分自尊，担心因考试通不过而影响自己的前途，损害自己的形象；缺乏自信心，心理压力过大，等等。防止考试焦虑的方法有以下几种。

1. 正确认识考试

不要把考试成绩看得太重。明确考试只是衡量学习成果的手段之一，考试成绩不能全面反映一个人的学习能力和知识水平，更不能决定一个人的前途和命运；考试也是促进大学生努力学习的手段，通过考试可以激励大学生认真学习，将所学知识掌握得更加牢固。

2. 认真学习、复习，制定合适的目标

平时刻苦学习，考前全面复习，不存侥幸心理，同时要正确评价自己，不抱过高期望。既要相信自己的能力，又要实事求是。期望越高，压力越大，就越容易焦虑。

3. 保证身体健康

考前应加强营养，劳逸结合，睡眠充足，保证有充沛的精力和清醒的头脑及良好的身体状态参加考试。

4. 克服焦虑

如果考试时，由于过分紧张，焦虑感很强烈，以致思维混乱或一片空白，手脚发抖，头昏脑涨，此时应立即停止答卷，闭眼，放松，做几次深呼吸；反复自我暗示"我很安静""我很放松"；适当地舒展身体，待情绪趋于镇定后再答题。要懂得产生考试应激的根源不是考试而是自身的心理素质，相信自己完全可以用理智和意志控制及调节自己的情绪，主动应考，发挥出应有的水平。

5. 寻求心理咨询

若考前难以克服考试应激障碍情绪，或以前出现过几次"怯场"现象，应积极寻求心理教师的帮助。心理教师可通过自信训练、放松训练和系统脱敏法等来进行矫治。

拓展提升

一、　任务拓展

动机水平与学习
效率的关系

二、　拓展训练

愉快的学习与实践体验

请回顾最近一段时间生活的点滴，回想让你感到愉快的学习经历，请举出三件发生时或完成之后让你感受到相当程度的喜悦和满意的事件，想想这些事件的共同特性。

第一件：_____

第二件：_____

第三件：_____

共同点：_____

闲暇时间你通常会喜欢动手做什么？列出三个你喜欢的实践活动，想想活动的共同点。

第一件：_____

第二件：_____

第三件：_____

共同点：_____

你有哪些发现呢？

对于某件事，你是否十分渴望重复它，是否能愉快、成功地完成它？

你过去是不是一直向往它？

是否总能很快地学好它？

三、　任务考核

1. 当你不想学习的时候，你是如何激发自己的学习动力的？

2. 在学习过程中有一些不愉快的体验时，你会通过什么方式来调节？

项目六　学会交往　增强互助

项目导读

人是社会性动物，不能离开群体而单独生活。心理学家认为，人除了睡眠时间，其余时间的 70% 将花在人与人之间的各种直接、间接的互动上。亚里士多德说过，"能独自生活的人，不是野兽，就是上帝"。伟大的革命导师马克思也说过："人是各种社会关系的总和，每个人都不是孤立存在的，他必定存在于各种社会关系之中，如何理顺这些关系、如何提高生活质量就涉及了社交能力的问题。"

大学生进入学校的那一刻就已决定了其交往需要，面对激烈的竞争和日益增强的社会心理压力，良好的人际交往能力以及良好的人际关系是生存和发展的必要条件。大学是人际关系建立的重要时期，这一时期建立的人际关系将会伴随人的一生，在大学校园里建立良好的人际关系，形成一种团结友爱、朝气蓬勃的环境，将有利于大学生形成和发展健康的个性品质。在生活节奏不断加快，竞争激烈的当今社会更是如此。通过大学生人际交往的学习与实践，帮助提升人际交往的能力，在建立良好人际互动关系的同时，充分使用人际资源维护自我心理健康。

学习目标

知识目标

1. 理解人际交往的基本概念。
2. 了解大学生常见人际交往障碍。
3. 掌握大学生常见人际交往障碍产生的原因。

技能目标

1. 掌握大学生人际交往的方法。
2. 能调适大学生人际交往常见障碍。
3. 能用所学方法增强自我人际交往的能力。

素质目标

1. 提高人际交往的水平，养成在生活学习中处理各种人际关系的能力。
2. 改善不良人际交往的行为，养成建立良好人际关系网的意识。

任务一　认识人际交往

任务引入

　　小 A，女，20 岁，湖南人。大一下学期开学两周后，她开始不想待在寝室，感觉自己与人相处很失败，和同学交往有些害怕，她感到焦虑、郁闷，非常苦恼，于是前来找辅导员倾诉。

　　大一第二学期一开始大家学习都比较轻松，室友们也不怎么关心学习，只顾玩，或想找男朋友。小 A 觉得室友小 D 老是和自己针锋相对，上个星期一晚上熄灯后，小 A 用台灯在看书，小 D 觉得影响了她，她就说早点睡觉，明天还要上课呢，于是小 A 就关了灯。第二天早上小 D 起来特别早，动作很大，小 A 觉得她肯定是在报复自己，就对她说小声点，小 D 很生气地和小 A 吵了起来。这件事过后小 A 觉得是小 D 不对，一段时间都没和她说话。

　　最近，班上同学都纷纷申请入党，小 A 的几个室友也申请了，但小 A 已经先她们一步，提前交了入党申请书。一天小 A 回寝室发现她们几个在聊天，听到她们好像说"就会讨好老师，只会拍老师马屁"。小 A 一听就知道在说自己，小 A 心里特别不舒服，从那天以后她们几个走得很近，小 A 感觉自己被孤立了。现在小 A 和室友的关系很糟糕，已经到了孤立无援的地步，感觉自己在人际关系处理方面很失败。

　　请思考：根据案例中"小 A"的描述，她出现了什么问题，我们应该如何帮助她？

相关知识

一、人际交往的含义

　　交往是人与人之间的相互往来，它是人在社会活动中的一种基本行为方式。人际交往是人与人之间通过一定的方式进行接触，从而在心理上、情感上和行为上发生相互影响的过程。人际交往的正常发展对我们的成长发展至关重要，它有助于大学生完善自我和重塑个性、提高学习效果和智力开发，也有助于身心的健康发展。

二、　大学生人际交往的特点

大学生的人际交往与其他群体相比，无论在愿望、内容还是方式上，都有同他们的社会知识经验对应的特点，具体表现在以下几方面。

1. 交往愿望迫切

大学新生多数都是第一次离开父母和家庭，到大学之后，随着生活空间的扩展和社会化程度的增长，交往的愿望越来越强烈。他们对应该如何交往、交往的原则和策略等人际交往知识感兴趣，并身体力行地投入与同学、老师的交往中。这种迫切性还表现在与异性的交往上。大学生正处于青春期，生理成熟以及性意识产生，使他们对爱情特别关心和敏感，当代大学生对校园里广泛的异性交往大多持认同态度。

2. 交往系统开放

大学生来自五湖四海，家庭状况、生活经历各异，大学中信息灵通，决定了大学生的人际交往是一个多层次、多方位的开放性系统。开放性主要表现在交往对象、范围、方式上的开放。大学生的好奇心与求知欲强，在交往中对新事物接受容易，对不同年级、专业甚至校外的同学都愿意结交，现代通信工具——计算机、网络技术的发展，为当代大学生交往提供了先进的信息传递手段，开辟了超越时空的广阔天地，也创造了更多相互接触的机会。目前，网络交往已经成为大学生常态化的人际交往方式。

3. 交往目的多元化

通过对大学生人际交往目的的调查表明，大学生与同性朋友的交往目的主要是利己的（自我完善、功利）和互利的（互助、友情）；与异性朋友交往的目的比较复杂，有利己的（自我完善），也有利他的（自我奉献、侠义、仗义疏财），还有互利的（互助）；与老师的交往目的主要是利己的（自我成长、自我完善），互利的成分比较少；与父母的交往目的以相互理解、相互爱护为主，功利的成分少。由此可以看出，大学生人际交往的目的具有多样性的特征，而对于不同的交往对象，也有明显不同的目的。

心理学家的一项研究表明，当代青年的友谊观有了很大的变化，在交友目的方面，50%的青年选择了"严于律己，宽以待人"，其他依次选择了"与人方便，自己方便""害人之心不可有，防人之心不可无"，只有4%的青年极端地选择了"宁可我负天下人，不可天下人负我"。

4. 交往观念自主

大学生的性格日趋成熟，价值观、世界观基本定型，日益增强的主体意识和独立思考能力使得大学生无论在交往方式、交往内容、交往对象选择上都有自主性。他们不想过分地依赖他人，不愿简单地接受信息，喜欢用自己逐步形成的观念和尺度去左右交往的进行。他们自我意识强，自尊要求高，人际交往以人格平等为基础，期待交往双方彼此尊重，相互容纳。即使是师生，也用对师长的尊重得到师长的平等回报。平等交往的需求使得那些谦和、真诚、通情达理、乐观向上的人成为大学生乐意交往的对象。

5. 感情色彩浓厚，富于理想化

大学生普遍希望通过交往获得友谊，在人际交往中十分注重感情交流，讲究情投意合和心灵共鸣。大学生的经济压力较小，人际交往动机比较单纯，人际交往有浓厚的理想色彩。无论对朋友还是对师长，都不希望掺入任何杂质。但是，大学生的心理发育还未完全成熟，自我意识增长与认知能力发展不太协调，情绪经常不稳定，容易用感情代替理智，一旦发现对方有某些不好的品质就会深感失望。由于期望值高，大学生人际交往的挫折感也较强，表现出渴望交往和自我封闭的双重性。意愿得到满足时欢呼雀跃，失败时便垂头丧气。这种情绪波动导致大学生人际交往经常处于不稳定状态。

任务实施

一、 从动态和静态角度认识大学生人际交往

第一，从动态的角度说，人际交往就是人与人之间的信息沟通和物品交换。人们运用语言符号系统或非语言符号系统进行相互之间的信息沟通、思想交流、情感表达的互动过程。大致可以分为以下三个层面。

（1）物质层面的交往，即物质交往。具体表现为金钱、货物的交换，以及劳动力的交换，反映人与人之间、人群之间一定的经济利益关系。人生在世，要解决衣食住行等生活问题，要创造和获得物质财富，就必须和他人发生经济、物质交往行为。

（2）知识信息的交流。这是人际间借助于语言和非语言的媒介所实现的知识、信息共享，是思想观念的沟通过程，也是口头和非口头的交际过程。这种信息交流与物质交流明显不同。对于他们的不同，英国著名作家萧伯纳曾经这样比喻：假如你有一个苹果，我也有一个苹果，彼此交换后，双方还是只有一个苹果；但是，如果你有一种思想，我有一种思想，那么彼此交流后，我们每个人都获得了两种思想。可见，在交流过程中，信息不仅仅被传递，而且还在不断地形成和发展。

（3）心灵和情感的交流。人们在交往过程中，总是会有意无意地表明各自的人生态度和追求，是在表现一种对整个世界及人生意义的关注，表明各自的人格倾向和心灵风貌。人际交往的上述几个层面不是截然分开的，而是互相渗透的。

第二，从静态的角度说，人际交往则是指人与人之间已形成的较为稳定的心理关系，反映的是人们之间心理距离的远近和亲疏状况，即通常所说的人际关系。

人际关系指人与人之间相互认知，因而产生的吸引或排斥、合作或竞争、领导或服从

等关系。总的来说，人际关系就是个人之间或个人与团体间的互动关系。马斯洛认为，人际关系是个体社会生活中的基本需要：人需要归属于一定的社会团体，需要得到他人的爱与尊重。这些社会需要是与吃饭穿衣等生理需要同等重要、不可或缺的，这些需要得不到满足，将使人丧失安全感进而影响心理健康。

良好的人际关系不仅有助于大学生在校园内的健康成长，同时也为他们走向社会，进行角色转换，进一步社会化做心理、行动上的必要准备。

二、 从信息交流角度认识大学生人际交往

随着时代的发展，信息呈几何级数增长，能直接从书本上获得的知识和信息总是有限的，这需要人们以更迅捷的方法直接沟通信息，如上网交友、购物等。当今社会是信息的社会，信息就是知识，信息就是财富。

人际交往是大学生社会化进程的推进器，是个人社会化的起点和必经之路。社会化即个人学习社会知识、生存技能和文化，从而取得社会生活的资格，开始发展自己的过程。如果没有其他个体的交流合作，个人是无法完成这个过程的。从人际互动中得到信息、机遇、扶助，可能助你走上一条成功之路。

三、 从心理保健角度认识大学生人际交往

人际关系是人与人之间在活动过程中直接的心理上的关系或心理上的距离，它反映了双方个体社会需要满足的程度。在心理卫生保健中，人际关系起着非常重要的作用。良好的人际关系可以缓解心理压力，促进心理健康；而不好的人际关系，很容易让人产生心理障碍。

人们进行交往不仅获得信息交流，而且实现心理上的沟通，情感上的交流。例如，在交流过程中，双方对某一问题或某一观点都有相同的认知，双方会产生情感上的共鸣，越说越投机，彼此成为力量汲取和情感宣泄的对象。许多大学生在生活中都有这样的体验，有时遇到好友有谈不完的话题，即使与对方的某一观点不一致，也不会予以指责或排斥，而会采取接纳、容忍的态度。这说明他们在交往时彼此相容，心理上的距离很近，双方都会感到心情舒畅、愉快。因此，人类心理健康的适应，其实质是人际关系的适应。相反，心理病态，是人际关系的失调所致。如彼此采取消极、否定、排斥的态度，削弱了人际关系并朝不利的方向发展，而产生分离性情感。如两人有矛盾，也不愿沟通，你看不惯我，我也看不惯你，彼此心理距离很大，易产生抑郁情绪及孤独寂寞感。如寝室关系不和、同学之间的分歧等，都会产生心理上的不良因素，有损身心健康。因此，大学生在与他人交往过程中应该采取积极、肯定、接纳的态度。

社会心理学研究证实，愉快、广泛和深刻的人际交往有助于个性发展与健康，如果一

个人长期缺乏与别人的积极交往，缺乏稳定而良好的人际关系，这个人往往就有明显的性格缺陷。来心理咨询中心的绝大多数大学生的心理问题都与缺乏正常的人际交往和良好的人际关系相联系。健康的个性总是与健康的人际交往相伴随的，心理健康水平越高，与别人交往越积极，越符合社会的期望，与别人的关系也越深刻。

四、　从促进自我意识发展角度认识大学生人际交往

人际交往是大学生正确认识自我的重要途径。通过以他人为镜来认识自我，古人讲"君子不镜于水，而镜于人，镜于水，见面之容，镜于人，则知吉于凶"，所谓"镜于人"就是以他人为镜，把他人的态度和反映作为判断自己的重要参照系，通过自己在他人身上的映像来审视自己的人生态度、人格状况、人际关系等方面的情况，并以此来警示自己，教育自己。

通过以群体为镜来认识自我，任何人总是生活在以集群为载体的社会关系中，社会群体总会对个人有一个现实的评价和定位。这就是个体在群体中的映像自我，个体可以通过这个"群体映像自我"，明确自身在社会集体中的位置，认清自己的社会价值。通过以自身的"作品"为镜来认识自我，个体在自我认识过程中，个体的本质力量、个性都物化到了自身的活动结果之中，通过自己的"作品"反映出来。所以，个体可以通过这个"作品映像自我"，认清自己在思想、性格、作风诸方面的素养状况，从中找出优点，查明不足，明确进一步努力的方向。

拓展提升

一、　任务拓展

你需要盐吗？

有一家老式旅馆，餐厅很窄小，里面只有一张餐桌，所有就餐的客人都坐在一起，彼此陌生，都觉得不知所措。突然，一位先生拿起放在面前的盐罐，微笑着递给右边的女士："我觉得青豆有点淡，您或者右边的客人需要盐吗？"女士愣了一下，但马上露出笑容，向他轻声道谢。她给自己的青豆加完盐后，便把盐罐传给了下一位客人。不知什么时候，胡椒罐和糖罐也加入了"公关"行列，餐厅里的气氛渐渐活跃起来，饭还没吃完，全桌人已经像朋友一样谈笑风生了，他们中间的冰被一只盐罐轻而易举地打破了。第二天分手的时候，他们热情地互相道别，这时，有人说："其实昨天的青豆一点也不淡。"大家会心地笑了。

有人曾慨叹人与人之间的隔膜太厚，这隔膜其实很脆弱，问题是敢于先打破它的人太

少。只要每人都迈出一小步，就会发现，一个微笑，一句问候，就会化解这层隔膜。人与人之间交往的意义也就在于此。

人际关系"网"

老青蛙：我一生辛劳，只勉强糊口，现在年老体迈，将要饥饿而死。而你如今却衣食无忧，这世道真不公平。

老蜘蛛：你之所以艰辛，是因为你靠四条腿生活，而我是靠编织一张网。

小布什：大学生活的内涵十分深厚，既包含丰富的学科知识和学术氛围，也蕴藏着许多支撑人生成败的观念，还有那丰富多彩的生活，以及值得结交的朋友。据相关统计，小布什大学四年结交了四千多名耶鲁学子。

从中学到大学，面临的不仅仅是学习方法的挑战，更是个体独立生活、人际相处的一次升华。这些挑战从不同方面磨炼着一个人的心智，塑造着一个人的人格，也记载着一个人成长的心路历程。

二、 拓展训练

松鼠与大树

三人为一组，二人扮大树，面向对方，伸出双手搭成一个圆圈。一人扮松鼠，蹲在圆圈中间，没成对的同学对大家进行发号施令，口令有以下三个。

第一个口令：喊"松鼠"，大树不动，扮演"松鼠"的人就必须离开原来的大树，重新选择其他的大树；喊口令的同学扮演松鼠并插到大树当中，落单的人就要受到惩罚。

第二个口令：喊"大树"，松鼠不动，扮演"大树"的人就必须离开原先的同伴重新组合成大树，并圈住松鼠，喊口令的同学同时快速扮演大树，落单的人要接受惩罚。

第三个口令：喊"地震"，扮演大树和松鼠的人全部打散并重新组合，扮演大树的人可以做松鼠，松鼠也可以做大树，喊口令的同学快速插入队伍当中，落单的人同样要受到大家的惩罚。

什么样的人最受欢迎？

请同学们写下班上人缘特别好、特别受欢迎的人，并写出其成为你的好朋友或者受欢迎的原因。

受高度喜欢的人格特质：

真诚　诚实　善解人意　忠诚　真实　值得信赖　聪明　可靠　有思想

体贴　心地善良　友善　快乐　不自私　幽默　负责任　开朗　信任别人

介于稍微喜欢与稍微不喜欢的人格特质：

固执　循规蹈矩　大胆　谨慎　追求完美　易激动　文静　冲动　精力旺盛

害羞　感情丰富　内向　天真　好动　反叛　孤独　依赖性

最不受喜欢的人格特质：

态度不佳　不友善　敌意　多嘴多舌　自私　目光短浅　粗鲁　自傲自大

贪婪　不真诚　不值得信赖　恶毒　不真实　虚伪　卑劣　欺骗　说谎

通过活动，让同学们对人际关系有进一步的了解，从而为了让自己获得一份更好的人际关系而去努力学习增强人际交往技巧的方法，并在以后的生活学习中有勇气面对各种人际交往障碍。

三、 任务考核

1. 通过学习，请对人际关系的内涵进行解释。
2. 结合自身的实际，谈谈在人际互动中的优点和缺点。

任务二　掌握人际交往的技巧

任务引入

　　小李从北方来到南方一所省会大学读书，临行前在一家企业做人事主管的父亲反复告诫儿子，在大学里首先要和宿舍的同学搞好关系，这样他的生活环境才会感到愉快，大学三年心理才有归属感。进校后，小李时刻告诉自己父亲的话肯定有一定的道理，但是由于和同宿舍的一名南方同学在对爱情的看法上相差甚远，经常斗嘴，导致彼此不服气，互相看不起，矛盾时有发生。那位南方同学用小李的话说比自己更会处理人际关系，到最后同宿舍的其他同学都站到了自己的对立面，自己同室友的关系开始变得紧张起来，其他人都不理解他、不信任他，少数同学甚至奚落他。自己对他们也充满怨恨和不信任，进而猜疑和反感，只要有两位同学当着自己的面嘀咕几句，自己就认为他们是在说自己的坏话，心里十分苦闷。而那位南方同学却好像整天都过得很开心、很快乐，看到这一切，小李感到无能为力的同时又十分伤心，心胸开始变得狭窄，人也都郁郁寡欢，整天无精打采。

　　请思考：通过案例中对小李的描述，他在人际交往中出现了什么问题，如何提升其人际交往能力？

相关知识

一、 大学生人际交往的原则

每个成长中的大学生，都希望自己生活在良好的人际关系氛围中，如何提高个人的人际魅力，保持良好的人际关系状态，这是每个大学生都值得思考的问题。

1. 尊重的原则

人际关系的基础是人与人之间的相互重视、相互支持，对于真心接纳我们，喜欢我们的人，我们也更愿意接纳对方，愿意同他们交往并建立和维持关系。所以任何时候在与人交往时，我们都要记住三个原则：第一，一个人无论有多大的成就，他在人格上与任何人都是平等的。第二，交往是平等的，尊重他人，才能尊重自己。第三，只有尊重自己的人，才可能会得到别人的尊重；只有尊重他人的人，才能得到别人的尊重，从而真正实现自我的尊严。

2. 真诚的原则

真诚一般指的就是真实、诚恳，没有虚假。它是人在交往中的良好心态之一，待人接物要以诚为本，能否以诚待人是衡量朋友质量的一个主要标准。大学生要认识到，许诺是非常慎重的行为，对不应办或办不到的事情，不能轻易许诺，不要碍于面子答应，之后又无法兑现承诺。只有诚信才可以使人在人际交往中随时获得别人的信任，并把那些具有同样优秀品质的人吸引到自己身边，建立无须伪装自己的轻松愉快的社交圈。

3. 互助的原则

人际交往的过程，是双方相互满足的过程。人与人之间的交往本质上是一种社会交换过程。交往的双方应相互获得满足，当各自的需求与对方所具备的条件正好成为互补关系时，就会产生强烈的吸引。但在互助实施过程中，真诚是其最关键的一个准则。

4. 宽容的原则

表现在对非原则性问题不斤斤计较，能够以德报怨，宽容大度。人际交往中往往会产生误解和矛盾。大学生个性较强，接触又密切，不可避免会产生矛盾，这就要求大学生在交往中不要斤斤计较，而要谦让大度、克制忍让，不计较对方的态度、不计较对方的言辞，并勇于承担自己的行为责任，做到"宰相肚里能撑船"。他吵，你不吵；他凶，你不凶；他骂，你不骂。只要胸怀宽广，容纳他人，发火的一方也会自觉无趣。宽容克制并不是软弱、怯懦的表现；相反，它是有度量的表现，是建立良好人际关系的润滑剂，能"化干戈为玉帛"，赢得更多的朋友。

二、　大学生人际交往的主要方法

1. 注意交往角色

人际交往本质上是一种角色的交往，每一种角色都需按照社会所规定的行为规范、责任和义务等去行动。大学生作为准社会人，在进行人际交往时，更要注意自身角色的变化。在不同的场景要学会扮演不同的角色，并且严格遵守各个角色要求。

2. 善用语言

语言是人际交往的工具和媒介，从一定意义上说，交往的艺术就是语言的艺术，正确运用语言艺术是培养社交能力的重要内容。这门艺术首先取决于思想的内涵和深度，语言的丰富以及发现各种事物典型特征的能力。

3. 注意把握好交往的尺度

大学生在进行人际交往时，首先要注意交往的广度，根据自己的时间、能力和兴趣爱好开展交往活动，但要量力而行，并非多多益善。同时也要注意交往的深度要因人而异，不搞等距离交往，无须一视同仁，可以分出层次。其次，交往的向度要鲜明，异性之间的交往在思想感情和行为方式上都与同性之间的交往存在一定的差别。最后，交往的分寸要适度。自尊而不自大，热情而不轻浮，聪明而不油滑，豪爽而不粗俗，谦让而不虚伪。

任务实施

一、　站在对方的角度来思考

换位思考，对建立良好的人际关系至关重要。如我们经常想"如果我在他的位置上，我会怎样处理？"经常站在对方的角度去理解和处理问题，一切就会变得简单多了。一般而言，善于交往的人，往往善于发现他人的价值，懂得尊重他人，愿意信任他人，对人宽容，能容忍他人有不同的观点和行为，不斤斤计较他人的过失，在可能的范围内帮助他人而不是指责他人。他懂得"你要别人怎样对待你，你就得怎样对待别人"；懂得"己所不欲，勿施于人"；懂得"得到朋友的最好办法是使自己成为别人的朋友"；懂得别人是别人而不是自己，因而不能强求，与朋友相处时应存大同，求小异。

案例：

小 A 的烦恼：我一直把小 B 当成自己最好的朋友，我非常珍视我们的友谊。但进入高职之后，我和小 B 不在一个学院，我经常下课去找她，跟她分享很多自己的事情，约她出来玩，给她带我最喜欢吃的零食，等等。

但慢慢地，我发现小 B 好像对我没有那么热情了，看着她与班上同学有说有笑，玩得那么开心，对我却有些疏远，有时候约她出来也表现得犹犹豫豫的。

我非常难过，又非常生气。她怎么可以这样对我，我给了她最珍贵的友谊，她却一点都不珍惜。我把她当成最好的朋友，她却没有把我放在同样的位置上。感觉她就是白眼狼，没良心！

小 B 的烦恼：小 A 对我非常好，我很感谢她对我的付出，但有时她的过于热情让我很有压力，我现在有新的班级，新的同学，每天也有很多事情要做，她经常来找我，约我出去，我有自己的事情要忙，但又不敢拒绝她，她给我的东西，也不是我喜欢的，但我还是收下了，还要表现得很高兴。

我不敢拒绝她，也不敢表达自己的真实想法，害怕会让她伤心难过，会让她觉得我是一个不好的人，害怕影响到我们的关系。

我也不知道怎么办，不知道怎么跟她说清楚，有时想躲着她走，甚至看到她来找我有些心烦，又觉得这样是不对的。

请思考：听完小 A 和小 B 的讲述，你有什么样的感受和想法？小 A 和小 B 的关系出现问题，是谁的责任？

二、 善用赞扬和批评

心理学家认为，赞扬能释放一个人身上的能量，调动人的积极性。"赞扬能使赢弱的身体变得强壮，能给恐惧的内心以平静与依赖，能让受伤的神经得到休息和力量，能给身处逆境的人以务求成功的决心。"有这样一个例子：一位欧洲妇女出门旅行，她学会了用数国语言讲"谢谢你""你真好""你真是太棒了！"等，结果，她所到之处，都受到热情接待。所以，真心真意、适时适度地表示你对别人的赞扬，赞扬对人也对事，能够增进彼此的吸引力。

与赞扬相对的是批评。一般情况下，应多用赞扬，少用批评，批评是负性刺激。通常只有当用意善良、符合事实、方法得当时，批评才有可能产生积极的效果，才能促进对方的进步。批评时应注意场合与环境，应对事不对人，不能对一个人产生全盘否定，这样会挫伤对方的积极性与自尊心，应就现在的一件事而不是将以前的事重新翻出来，措辞与态度应是友好的、真诚的。

三、 学会倾听

很多大学生认为自己人际关系不好是因为自己嘴巴比较笨，不善言谈。但其实细心观察你会发现，往往善于倾听的人更容易交到好朋友，西方有这样一句名言："上帝分配给我们两只耳朵，而只给我们一张嘴巴。"这就告诉我们在交往中要多听别人说，在学会说之前，要先学会倾听。要想有效倾听，首先，要耐心听全，不要随意打断，把自己的想法搁置一边，不带主观情绪，用心听完对方完整的表达；其次，要听到对方的心声，不仅要倾听对方描述的字面意思，还要注意其内在含义。

在沟通过程中，之所以需要认真倾听，就是提醒我们，一定要全部理解对方的意思，要从对方的话语中听出他想要表达的真实感受。而这一点，是大多数人做不到的，因为我们习惯着急发言，总在听到他人前半句的表述之后，就急于发表自己的看法。殊不知，我们可能因此就让倾听半途而废，进而曲解了对方的意思。

对他人的谈话进行耐心倾听，并保持自始至终的礼貌，才是一个善于沟通者应该做的事。这种行为本身不但表现我们良好的个人修养，而且同样能满足谈话者符合自我逻辑的讲话方式。

四、　主动交往

对每一个风华正茂的大学生来说，都需要有丰富的人际关系世界，并在这个世界上帮助与被帮助、同情与被同情、爱与被爱、共享欢乐与承受痛苦。在社会交往中，那些主动进行交往、主动去接纳别人的人，在人际关系上较为自信。主动交往的稀少源于两方面的原因：一是缺乏自信，担心遭到拒绝，担心别人不会像自己期望的那样理解、应答，从而使自己处于窘迫的局面，伤害了自己的自尊。事实上，问题远没有我们想象得那么严重，因为在人际关系中，双方都需要适应，需要人际关系支持陌生情境；二是人们在人际关系方面有许多误解，如先同别人打招呼，在别人看来低人一等，"那些善于交往的人左右逢源，都有些世故，有些圆滑""我如此麻烦别人，别人会认为我无能，会讨厌我"等。大学生的主动交往也很重要，特别是当面临人际危机时，主动解释，消除误解，重新建立良好的人际关系非常重要。

五、　注意交谈技巧

良好的社交需要沟通，而交谈是人际交往中最主要的沟通方式，交谈是否顺利，不仅取决于交谈的内容，更取决于交谈的方式方法。大学生在交往过程中要注意掌握以下谈话要领，善于交谈。

1. 语言艺术

"良言一句三冬暖，恶语伤人六月寒。"这句话告诉我们交往时要注意运用语言的艺术。语言艺术运用得好，就能优化人际交往。相反，如果不注意语言艺术，往往在无意间就出口伤人，产生矛盾。人际交往中要注意称呼得体和讲话有礼貌，良好的语言艺术必须要做到适时、适度、适量。

第一，沟通要用对方听得懂的语言。有这样一个秀才买柴的故事。一天秀才去买柴，看见街边有一个卖柴的，就对那个卖柴的说："荷薪者，过来。"卖柴的人不明白，但看见街上没有其他人，又听到了"过来"，就担着柴走到秀才旁边。秀才看了看柴，问："其价几何？"卖柴的人还是不明白，但听到"价"，猜想应该是问价钱，就说了多少钱。秀才说："外实而内虚，烟多而焰少，请损之。"卖柴的人这次是彻底听不懂了，担着柴走了，留下秀才一脸茫然。由秀才买柴的故事我们可以知道，与他人沟通时要用对方听得懂的语言，这样才能建立良好的人际关系。

第二，沟通时要避免混淆事实与想法。很多人际交往沟通的矛盾是因为人际关系中的一方混淆了事实和想法，错把自己的想法当成了事实，从而对对方产生误解，矛盾由此产生，下面就是一个沟通中一方混淆事实与想法的例子。

老师让小强明早8点去办公室找她，小强第二天一大早到办公室，但没有见到老师，然后他就回去了。过一会儿他接到老师打来的电话。

老师："小强你怎么还没来？"

小强："我去了，你还没来，我回来了。"

老师："哪个说我没来？我早来了，在谈话室等你。"

小强："我在办公室没看到你。"

老师："没看到不等于我没来啊！"

小强：……

例子中，小强因为混淆了事实（在办公室没看见老师）与想法（老师没来），而产生了误会，不仅耽误事情的解决还造成了双方不好情绪的产生。现实中，很多人际交往中的误会都是这样产生的。所以，我们在人际交往沟通的过程中，一定要分清楚事实和想法，不要把自己的想法当成事实，造成不必要的误解。

第三，说话得体，恰如其分交往，语言注意分寸，合乎尺度。话说到什么程度，应根据交往对象和目标而定，不超过对方的心理承受能力，不引起对方反感；实事求是，任何夸大其词，言过其实，词不达意的做法都会影响交往的顺利进行；谈话要有礼有节，让对方先讲；抛开自己潜在的"自我中心"意识；谈论对方感兴趣的话题，并积极参与到话题中。

2. 非语言艺术

非语言一般包括眼神、手势、面部表情、姿态、位置、距离、肢体语言等。掌握和运用好这种交往艺术，对大学生搞好人际交往是必不可少的。"眼睛是心灵的窗户""眼睛像嘴一样会说话"，面部表情是内心情绪的外在表现，它们均能表达人的态度和情感。如眉飞色舞表示内心高兴，怒目圆睁表示愤怒等。交往中还可用人体动作来表达思想，大学生在人际交往中根据谈话的内容和场合，正确运用非语言艺术，巧妙地表达自己的思想感情，有时能起到"此时无声胜有声"的作用。

第一，目光接触。常言道"眼睛是心灵的窗户"，它既可以表达和传递情感，又可以显示个性的某些特征，影响他人的行为。会谈时，听者的目光接触多于说者。目光接触可帮助谈话双方的话语同步，思路保持一致，目光接触的多少也反映听者是否愿意听。但目光接触不宜过长，否则可能会引起副作用。

第二，面部表情。面部表情是人的情绪和情感的生理性表露，特别是面孔上部，尤其眼睛周围更为重要。所以心理学家艾帕尔·梅拉别斯提出：一个信息的总效应=7%的词语+38%的音调+55%的面部表情。面部表情一般不是随意的，但又可受自我意识的控制。"微笑是最美好的语言"，大学生应恰当地运用面部表情，有时话语不一定要很多，只要微微一笑，所起的作用可能更大。

第三，运用身体语言。身体语言也是重要的沟通方式，如用挥手、点头、摇头、扬眉、耸肩等外表姿态进行沟通。如友善的点头，轻轻的挥手或拍拍背，也会使对方感到温暖或快乐，有安全感和受尊重感。但如果沟通时，身体的扭动、双手插在口袋里、无所谓的耸肩、无精打采的随意靠墙、坐在床边等不仅会给人不拘小节的印象，也会使对方产生不信任感。

第四，保持适当的空间距离。美国人类学家爱德华霍尔将日常生活中人与人之间的空间距离分为四类。①亲密距离：距离范围为8~30厘米，可感受到对方的气味、呼吸，在通常情况下，人们只允许情侣、孩子和家人进入这一范围；②个人距离：距离范围为30~90厘米，此距离是朋友之间进行沟通的适当距离；③社交距离：距离范围为100~200厘米，通常的正式社交活动、外交会议，人们都保持这种程度的距离；④公共距离：距离范围为200厘米以上，在公共场所人与人之间的距离属于这种情况。在实际生活中，大学生应根据谈话对象不同而选择适当的距离，避免不恰当的距离给对方带来心理压力。

拓展提升

一、任务拓展

常见心理效应

二、 拓展训练

测测你的气质类型

某剧场规定电影开始 10 分钟后不许入场，这时，有四位已购票的观众迟到了，面对查票者不让进入的事实，表现各不相同。

小 A 面红耳赤地与检票员争吵起来，甚至企图推开检票员，冲过检票口，径直跑到自己的座位上去。

小 B 明白检票员不会放他进去，他不与检票员发生争吵，而是悄悄跑到楼上另寻一个适当的机会溜进剧场。

小 C 看到检票员不让他从检票口进去，便想反正第一场戏不太精彩，就暂时到小卖部逛一下，待中途休息再进去。

小 D 看到此情景，唉声叹气地说自己总是那么倒霉，偶尔来一次戏院，就这样倒霉，接着就垂头丧气地回家了。

请大家对照以上四位观众的表现，测试你的气质类型！你是小 A 还是小 B、小 C、小 D？

小 A 胆汁质：胆汁质气质类型的特点是直率热情、精力旺盛、冲动易怒、脾气急，感情用事、表里如一等。典型的代表人物如鲁智深、张飞、李逵等。当面对电影迟到，无法进入电影院观看时，胆汁质气质的人通常会生气暴躁或者和别人打架。

小 B 多血质：多血质气质类型的特点是活泼好动、热爱交际、能言善道、缺少耐心、稳定性差、粗枝大叶等。典型的代表人物有王熙凤、贾宝玉等。电影迟到无法观看时，多血质的人通常会和电影院的检票人员套近乎，变得熟络之后，再想办法进去看电影。

小 C 黏液质：黏液质气质类型的特点是稳重踏实、安静话少、有些死板、缺乏生气。典型的代表人物有林冲、陈景润、牛顿等。同样在电影迟到无法入场的情景，黏液质的人就会乖乖遵守管理人员的要求，不进去观看，默默地回家。

小 D 抑郁质：抑郁质气质类型的特点是行为孤僻、多愁善感、敏感多疑、反应迟缓、适应力差、容易疲劳等。典型的代表人物有林黛玉等。面对电影迟到无法入场的情景，抑郁质的人会悲春伤秋，倍感伤心难过，感觉什么事情都不顺利。

根据气质进行人际交往

1. 胆汁质、多血质的人喜欢开诚布公，直来直去，主动与人交往，与他们绕弯子会失去他们的信任。

2. 黏液质的人适应环境较慢，结交朋友慎重，与人交心需要一个较长过程，过于性急会引起他们的防卫与回避。

3. 抑郁质的人承受挫折的能力较弱，稍有刺激会导致心理上的不平衡，他们不善于暴露自己的思想，有时别人的指责批评会被他们疑心为针对自己。即平时说的"小气"。与他们交往要特别注意方式方法。

请选择一个同学，根据他（她）的气质类型，策划自己与他（她）交往的方式方法。

三、　任务考核

1. 说一说大学生人际交往的基本原则。
2. 哪些技巧可以帮助大学生改善人际关系？
3. 观看电影《当幸福来敲门》并思考：克里斯是怎样一步步营造他的人脉，从而走向成功的？

任务三　调适人际交往不良

任务引入

　　小A与小B是某艺术院校大三的学生，同在一个宿舍生活。入学不久，两个人成了形影不离的好朋友。小A活泼开朗，小B性格内向，沉默寡言，小B逐渐觉得自己像一只丑小鸭，而小A却像一位美丽的公主，心里很不是滋味，她认为小A处处都比自己强，把风头占尽，时常以冷眼对小A。大学二年级，小A参加了学院组织的绘画大赛，并获得了一等奖，小B得知这一消息先是痛不欲生，而后妒火中烧，趁小A不在宿舍之机将小A的参赛作品撕成碎片，扔在小A的床上。小A发现后，不知道怎样对待小B，更想不通为什么她要遭受这样的对待。

　　请思考：通过案例中的描述，小A和小B之间发生了什么，原因是什么，应如何解决？

相关知识

一、　大学生人际交往不良概述

　　从众多的文献及研究理论中，人际交往不良的研究一直受到国内外从事教育研究和心理研究专业人士的关注。人际交往不良是指在与他人进行交往的过程中受到阻碍，并产生了消极影响。大学生人际交往不良则是以大学生为主体，在与他人相处过程中受到各种因素的影响，使正常的人际交往受到阻碍。

二、 大学生人际交往不良的种类

1. 因自卑引起的人际交往不良

自卑是指个体感受到自我价值被贬低的体验。这种贬低或否定可能来自当事人自己，也可能来自外界评价，但更多时候是两者兼而有之，有的大学生因为自卑而对自己持否定态度，交往起来比较吃力，害怕说错话，担心丢面子，长此以往，严重者容易产生社交恐惧症，使得人际关系出现不良。

2. 以自我为中心的人际交往取向引起的人际交往不良

以自我为中心的交往取向是指在交往中只注重个人的兴趣，为满足个人的需求，而不顾及别人感受的一种交往方式。这种交往方式带有一种自私性。而这与人际交往中交往双方都是积极主体，交往时双方相互作用的过程相矛盾，因而在人际交往中容易产生障碍。

3. 因羞怯心理而引起的人际交往不良

羞怯心理是因为害怕或胆怯而产生的一种心理不适。带着这种心理去交往就会产生莫名的紧张和不安的感觉，在交往过程中感到无所适从，从而使得自己在交往过程中处于尴尬的境地，正常的人际交往难以持续，出现不良情况。

4. 因嫉妒心理而引起的人际交往不良

嫉妒心理是指因失败或某一方面不如别人所产生的羞愧、愤怒和怨恨等，它是自我形成的一种情绪上的体验，在有的时候它对人的成长也有积极的影响，但更多的却是消极的影响，大学生在人际交往过程中，嫉妒心理一旦产生，就很难再以一颗平常心去处理与周围同学的关系，它往往带有浓厚的感情色彩，把这种感情色彩带到人际交往中就会产生一种不和谐的感受，从而使人际交往失败，产生障碍。

5. 因猜疑心理而引起的人际交往不良

猜疑心理是指对别人的言语及行为给予种种不好的猜想和疑虑，以证明自己主观臆断的正确性。在人际交往中，一旦掉进猜疑的怪圈，必定处处神经过敏，事事捕风捉影，对他人失去信任，对自己也产生疑惑，从而损害正常的人际关系，产生人际交往障碍。

三、 大学生人际交往不良的心理原因分析

1. 不愿交往

很多大学生不能正确认识人与人之间的交往作用和需要，因此导致不主动，不积极甚至不愿意参与，回避人与人之间的交往。特别是在信息化时代，网络与智能手机的出现使得一些不愿意参与人际交往的同学进行主动人际交往的意愿更少了。在某校开展问卷访谈"我想为父亲做好事"这一题中，面对四个选择——擦皮鞋，擦自行车，剪指甲，买酱油。

选择"买酱油"的只有一名男同学，大家为什么都不选择"买酱油"呢？经过进一步了解，发现主要原因是"买酱油"麻烦，要跟卖东西的人说话。买酱油，可以说是最简单、最常见的人际交往，可是大家都不愿意去做。

2. 不懂交往

大学生缺乏人际交往知识，不懂人际交往原则，如何发挥人际交往的作用，如何掌握人际交往的发展阶段，如何克服人际交往中不利的因素，如何解决人际交往的问题和冲突等都困扰着大学生。大学生普遍感到人际交往很困难，同学之间、异性之间、朋友之间不知怎样相处，不知道人际交往要注意哪些事项，遵守哪些原则，人际交往理论知识的缺乏是导致大学生人际交往失败的主要原因。

3. 不善交往

在大学生群体中，较多的人在新环境中比较拘束，适应较慢，在异性和非同龄人面前会有紧张感，不够大胆，不主动交往，甚至有少数同学有自闭心理。大学生在人际交往方面缺乏技巧，这不仅不利于大学生开展正常人际交往，而且阻碍了大学生人际交往的发展。不少大学生缺乏交往的经验，尤其是成功的经验。他们想关心人，但不知从何做起，想赞美人，可怎么也开不了口或词不达意，交友的愿望强烈，然而总感到没有机会。交往中想表现自己却不能如愿，内心想表示温柔，言语却是硬邦邦的。大学生没有熟练掌握人际交往的技巧和方法，阻碍了他们和他人交往的顺利进行。

任务实施

人际交往不良会影响大学生正常的人际沟通，使他们的人际交往陷入紧张或危机之中。但由于各种原因的影响，一些大学生的人际交往情况并不理想，以下我们针对大学生常见的几种人际交往不良进行具体调适，希望能对相关大学生有所帮助，改善相关情况。

一、自卑心理的调适

有些大学生由于性格软弱而出现自卑心理，这些大学生应努力培养自己的自信心。自信心的培养是一个长期的过程，大学生在建立自信的过程中需要有持久的恒心，不能期待立竿见影的效果。要克服自卑心理，需要从以下几个方面做起。

1. 努力发现自己的优点

每个人都是独一无二的，因此，每个人一定会有自己的特长和优势，只有发现并认识到自己的优势，学会欣赏自己的优点，才有可能从根本上克服自卑怯懦的心理。

2. 正视自己的缺点

人无完人，有些缺点是与生俱来的，如相貌、体型等，这些主要由遗传因素决定的方面不易改变，与其怨天尤人、自怨自艾，不如淡然接受。在接受现实的前提下，积极从其他方面进行弥补和完善，同样可以增加自信。

3. 积累成功体验

自信心源于个人成功的积极体验。因此，在各种活动中，大学生必须积极投入，认真准备，树立切实可行的具体目标，不好高骛远，逐渐积累成功的体验，培养自信。

4. 失败时合理归因

如果遇到失败就习惯于归因为自己能力不足，只会挫伤自信心。能力是重要因素，但个人努力、任务的难度、运气等也都会不同程度的影响结果。因此，遇到失败时，应多归因于自己可控制的因素，给下次的成功打下基础。

5. 努力培养特长

从自己的现状出发，找一件自己感兴趣的、比较积极向上的事情来加以特别培养、发展，使之成为自己的专长。这类专长可以很简单，比如健身、记英语单词、欣赏经典文学作品等。

二、 以自我为中心的调适

现在的大学生大多数是独生子女，父母养育方式、家庭结构、家庭成员关系等无一不在潜移默化地影响着青少年人格的形成。大部分父母都视自己的子女为掌上明珠，一家人围着其团团转。在这种家庭环境的影响下，子女很容易形成自我中心主义。以自我为中心的人在与同学交往中往往只顾自己表现，处处以自我为核心，不给对方表现的机会，不管对方感受如何；不喜欢关心他人，也不愿意去了解他人，只要求学校和老师多给个人提供方便，处处要表现得比其他同学强，并且颐指气使，盛气凌人。"4-2-1"① 的家庭结构、缺少交往的生活经验以及市场经济中"自我"的彰显和竞争现实的影响，都是造成自我中心的关键原因。

要矫正以自我为中心这种人格偏差，可以从以下几点入手。第一，学会换位思考。遇到问题的时候先试着进行换位思考，试想站在对方的角度会怎么想，自己的想法、做法会对别人产生什么影响，只有努力了解他人感受，顾及别人的情绪才能使自己言行得当。第二，谦虚豁达。无论什么时候都要谦虚、低调，不能总觉得自己高人一等，不能总是把自己当作"中心"。面对别人的建议或批评也要认真反思，努力改变自以为是、固执己见的不良习惯。第三，接纳他人。自我中心的人往往只能听到符合自己需要的话，而有意无意地忽略别人的意见和建议。在与人相处的过程中，要努力养成接纳他人，先倾听、再发言的习惯。

---

① 4：夫妻双方父母；2：夫妻；1：一个孩子。

三、　交往羞怯的调适

交往羞怯的产生，很大部分的原因是对自己缺乏正确的认识，自信心不足和胆怯，因而调适应从以下几方面入手。

1. 全面、正确地认识自我

人无完人，人各有所长，也各有所短。在自我认知的过程中，不能只看到自己的缺点，忽视或掩饰自己的优点。要善于挖掘和发挥自己的优势，扬长避短。要正确运用比较，和别人比较是建立"自我观"的参照标准，但要选取适当的人选，既要与优秀的人比，也要与比自己差或相似的人比，比较时不能以偏概全。我们应该有勇气承认自己和其他同学的差异。

2. 进行积极的自我暗示

自我暗示是来自内心的一种自我刺激的过程。当自己处于不利的地位时，要积极地鼓励自己，增强自信，而不要先考虑失败了怎么办。当面临某种情况感到信心不足时，不妨给自己壮胆："你一定会成功的！你一定行的！"或者不妨自问："人人都能做到，你为什么不能做到？"如果怀着豁出去的心理去做，事先不过多地体验失败后的情绪，就会对自己产生信心。

3. 积极与他人交往

在交往中，每个人都不能将自己固定在某一个小圈子中，应不断地扩展自己的交际范围，去感受他人的喜怒哀乐。开始时可以先去一些自己比较熟悉的地方，让朋友陪着一起去，然后再试着去一些自己感兴趣的地方，逐步扩大交往的活动范围。和不同类型的人打交道，试着将自己介绍给一些新认识的人，为了避免自己在交往中与别人没有话题可谈的尴尬场面，自己可以在交往前先准备一些谈话的内容，如最近社会上比较流行的资讯、近期发生的大事、一些奇闻趣事等，事先有了准备，就会少些紧张。

4. 要懂得自我放松

当自己与别人在交往时感到紧张，出现脸红、心跳的现象时，要注意自我放松。首先告诉自己："不要紧张，别人没有太在意自己，即使脸红了，也是属于正常反应。"然后做几下深呼吸，从头到脚，让意识掠过全身，放松每一个肌肉群，这样可以使紧张的情绪得以消失。

四、　嫉妒心理的调适

嫉妒常导致害人害己的不良后果，大学生应学会理智地处理嫉妒心理。第一，正确地看待人生的价值。摆脱私心杂念，心胸开阔，不计较眼前得失，这样就不会花时间和精力嫉妒他人的成功了。第二，发挥自我优势。"金无足赤，人无完人"，各人都有自己的优势和长处。追求万事超人前，既无必要，也没可能。应扬长避短，发现并开拓自身的潜能，不断提高自己，力求改善现状，开创新局面。第三，培养达观的人生态度。人生就是一个大舞台，自得其所，各有归宿；要有勇气承认对方比自己更高明、更优越的地方，从而重新认识、发现和创造自己。这样就能从病态的自尊心和自卑感中解放出来，从嫉妒的泥潭中自拔出来。第四，密切交往，加深理解。许多嫉妒心理是由误解产生的。嫉妒者误认为对方的优势会造成对自己的损害，从而耿耿于怀。因此要打开心扉主动接近别人，加强心理沟通，避免发生误会，即使发生了也要及时妥善地解决。

五、 猜疑心理的调适

猜疑主要由作茧自缚的封闭思路，对环境、对他人缺乏了解，对交往挫折的自我防卫等原因造成。要克服猜疑心理，具体可采用以下几种方法。

1. 保持理智，克制猜疑冲动的发生

当发现自己开始怀疑别人时，应当立即寻找产生怀疑的原因，在还没有形成思维定式之前，引进正反两个方面的信息，多角度看问题，避免思维片面，走极端。如"疑人偷斧"中的那个农夫，如果丢了斧子后能够换角度冷静想一想，斧头会不会是自己砍柴时忘了带回家，或者挑柴时掉在路上，那么，这个险些影响他同邻里关系的猜疑，或许根本就不会产生。冷静思考显然是十分必要的，要控制住自己的"胡思乱想"，提醒自己不要想得太多，不要把别人想得太坏。而要一分为二地看待准备怀疑的对象，如果毫无证据表明自己的怀疑是正确的，就应该立刻停止怀疑。

2. 培养自信心

每个人都应当看到自己的长处，培养起自信心，相信自己会处理好人际关系，能给别人留下良好的印象。当我们充满信心地进行工作和生活时，就不会担心自己的行为，也不会随便怀疑别人是否会挑剔、为难自己了。

3. 及时沟通

猜疑往往源自误会。误会得不到尽快的解除，就会发展为猜疑。所以最好同自己"怀疑"的对象开诚布公地谈一谈，以便弄清真相，解除误会。猜疑者生疑之后，冷静地思索是很重要的，但冷静思索后如果疑惑依然存在，就应当通过适当的方式，同被猜疑者进行推心置腹的交谈。若是误会，可以及时消除；若是看法不同，通过谈心，了解对方的想法，也能解除疑惑；若证实了猜疑并非无端，那么，心平气和地讨论，也有可能使问题解决在冲突之前。

拓展提升

一、 任务拓展

增强自信心的 11 条法则

二、 拓展训练

"我说你画"

规则：请 6 位同学到讲台前，分三组，两人一组，分别编号 A 和 B，每组的 A 面向黑板，不能回头看，给 B 出示该组图片，由 B 向 A 描述图片内容，A 根据 B 的描述在黑板上画出该图片。

A 不许出声，也不能回头，只能听 B 传达信息，B 在传达信息的过程中，不能打手势，做动作，只能用言语。下面的同学保持安静。比一比哪组同学画得快，画得最贴近原画。

感受与总结：人与人之间的交往是一个双向的过程，有时候你所表达的并不一定是别人理解的，你听到的未必是别人所表达的。

赞美对方

找一个同学互相赞美对方（包括外表、装扮、气质或能力等方面），那我们该如何赞美别人？是真诚微笑接纳别人，还是真正拥有爱心，或是勇敢地说出赞美之词。

尊重练习

请同学们想一件最近令你感到很快乐的事，随机两人一组：一个同学向另一个同学讲他高兴的事情，另一个同学要表现出不讲话，但非常不专心地听他讲，东张西望，眼神飘忽不定或突然插不相干的话，或干脆不做任何回答，练习 2 分钟停止。之后角色互换。最后请大家分享不被专心倾听的感觉。

三、 任务考核

1. 分析自己的气质类型，找寻自己在人际交往中的弊端。
2. 请列举一件最糟糕的和一件最开心的人际交往事件。
3. 当你遭遇人际交往阻碍时你会怎么办？

项目七　恋爱青春　畅享激情

项目导读

　　爱情是人类情感中最美妙的一种体验，是男女之间能量最大、张力最强，也是冲突最大、最让人心碎的一种亲密关系，这种独特的亲密关系是早年依恋关系的延续，我们可以从人在儿童时期如何与重要他人建立安全、亲密的人际关系中发现端倪。以亲密关系为依托的恋爱关系的确立，满足了大学生对归属和关爱的基本需求，这些需求意味着对彼此强烈的感情依恋与依赖，有利于大学生形成持久的社会支持网络。这在我们的生命中占据极为关键的位置，也是人生旅程中最重要的资源之一。

　　爱情会催人奋进，也会使人陷入负面情绪，对大多数人而言，经营爱情比选择恋人更重要，学会包容比争论对错更重要。恋爱的过程有蓝天白云，也会突然出现暴风骤雨。因此，学会理解、珍惜、包容，认真对待感情，不断在两性关系中提升与发展彼此，才能收获一份长久而美满的幸福。

学习目标

知识目标

1. 掌握爱情三角理论，理解爱情的实质。
2. 掌握爱的五种能力。
3. 掌握大学生性心理的内涵。

技能目标

1. 能在众多情感中识别爱情。
2. 能使用五种爱的能力解决恋爱中的实际问题。

素质目标

1. 培养在两性关系中自我探索的意识，在爱恋中提升自我。
2. 培养谦恭、勇敢、真诚和有纪律地爱他人的意识，为幸福人生奠定基础。
3. 培养正确的恋爱观，弘扬社会正气。

任务一　认识爱情

任务引入

　　星宇（化名）是一名大学生，在高中时就交了一个女朋友，两人是异地恋，但感情一直很好。大二时，班上有位女生向他表白了，班上同学都不知道星宇有女朋友，星宇拒绝了女生的表白。过了一个学期，女生找到星宇，再次说起了自己对星宇的感情，她表现得很痛苦，说这是她第一次对一个男生心动，并且这一次心动唤醒了她少年时代被性侵的痛苦回忆，她不敢靠近自己喜欢的人，更无法堂堂正正和自己喜欢的人在一起，她一边痛哭一边将她藏在心里多年的秘密告诉了星宇。听了之后，星宇震惊了，他没有想到站在自己面前的是一个如此坚强的女孩，他同情女生的遭遇，同时也对她产生了一种敬佩之情。

　　后来星宇和女生见面的机会多了起来，每次谈到那件事，女生都会哭得很伤心，星宇不知道该怎么做，只能通过说一些安慰的话让她的情绪渐渐平息。和女生在一起，星宇觉得自己有一种责任感，要保护她，不再让她受到伤害，但回到宿舍后，星宇又感觉很痛苦，觉得对不起女朋友，星宇认为女朋友很爱自己，自己也很爱女朋友，那他到底该怎么办呢？

　　请思考：你是否在生活中也遇到过类似的情况，如果是你，你会怎样调适当前的心理困惑？

相关知识

一、爱情概述

　　美国著名心理学家艾瑞克·弗洛姆（Erich Fromm）在他的名著《爱的艺术》（The Art of Loving）一书中将人类的爱分成五种，包括兄弟之爱、父母之爱、异性之爱、自我之爱和神明之爱。而人们通常所讲到的"爱情"仅仅指异性之爱。权威社会心理学家齐克·鲁宾（Zick Rubin）认为，爱情是一个人对另一个人的某种特殊的想法和态度，它是亲密关系的最深层次，不仅包含着审美、激情等心理因素，还包括生理唤起与共同生活愿望等复杂的因素。爱情是存在于人类两性之间的一种崇高的情感，是人类男女间基于生命繁衍的本能和确保身心最大快慰而产生的互相倾心和追求的生理与社会的综合现象。

莎士比亚说：爱情是感情的最高位阶；罗素说：爱情就是生活；柏拉图说：恋爱是严重的精神病；心理学家弗洛伊德说：再没有比爱情更容易让人受伤的了；小说家毛姆说：爱情不过是一种肮脏的诡计，它欺骗我们去完成传宗接代的任务。不同的学者对爱情做出了不同的诠释，我们可以从各个角度加深对爱情的理解。整体看来，爱情是一对男女之间建立在性需要的基础上的一种强烈的内心情感体验，是基于一定的社会关系和共同的生活理想，在各自内心中形成的对对方最真挚的倾慕，并渴望对方成为自己终身伴侣的最强烈的感情，是一种心理成熟达到一定程度的人对异性产生的具有认知成分和性的需要的高级情感。

二、　爱情三角理论

1986 年，斯滕伯格教授提出著名的"爱情三元论"。他认为，虽然人类的爱情复杂多变，但基本上包含了三个主要成分，即激情、亲密和承诺。斯滕伯格对每一个成分都给出了清楚的诠释，并且用三角形来表示爱情的结构。三角形的三条边代表爱情的三个成分，三者合为一体便组成了圆满的爱情。这一三角形模式是最卓越的爱情理论之一，它可以很好地描述和解释人世间纷繁变化的爱情形态。

1. 激情

"激情"（Passion）是一种把恋人们推向浪漫的沁人心脾的情感，它来自人的激素，以生理冲动和肉体的强烈欲望为特征。激情被唤起常常是由于人对性的渴望，当然也包括想从对方那里得到其他强烈的心理需要的满足，或者想对恋人表达热烈的情绪和情感。激情是人的生理层面的反应，在爱情中发挥着动力作用，属于动机成分。

在许多情况下，受到激情促动的恋人会表现出较强的占有欲，甚至可能会发展到近乎自私的沉迷状态。正如我们经常看到的那样，在恋爱初期，情侣之间会过度地占有对方，甚至达到无法忍受彼此分离的地步。在这个阶段，任何其他关系对于双方来说都不重要。斯腾伯格解释说，恋人之间一定会先经历不断增强的外表的吸引，但是，这一段时间过后，如果发展得很好，他们的激情与欣喜就会转化为成熟的爱情。在进入亲密关系之前，单纯的激情常常体现为以自我为中心。

2. 亲密

"亲密"（Intimacy）主要包括热情、理解、交流、诚实、支持和分享等心理现象，是爱情的情感部分。在亲密感的作用下，两个人便成为"最好的朋友"和"心灵的伴侣"，相互之间愿意分享内心的秘密，深深地渴望彼此的亲近。而这种亲密的关系又能给恋爱的男女带来巨大的力量和安慰，使他们对爱情产生更大的信念和动力，去培育更加绚烂的爱情花朵。一颗真心期盼着交换另一颗真心，亲密关系可以促成这个重要交换的实现。反之，如果两个人之间没有亲密的关系，爱情之花就会凋谢甚至枯竭，爱情中的满足感与亲密感有着最直接的关系，缺乏亲密关系是恋爱与婚姻的第一号杀手。在没有亲密感的情况下，即便双方产生了激情，或是已经生活在了一起，也不能相互深入了解，不能真正地融合在一起，使人仍然会感到孤单和寂寞。

3. 承诺

"承诺"（Commitment）是爱情的认知部分，包括两层含义：一是做出将自己投身于一份情感（去爱一个人）的决定；二是努力地爱护和维系这份情感。如果相恋的双方彼此有了承诺，就会担当起爱情的责任和义务，直面无法看见的未来，坚定不移地去爱对方，直到生命的结束。做一个形象的比喻，承诺就像湍急江水中的一座小岛，不管出现什么样的水势，爱情或婚姻遇到何种困难和考验，都有一个安全避险的港湾。无数的成功实例向我们证明，长久的爱情和健康的婚姻，都是建立在相互承诺上的。对待爱情，持有承诺的人一定会这样说："我因你是谁而爱你，不因你的行为和我的感觉而爱你。"但如果没有承诺和责任，爱情就会脆弱无力，不堪重负，在受到击打的时候全面崩溃，昔日的亲密和激情也会荡然无存。

爱情三角理论如图 7-1 所示。

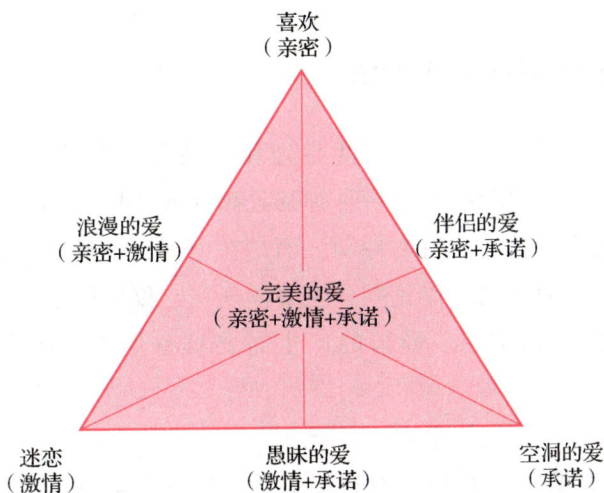

图 7-1　爱情三角理论

根据两性间三种关系的强弱程度，我们可以将人类的爱情分为如下几类。

第一类是喜欢。有亲密，缺乏激情和承诺的爱。由于长期相处，异性间产生了相知感，彼此了解对方的经历、兴趣爱好，有一种朋友般的默契感。

第二类是迷恋。有激情，缺乏亲密和承诺的爱。男女双方在某一特定的时空不期而遇，由于强烈的性吸引，或出于其他原因，双方并无深刻的了解，也无对未来的承诺，就做出身体上的亲近，之后，大家又形同陌路。

第三类是空洞的爱。有承诺，缺乏激情和亲密的爱。男女之间既无生理方面的吸引，又缺乏相互的了解，仅由于某种承诺而被强扭在一起。例如，封建社会的很多"包办婚姻"就属于这一类爱情。

第四类是浪漫的爱。有激情和亲密，但缺乏承诺的爱。男女之间有着性的激情和深刻的了解，但出于种种原因，却无法做出爱的承诺。

第五类是伴侣的爱。有亲密和承诺，但缺乏激情的爱。双方的关系既亲密，又有婚姻的承诺，如四平八稳的婚姻，只有权利、义务却没有感觉。

第六类是愚昧的爱。有激情和承诺，但缺乏亲密的爱。男女之间并无深刻的了解，由生理冲动与迫切想要结婚所主导，没有亲密的承诺与激情，生理需要满足后，承诺不过是空头支票。

第七类是完美的爱。既有亲密、激情又有承诺的爱。即男女的关系既有相知的亲密、生理的吸引，还有对婚姻的追求与承诺。

任务实施

一、 从爱情的产生基础认识爱情

爱情不同于友情，它是男女双方产生生理和心理需求之后，对异性表达爱、钦佩、珍惜、依恋等心理情绪的过程。这是一种神秘且高尚的感情，那么，爱情是如何产生的呢？爱情的产生不是简单的、一时的冲动，而是在生理、心理等多种基础都具备的情况下，慢慢孕育而生的。爱情之所以特别，主要体现在它仅仅产生于个体之间，是一种特殊人际关系的心理互动的结果。爱情的产生需要具备生理基础、精神基础以及道德基础。

1. 爱情的生理基础

爱情的出现与人的身体发育程度有直接关系，它通常会发生在生理成熟的成年人身上。对于为什么成年男女之间会产生异性吸引的现象，现在已有相对完善的科学解释。人的性别是与生俱来的，是男人还是女人，在卵子受精的时候就已经决定了。胎儿在母亲子宫内就形成了生殖器官，这种生殖器官的构造被称为第一性征。到了青春期，男女的性腺功能开始明显变化，性激素分泌旺盛，生殖器官发育基本成熟。在这期间，男女在身体形态上发生了很大的变化，在第一性征影响下出现青春期的身体形态及生理变化特征，被称为第二性征。

随着男女第一性征和第二性征的发育成熟，性激素水平的快速升高，他们的内心开始萌发性的意识以及强烈的对于异性的好奇和向往，开始产生对异性的有意识的关注、追求的欲望和亲密的感觉。通常人们所说的"情窦初开"，正是这些表现的代名词。在这个时期，男女性生理的成熟，促进了性心理的形成，性生理的发育是性心理发展的生物学基础。如果没有性作为基础，爱情是不可能产生的，更不可能持续发展。

2. 爱情的精神基础

只有性本能的生理基础还不足以产生爱情，爱情的产生还要有双方的心理基础。柏拉图是古希腊伟大的哲学家，也是最早从哲学的角度分析爱情的哲学家。他曾在一篇名为《会饮篇》（The Symposium）的作品中指出，爱情具有两个基础：一个是性欲，即身体方面的欲望；另一个是精神，即心理方面的需求。他认为，精神在爱情中的地位是崇高的，对爱情的追求应当从身体上的爱上升到精神上的爱。爱情包括性欲，但不只有性欲，精神性的东西才是爱情的精华所在。

那么，爱情的精神基础又是什么呢？对于这个问题，答案是多样的。其中一种观点认为，男女双方的审美情感引发了爱情。生理需要固然可以使异性之间相互亲密，但并不是只要异性相遇，就会产生爱情。只有在一方觉得另一方有魅力，产生一种特殊美感的时候，爱慕之心才能油然而生。这时，基于生理层面的性亲近，便上升到了心理层面的性吸引。对于这种男女关系的质的变化，苏格拉底有一个解释，将其称为"在美中孕育"。他认为，性本能是自然之道，是为了繁殖后代，但谁也不能随便找个人就结婚，而是要找一个看得顺眼的、觉得美的人，爱情应具有美感。

虽然审美情感的作用可以使人们欣赏的异性的范围大大缩小，但事实上这也不能使所有感觉美好的男女都成为恋人。人们还必须基于爱情的最高层次"道德情感"做进一步的甄别和选择，挑选出真正情投意合的对象。

3. 爱情的道德基础

在异性之间出现审美情感之后，如果再进一步向前发展，双方就会产生道德情感，进而萌生出真正的爱情。这里的道德情感，不是我们通常所说的"道德品质"（是好人还是坏人），而是指两个人在心灵上的认同和默契。到了这个阶段，由于男女双方具有相对一致的人生观和价值观，他们在心灵层面上的沟通就很顺畅，彼此相知相爱，成为两心契合的情侣。

在生活中，我们经常可以看到这样的现象，青年男女之间产生了好感和倾慕，愿意彼此接近与相处，在外人看来也很般配，似乎爱情已经降临在他们的身上了。但随着两个人的交往，对彼此了解的深入，他们对另一方的感觉发生了变化，甚至感到失望。他们可能曾经热烈地"相爱"了一场，希望能够成为心心相印的爱侣，但因为他们之间缺乏共同的人生态度和价值取向，在许多重要的事情上存在很大的分歧，感觉不到心灵的相通，最终两个人还是以分手告终。志不同道就不合，缺乏道德情感基础的两个人，在爱情的道路上携手走下去的可能性很低。因此，要想在生活中找到真心相爱的伴侣，使爱情的花朵在春天开得鲜艳美丽，并且在秋天结出丰硕的果实，建立美满幸福的家庭，相恋的男女不仅要在对方那里获得审美情感，产生两情相悦的心理感觉，更重要的是要了解彼此的人生观和价值观，找到能够支撑和坚固爱情的基石。

二、　从爱情的特征理解爱情

1. 平等性

爱情作为人的生理和心理需求的高度统一，体现在两个人之间要相互尊重、相互信任、相互关心上，这是平等的关系，而不是依附的、占有的关系。这种平等的关系表现在，男女双方可以相互追求、相互爱慕，这样爱情才能产生和发展。有的人会说我才不管你爱不爱我，反正我爱你就行了。这样的爱情就违背了平等的原则。男女双方首先要尊重彼此自愿选择的权利，一方强制另一方或勉强凑合都不是爱情。每个人都有爱和被爱的权利，所以死缠烂打地追求不是爱情。再者，单相思也不是爱情。道理很明显，爱情就像乘法，一个人付出全部，另一个人一点也不付出，那么结果就是 $1 \times 0 = 0$。所以爱情要双方共同努力，双方付出才能越稳定，越美好。

2. 专一性

恩格斯指出，爱情按其本性来说是排他的。爱情一经产生，就具有这一特征。爱情的专一性、排他性说明对待爱情应该是严肃、慎重的态度。一个人如果同时爱上两个或更多的异性，那不可能是健康的、真正的爱情。

3. 依存性

谈过恋爱的男女都有体会，在恋爱的时候，如果另一半不在身边，总让人感到思念或有所缺失，这就是爱情的依存性。恋爱的双方在感情上相互眷恋，在行动上相互支撑，在生活上相互关心。有的人在恋爱中毫不考虑对方的感受，只在乎自己的感受，这也违背了爱情相互依存的属性，是一种自私的爱情。

4. 自主性

有的人认为谈恋爱必须要经过父母的同意，而有的父母也会说："我的孩子谈恋爱必须经过我的同意。"尽管父母有相对丰富的人生经验，他们可以给我们一些建议，但是爱情最终的决定权还是在我们自己的手里。

拓展提升

一、 任务拓展

恋爱中的心理困扰

二、 拓展训练

探索自己的爱情观

请同学们就"我欣赏的异性特质"这一话题进行思考，回答以下问题。

1. 根据你对爱情三角理论的理解，请将你欣赏的异性特质进行分类，它们分别属于哪一成分？

2. 你觉得，在你过去、现在或是将来的"爱情故事"里，哪种元素可能比较缺乏，哪种元素比较充足呢？你的爱情属于喜欢、浪漫的爱、迷恋、愚昧的爱、空洞的爱、伴侣的爱和完美的爱中的哪一种呢？

3. 这三种元素所占的比重和内容，会随着时间的变化而变化吗？

4. 大学生在恋爱中，这三种元素是稳定还是不稳定的，变化快还是变化慢？

总结：大学生初入恋爱领域，恋爱自主性强、恋爱动机简单，大部分属于以激情占主导的爱情类型，来得快，去得也比较快。而要转化为以亲密占主导的爱情类型，则可能需要男女双方具备更多共同的兴趣爱好、价值取向、奋斗目标以及共同经营的决心。我们更要为自己的行为以及他人的青春负责，努力与对方构建一段和谐、美满的恋爱关系。

爱的冥想练习

三、 任务考核

1. 什么是爱情？
2. 你理想中的恋爱状态是怎样的？

任务二 培养爱的能力

任务引入

我现在与女友出现了矛盾，原因在于她总是要我陪她。说实话，我现在真的没时间陪她，可是她又不理智，还要让我和她一起消磨时间。她也不是没有意识到问题的严重性，可是她说控制不住自己。的确，如果一份感情太理智的话，就谈不上真正的感情，可是，如果这份感情失去理智的话，那就会伤害了两个人。

每次我们都为这个吵架，她嫌我不陪伴，不关心她。但是如果我总按她的要求去做的话，我就什么事也做不成。我不止一次地给她分析这样的后果和利弊，但是，每次谈话的结果都不怎么理想，为此，我甚至提出了分手，也让她们宿舍的同学跟她谈心，但是收效都不大。她根本就控制不住自己，我希望能有人帮一帮我们，因为我不忍心再对她发火，不忍心让她受到更大的伤害，但她却从未想过如何为我节省时间，而是想最大化地占用我的时间。我觉得她一点都不尊重我，一点都不照顾我的感受，每次我和她谈，她都会哭，她一哭，就会影响我的心情和学习，对于她，我真的不知道该怎么办了？

请思考：我们应该怎么帮助这对情侣进行良好的沟通，解决他们正面临的问题呢？

相关知识

一、 爱的能力

人来到世上是否有个命中注定的人，爱是否是一种偶然产生的令人心旷神怡的感受，只有幸运儿才会坠入"情网"找到她（他）的命中注定，或者爱是一种能力，需要不断努力地学习和修炼才能感受爱、获得爱，你支持哪一种观点？德裔美籍心理学家艾里希·弗洛姆通过《爱的艺术》告诉我们：如果不努力发展自己的全部人格，并以此达到一种创造倾向性，那么每一种爱的试图都会失败，如果没有爱他人的能力，如果不能真正谦恭地、勇敢地、真诚地和有纪律地爱他人，那么人们在自己的爱情生活中也永远得不到满足。

二、 爱的五种能力

爱情需要学习，婚姻需要练习。爱一个人需要具备爱的能力，它不是一种单一的能力，而是几种能力的综合，即情绪管理、述情、共情、允许、影响。

1. 情绪管理能力

每个人要管理好自己的情绪，才有能力去爱别人；不能管理好自己情绪的人，常常让与自己相爱的人非常痛苦，容易错失爱的机会，甚至会伤害别人。

在感情的经营中，稳定的情绪状态可以让对方在亲密关系里放松地做自己，甚至发展自己。从心理学的角度看，人的一生都在成长与发展，不但能力会持续得到提升，内心也会逐渐变得强大，但这往往需要一个前提条件，就是稳定而滋养的环境，在这样的环境里，人内心没有发展好的部分再次启动发育过程，慢慢变得完整、强大。通常而言，人们想要获得这样的环境有两个途径，一个是寻求专业的心理咨询，另一个就是拥有一份幸福而持久的亲密关系。

很多人在亲密关系稳定之后会退行，变得像孩子一样，在内心就是觉得环境稳定了，想要回到儿时心理发展受阻的阶段，获得重新的发展。并且一个人在爱上另一个人时，通常在潜意识里是有这样的动机的，即对方可以帮助他获得再次发展的机会，变得更加完整、圆融。就像种子遇到合适的环境会发芽一样，人的内心遇到合适的环境也会重新发展，所有的种子都会用尽一切办法来寻求适合自己生长的环境，这股力量很强大，要选择优秀的基因进行繁衍是一股力量，让自己变得完整也是其中一股重要的力量。只不过，如果后续的亲密关系里是不被允许、不被接纳的，这个新的发展就不会开始，如果再被批评、指责、打击，甚至抛弃，就不是不会发展了，而是会被再次伤害。而能够提供这种稳定而滋养的环境的爱人，一定要是一个情绪非常稳定的人，需要具有很好的情绪管理能力。

2. 述情能力

述情能力是指用不伤害关系的方式表达自己的需求、愿望和感受。人们在表达和沟通上常犯的错误是：要么有了情绪或需求不说，闷在心里，隐忍，等到忍不住就爆发了；要么就是常常用指责和抱怨的方式表达和沟通。隐忍伤害自己，指责和抱怨伤害对方。述情指的是为自己的感受命名，并能够准确表达出来。述情是用不伤害关系的方式表达自己真实的需求、感受和想法，情感关系里只要使用这样的方式去跟对方沟通，就不会轻易伤害到两人的关系，且可以达到有效沟通的目的。

一个人不会表达自己的感受，别人便不知道他的内在感受，不知道这个人的心理特点，也就不知道如何做才能让这个人开心，又如何做这个人就会生气，进而就不知道该如何更好地与其相处。这样的人，是不容易爱的人，也容易在情感关系中遇到问题。在爱情关系中，要学会真实地表达自己的感受，让恋人明白我们内心真实的想法和感受，然后恋人才知道如何更好地与我们相处，这就是述情。

3. 共情能力

共情能力又称为同感能力，是设身处地认同和理解别人的处境、感情的能力。在与他人交流时，能进入对方的精神境界，感受对方的内心世界，体验对方的感受，并对对方的感情做出恰当的回应。

4. 允许的能力

能够包容和接纳自己不如意的事情，这不仅仅是一种生活态度，更是一种爱的能力，而允许的意境不仅仅是包含和接纳，可以理解为我不去判断这些事情是对的还是错的，也不需要把这些事情装到自己的心里去，我只是允许这些事情以它本来的面目存在，不去做抗争，臣服于宇宙和自然的规律中。当发现对方不如自己的期待、发现对方的想法与自己的不一致，或是对方与自己的家人相处不好时会产生很大的失望情绪，甚至会因此放弃两人的感情，这些都是因为内心缺少爱的能力，缺少的恰恰就是允许的能力。恋人之间吵架，发生分歧，很多时候都是不允许所导致的，不允许对方跟自己不一样，不允许对方有缺点，要控制对方或改变对方。可见，在尊重差异、允许成长的基础上，爱才会更顺畅。

5. 影响的能力

每个人都会改变，在爱情关系里的人更是会因为自己的恋人而改变，可以说一个人找了不同的恋人就会变成不同的人，人有可能越变越好，也有可能越变越糟，那么，自己怎么做对方才会变得越来越好呢？做好自己，对方也会变得更好，这就是影响的能力。

任务实施

一、 爱的情绪管理能力练习

1. 保持客观练习

一位女同学给男朋友发信息，男朋友没有回，她就很生气，认为男朋友不够在乎她；一位男同学看见自己的女朋友跟另一个男生有说有笑，关系很亲密，就非常生气，认为他们关系不一般；异地恋的女同学跟男朋友通电话时，听到旁边有女生的声音，就非常气愤，认为男朋友移情别恋了。这三位同学的情绪都源于哪里，源于自己所做的假设。男朋友没有及时回复信息，女同学产生了一个情绪——生气，她的潜意识通过情绪向她发出提示——她的男朋友不够在乎她，她的男朋友是不是真的不在乎她，事实是什么，不知道，而她已经将自己的假设当成了事实，于是她产生了情绪，她的情绪驱动着她的下一步行动，如质问自己的男朋友或是冷战等，甚至害怕自己的付出多于男朋友会因此而受伤，于是刻意与男朋友保持距离，男朋友感受到她的变化，在感情生活中无法全情投入，进而影响到两人的感情。

因此，在事实不明的情况下，有两种解决方案：无为和验证。所谓无为，就是知道自己暂时了解不到真相，而真相又可以随着时间的推移而呈现出来，并且知不知道真相关系也不是特别大，或者不知道真相也不会引起太大的不良后果，这时，选择什么也不做。如男朋友没有及时回复信息时，你可以先把这件事放在一边，不再做任何假设，因为你知道，你所想的种种可能，都不一定是事实，你没有必要用各种假设来引起自己的种种情绪，进而折磨自己，你可以心平气和地享受自己的时光，这样你的情绪马上就平复下来了，而且你会很享受这个时光，不会因为他没有回复信息而影响到你的心情，等对方回复时，你自然就知道了事情的真相。这样，你就使用"无为"的方法，完成了一次有效的情绪管理。

当你有了一个假设，这个假设让你感觉事情可能很严重，你不一定要无为，你可以采取另一个方法，跟随情绪的提示，去验证你的假设，更早地让事实的真相呈现出来。在假设没有得到验证之前，头脑中清醒地意识到这只是你的假设，你的情绪就会好很多。当你多次发现事实与你的想象不符时，也就是事实并不是你假设的情况时，你的情绪就完全消失了，你就有效地避免了因为潜意识这个原始的、非理性的提示方式而额外产生情绪，那些"庸人自扰"之类的情绪就不会发生在你身上，你也就不会误会别人了。

无为和验证两个情绪管理的方法一般是结合使用，当你无法"验证"时，你只能采取"无为"，不管是无为还是验证，在本质上都是先与自己内心的脆弱在一起，这不但可以管理好情绪，还是一个强大自己的办法，管理好这种因假设而引起的情绪，让自己不再编故事气自己，你就可以让自己的情绪更加平静，也就能有心情更好地享受生活、享受爱情。可以试着按照表7-1进行练习。

表7-1　保持客观练习

事件	情绪	假设	处理方式（无为/验证）
男朋友没有及时回复信息	生气	他不在乎我	

2. 穿越"情绪按钮"练习

我们在分析事物时，都会做假设，但一个人会做出什么样的假设，是和自己的心理特点及认知模式有关系的，把男朋友是否在乎自己看得特别重的女孩，会容易在男朋友没有接电话时，假设男朋友不在乎自己；对女朋友不相信，或对自己没有自信的男生，看到女朋友跟其他男生在一起时，会容易假设女朋友喜欢上别的男生了。对男朋友不信任、对自己没有自信的女生，会容易假设男朋友电话那边女生的声音，是男朋友移情别恋的对象。同样的事实，发生在不同人的生活中，人们做出的假设是不一样的，这是因为每个人内心的脆弱部分不同，对事物的感受和想法也不相同。会让人做出错误假设的，通常是受内心的脆弱部分的影响，比如心中的恐惧和痛苦等。心中的恐惧一旦被触碰就会激发情绪，这些心理敏感点，我们称之为"情绪按钮"，一个人越是内心脆弱的地方多，"情绪按钮"

也就越多，被触碰的概率越高，就越有可能会失去理性，被情绪支配着大脑开始编故事，出现各种各样的假设，因假设而引起的情绪也会越多。

例如，看到男朋友手机上存有他前女友的电话，一些女孩"害怕被抛弃"的情绪按钮被触碰到，就开始胡思乱想，编故事假设男朋友可能跟他前女友还保持某种关系，其实不一定是事实，可能只是被情绪支配后的自由联想。只不过"假设"是在头脑里发生，而"情绪按钮"在心理层面，两者紧密关联，相互作用，头脑的自动化思维——"假设"会导致情绪反应，内心的情绪也会导致头脑的自动化思维，产生"假设"。情绪按钮被触碰时，内心的情绪被唤起，就是一个面对这个情绪按钮被触碰所唤起的痛苦体验的机会，我们把这个过程称为"穿越情绪按钮"，如果此时这些痛苦是可以承受的，人们不逃避，不转移注意力，感受着内心的情绪，同时做深呼吸，就可以逐渐穿越"情绪按钮"。

穿越"情绪按钮"的方法具体如下：一旦觉察到"情绪按钮"被触碰，就先感受着内心的情绪。如果可以承受，就不要逃避内心的痛苦，将注意力集中在情绪上，一直感受着情绪，直到情绪慢慢消退。同时做深呼吸，把气吸到腹部，这样胸腔下方的横膈膜会下降，腹部鼓起，肺泡里的废气得以和氧气充分交换。如果是愤怒、怨恨一类的想要攻击对方的情绪，要透过这些情绪去感受背后的痛苦是什么，因为愤怒、怨恨，包括心烦都是想要攻击对方的驱动力，可为什么想要攻击对方呢？在背后都是有痛苦的，可能是羞耻感，也可能是被抛弃感、不被重视感，等等。如果这个时候，脑子里闪现出过去有类似感受的事情，也可以跟过去的感受在一起。需要注意的是，不管是现在的感受，还是想起过去事情的感受，太痛苦，承受不了，请停止练习，因为这个方法不适合这种情况，如果想要解决，可以寻求专业的心理咨询。如果可以承受，每一次"情绪按钮"被触碰时，都做这个"穿越"的练习，"情绪按钮"就会被消除一部分，假以时日，"情绪按钮"就会被彻底消除。穿越之后，人的内心将由敏感变强大，别人再次触碰"情绪按钮"时，原来的情绪就不会再被唤醒。请按照表7-2进行练习。

表7-2　穿越"情绪按钮"练习

事件	情绪	情绪按钮（背后的痛苦）
发信息给男朋友，没有收到回信	生气	害怕被抛弃

二、　爱的述情能力练习

述情有两大基本功：分清事实与感受。首先是分清事实，异地恋中的女生对男生说："是不是你没有那么喜欢我，为什么每次都是要我去你的学校，你就不能来找我呢？"男生马上反驳说："我不是也去过你学校吗，怎么能说是'每次'呢?"女生说："反正我去你学校多一些。"女生的话马上引起了男生的不满，因为男生感觉女生在夸大事实，两个人讨论的焦点已经从谁主动谁付出更多，变成了女生说话的方式上，本来是女生很有主动权的一个话题，却因为自己说的不是事实，变成了男生对自己语言不准确的一个攻击。

述情的第一个基本功，就是说话要客观，说出来的话要基本都是事实，而不是用"从来、总是、一直"等词来以偏概全。因为这样容易引起双方的分歧，或引起对方的不满，进而使矛盾升级。可什么是事实呢? 事实是一个动作、一个声音、一个场景、一段经历等客观存在，或者是可以具体衡量的，比如经过的时间、钱的数量等，或者是经过验证的别人内心的想法和感受。说话时尽量进行清晰的描述，不把自己的想象当成客观事实来说，尽量说出具体的衡量单位，既可以使得述情有较好的效果，也是在面对自己内在的无力感。在表达的同时，也是在与内在无力感在一起的过程。

其次是准确描述感受，述情作为一种沟通上的能力，其最大的特点是不讲对错，只讲自己的感受。所以，在述情时，必须能觉察到自己的感受并准确地说出，这样才会有较好的效果。如果你没有感觉到自己内在的感受，就可能会付诸行动和讲对错，这不是述情。如果感觉到了内在的感受，但说的时候说得不准确，并没有把内在的真实感受表达出来，述情的效果往往也不好。

述情练习：描述事实+表达感受。

回想一下，找出一件有人做了令你感受不好的事情，使用事实+感受的方式告诉她（他）。

事实：_____。

感受：_____。

当恋人做了一件令你很开心的事情时，也就是说这件事情是你很希望他做的，你也可以使用这个句型，来告诉他你很喜欢他这样做。他的这种行为慢慢地就会越来越多，你就会有越来越多的幸福和开心时刻。

事实：_____。

感受：_____。

三、　爱的共情能力练习

共情的第一个基本功是对情绪的关注和接纳，也是对感受是否良好的关注，即是我们在遇到一个人时，第一时间的反应是去关注对方现在的心情是怎么样的，要去觉察和感受对方的感受。

1. 练习关注和接纳对方的情绪

时刻观察和记录恋人或朋友的情绪，并向其求证，以提升关注对方感受的能力。可以按照以下步骤进行练习。

人物：室友。

时间：晚上8点。

地点：宿舍。

情绪：焦躁、心烦。

求证：你现在是不是有些心烦？

练习：

人物：_____。

时间：_____。

地点：_____。

情绪：_____。

求证：_____。

2. 练习准确地描述出对方的内心感受

与恋人或朋友做如下练习：恋人或朋友试着回忆一件有负面情绪的事情，但并不用讲出来，然后，你去体会他（她）是什么感受。

指导语："做一个深呼吸……，现在开始放松你的身体……，当你的身体完全放松后，请你开始回忆一件曾经给你带来很大负面情绪的事情，当你回忆起那件事情后，请努力去找那件事情给你带来的感觉，当你感觉到那件事情给你带来的感觉后，你就点点头，我们就开始。"

被说中的情绪会更明显地被感知到，随后就会减弱或消失。猜的人说得越准，相应的负面情绪越能得到彻底的释放。当所有的情绪都被说对后，自己的情绪就基本消失了，以后再想起这件事情绪会平静很多，甚至会完全没有。说对时让对方有一种亲切感，感觉对方理解自己，说错时有一种距离感，感觉对方不理解自己。

3. 练习共情过程

一个傍晚，你在宿舍里看书，室友冲进宿舍一直说"气死我了！"你急忙问"发生什么事情了？"她生气地说："我当协会代会长做得这么好，付出了那么多，他们竟然没有选我为会长。"原来是室友在协会竞选中失败了。一直挺抱希望的，结果竞选下来不是她，她有些失落和生气。这个时候，你室友的心情不好，非常需要别人的共情和理解，你会如何做？

第一步：接受。当一个人有了情绪后，去接受这个人有情绪这个事实，并且开始关注这个人经历了什么。如当你听出了室友的情绪后，坐到室友身边问她："你好像很生气哦，怎么了？"你开始关注和接纳室友的情绪。

第二步：了解。在第一步接受并关注了对方的情绪后，紧接着就是要了解她内在的感受和发生的事情。在聆听对方诉说的时候，一定要把事情从头到尾完全听完，认认真真地听，中间尽量不要打断对方，让对方感觉到完全被关注和接纳。

第三步：表达。表达是整个共情步骤中最为关键的一步。人们需要被理解，怎么才能让对方感觉你是真的理解他了呢？你需要用你的语言表达出你对他的理解，表达出对方起情绪的内在过程，每个人起情绪内在都是有个思维过程或感受过程的。部分情绪的产生是一个由事件到看法，再由看法到情绪的过程，我们需要用语言表达出这个过程，不是去说他做得好或想得对，而是就对方所说的内容做一个总结。针对上面的案例可以这样表达，"你感觉自己那么努力，做得那么好，却没有选你！所以你很生气和失落，是吗？"

第四步：启发。做完前面三步，我们完成了接纳和关注对方的情绪，满足了对方述说的需求，也理解了对方起情绪的内在过程，共情部分基本完成，当对方情绪有所缓和后，我们可以做更进一步的引导，启发对方试着去理解别人或从另外的角度看问题，启发对方去关注未来、关注解决方案。上述案例可以用提问的方式去启发对方，"你觉得大家为什么不选你？"室友说："可能我只是业务好，精力都用在了做业务上！平时跟大家交流得少，大家并不了解我。""你现在有什么想法？"室友答："我不打算在协会干了，没意思。""那你接下来有什么打算呢？"室友答："我在班上是班长，把自己的班级管理好吧，他们不选我是不理解我，我是非常务实的人，了解我的人都认可我。"整个过程中问题的解决方案都是对方自己想出来的，你只是起到一个引导作用，并不是提建议或是替对方解决问题，让对方自己去思考其内心真正想要的是什么。

共情是一种态度、一种能力，它包含了以下一些原则：接纳对方有情绪，先关注"情"再关注"事"；用心聆听和了解对方到底经历了什么，表达出你听后理解到的对方有情绪的原因和过程；不评论对错，不直接给出你的建议，不把自己的意志强加到对方身上，引导对方自己思考和解决问题。

四、　爱的允许能力练习

1. 练习释放心理资源

高考失利、被人否定、被人讨厌等生活事件会让我们耿耿于怀，激起内心难过、挫败、失落、羞耻等不好的感受。你会对这些引起不好感受的事件和人产生反感，用来保护自己，这样你可能会感到生气和怨恨，而这都是因为你不允许它们的发生。一旦你不允许这些事情的存在，其实就是在调用自己内心的能量与这些事情对抗，这些事情马上就会占据你的心理资源，把你的能量消耗掉，让你失去能量，使你没有能量去做眼前的其他事情。当你允许它发生时，你会发现这些事、这些人带给你的不好感受会有所减轻，甚至会消失，主要是因为你的允许会释放这些被占据的心理资源，让你变轻松。

2. 练习和自己的痛苦在一起

遇到痛苦，人们会本能地选择逃避或防御，但不选择逃避和防御不一定就真的承受不了，允许就是试着和那些我们因为痛苦而不允许的事情和解，试着去和那些事情背后的痛苦感受在一起。这个过程，可能是痛的，但如果这些痛苦能承受，内心会变强大，不允许就变成了允许。如害怕坐过山车，当你很害怕时，你会本能地心跳加速，不知所措，但当你接纳自己的害怕，放松身体，你会发现你克服了坐过山车的恐惧。至此，你可以挑战其他方面或是更大的恐惧，这意味着你接纳自己的害怕，同害怕在一起，承受害怕的能力也得到了提升。如果痛苦实在不能承受，就不要勉强，你得到了一次了解自己的机会，知道自己承受不了，也别为难自己，别强迫自己去允许，允许自己允许不了，也是爱自己的体现。所有我们不允许的事情，在本质上都是我们不愿意跟这些事情背后的痛苦在一起，试着对这些事情说"我允许"，就是试着跟那些痛苦在一起，看看自己是否可以承受，或者提升自己承受的能力。

五、 爱的影响能力练习

两个人在一起，有可能会让对方越变越完整，也有可能让对方的问题变得越来越严重，如何让对方变得完整呢？也就是让对方不断自我成长，这就是"影响"的能力，让对方成长的能力。

影响不是改变，两者的目的都是希望对方成长，但两者的效果是完全不同的，影响是允许对方暂时有一些做得不好的地方，然后通过潜移默化让其慢慢发生变化，而改变则是不允许对方的做法，希望其立刻变化。改变给对方的感觉是否定，影响则是肯定。

1. 练习不指责、不批评

允许对方有一个成长的过程，就是你看到对方做得不好的时候，不批评不指责，更不要代替，给其一定时间慢慢去成长，得到足够多的锻炼机会之后，对方就会成长。

2. 练习在合适的时机及时给予强化

在对方做了一些你希望其做的事情时，通过述情的方式及时进行强化。掌握了影响的能力，会使对方越来越成长为一个更加完美的自己，成长为一个人格更加完善的人，也成长为一个更加理想的恋人。

拓展提升

一、 任务拓展

如何爱他人

《积极恋爱心理学》中情感教练赵永久老师这样来诠释爱：跟对方在一起就快乐，不在一起就不快乐，是不是意味着我爱她/他，这不是爱，这是对方能够满足自己的需求。

　　时时刻刻想着对方，茶不思饭不想，是不是意味着我爱她/他，这不是爱，这是思念，也是因为对方能够满足自己的需求。

　　对方想要离开自己时就痛苦，做什么都没有心情了，是不是意味着我爱她/他，这还不是爱，这是失去时的丧失感和失败时的挫败感。

　　真正的爱，就是接纳、认可、欣赏、呵护、信任、理解、允许，这些都不是对方给自己的，而是自己心里本来就有的。

　　心中有爱，爱情就容易来，爱情也才会长久。

　　心中没有爱，遇到时容易错过，爱上了也容易失去。

　　所以，想要找到最好的恋人，先要让爱住在心中。

　　因为有爱的人才会积极，才会愿意敞开心扉，去接纳、认可、欣赏、呵护、理解、信任。

　　因为恋人，是用来爱的。

　　心中有最好的爱，才能有最好的爱人。

二、　拓展训练

　　在日常生活中有意识地练习与朋友、恋人的相处之道，构建和谐的亲密关系。参考表7-3进行练习，根据自己喜欢或合适的方式练习更好。

表7-3　与朋友、恋人的相处之道练习

日期 练习项目	周一	周二	……	周日	总结
保持客观					
穿越"情绪按钮"					
述情：事实+感受					
关注和接纳对方情绪					
描述对方感受					
共情					
释放心理资源					
与自己的痛苦在一起					
不指责、不批评					
强化					
……					

三、 任务考核

1. 你怎样理解爱情是需要修炼的?
2. 爱的能力包含哪些内容?

任务三　维护性心理健康

任务引入

　　我自以为在家是个好孩子,孝顺父母,尊敬长辈;在学校是个好学生,老师表扬,同学羡慕,为此我感到自豪,而这一切因为一件事全毁了。一天晚上,在室友的邀请下我们一起观看了一部电影,在看完之后好长时间都不能静下心来,满脑子都是那些激情的画面。我越克制自己不去想,就越往那上面想。我以前很少注意班里的女生,现在一上课我就喜欢瞅女生,瞅着瞅着,就开始走神。有时候我就狠狠地掐自己的大腿,让头脑清醒过来,甩掉那些乱七八糟的念头。

　　坐公交车时经常会遇到一些漂亮年轻的女孩。有一次回家,车上来了一个漂亮的女孩站在我旁边,她身上的香味一阵阵飘进我的鼻孔,并且她的长发随风一飘一飘地扫我的脸,弄得我好痒。从那以后,我常常精神恍惚,不仅在学校,在家也一样,我不能好好休息,往床上一躺,就会想到男女之间的事。

　　我像掉进了深深的黑洞中,恐惧万分,我拼命挣扎。我一遍遍责备自己:"这是怎么了,我还要堕落到何时啊?"

　　请思考:你是否有过同样的烦恼?你知道这些烦恼是怎么产生的吗?这些烦恼可以通过什么方法来进行调适呢?

相关知识

一、 性心理的含义

　　性心理是指在性生理的基础上,与性征、性欲、性行为有关的心理状况与心理过程,也包括与异性有关的如男女交往、婚恋等心理问题。性心理可具体分为性感知、性思维、性情绪与情感及性意志等。它们相互联系、相互制约,共同体现在与性有关的言行之中,其中性思维起主导作用。

1. 性感知

性感知是性心理的基础过程。性机能的成熟，使主体对性刺激的反应特别敏感，这时来自异性的刺激如磁性的声音、帅气的轮廓、俊美的容貌等，都有可能引起主体的性冲动；另外，外生殖器官受到刺激也会引起主体的性冲动。主动对这些由视、听及嗅觉所引起的性冲动的反应和由于外部刺激部分外生殖器官得到的性快感就叫作性感知。

2. 性思维

性思维是性心理的核心心理过程。随着生理机能的逐渐成熟和性感知的不断积累，主体就会自觉或不觉地经常思考一些有关性的问题，从而对这些问题有所认识。如少年在思维过程中把过去得到的一些自我性感知与现实中的异性对象联系起来，因而对两性的关系和意义有所了解；又如青年想象异性对象，考虑如何追求异性对象等。这种主体对有关性的问题的思考就叫作性思维。

3. 性情绪与情感

在性感知和性思维以及日常与异性的接触中，主体逐渐地认识了两性的差别及关系，对异性开始抱有一定的态度，如对异性的好感、思慕、爱情和性嫉妒等。这种主体对异性所持的态度和同异性对象接触中所得到的这种态度的体验，就叫作性情绪与情感。

4. 性意志

性意志是指主体自我意识调节性行为的能力。性意志强的人善于控制自己的行为，把它约束在正常的、合法的范围内；相反，性意志薄弱的人，易受性冲动所左右，以致触犯性道德和法律。

性心理的发展与性的生理发展密切相关。性生理发育是性心理发展的生物学基础。性生理发育障碍或性生理缺陷都会引起性心理发展偏差或对性心理发展产生不良影响。如果一个女青年过胖或乳房太小，一个男青年个子矮或生殖器太小，都可能会引起他们的焦虑与担心，导致性心理不适。此外，性生理发育的早迟，也会影响人的性心理状况。比如性成熟早的男孩容易显得自信大胆，性成熟晚的男孩则容易自卑胆怯，而成熟过早的女孩则会感到难为情，不适应。

二、 性心理健康的标准

世界卫生组织认为，随着人们文化和生活水平的提高，人们的性问题对个人健康的影响将远比人们以前所认识得更加深入和重要。对性的无知或错误观念，将极大地影响人们的生活质量。

心理学家达拉斯·罗杰斯认为，保持健康的性心理应遵循如下标准。

（1）具有良好性知识。

（2）对于性没有由于恐惧和误解所造成的不良态度。

（3）性行为符合人道。

（4）在性方面能做到"自我实现"，即能学会拥有、体验、享受性的能力，在社会道德的允许下，最大限度地获得性的快乐与满足。

（5）能负责地做出有关性方面的决定。

（6）能较好地获得有关性方面的信息交流。

（7）能接受社会道德和法律的制约。

达拉斯·罗杰斯的标准适合于广义的成年人，对于大学生而言，其标准如下。

（1）有正常的性需求和性欲望。

（2）有科学、客观的性知识。

（3）有正当健康的性行为方式。

正常的性需求和性欲望是性心理健康的物质基础，科学的性认识是性心理健康的自我调节机制，正当健康的性行为是指符合法律规范、校纪、道德等规范的行为。只有这三者协调、顺畅，才能具备健康的性心理。

任务实施

一、 大学生性心理健康的自我维护

人类健康的性心理过程，总是表现为：一方面在个体两性活动中与生物的特征和文化的价值观念保持一致，并用自己内在的人格特征去体验两性活动的快乐和幸福；另一方面这种一致性与愉快及幸福感又能使个体的潜能得到发掘，情操得以提高，人格变得完善。

1. 正确认识，端正思想

了解青春期性生理和性心理发展变化的规律，正确认识这些变化所带来的各种情绪和行为反应，是大学生自我调节的重要基础。因为大学生许多性心理问题的产生都是与其不正确的认识密不可分的。具体而言，这些认识包括以下几项。

（1）正确看待性意识活动，树立科学与健康的性意识观念。

作为新时代的大学生，应该科学地学习性生理、性心理的有关知识，了解性意识发展的规律，正确地看待和处理自己的性幻想、性梦以及被异性吸引、常想到性的问题等表现。一方面要认识到这些性意识活动是性心理的正常反应，以消除因为性意识活动所带来的罪恶感、自卑感和种种自我否定的评价等；另一方面也要注意让自己的性意识活动有适当的宣泄途径，如通过与异性同学的自然交往或与同性同学讨论有关的话题来让自己的性

幻想有表达的机会，以免使自己陷入性幻想中不能自拔。

（2）正确看待性冲动和自慰行为，确立顺其自然的坦然态度。

由于受一些不正确观念的影响，仍有不少大学生认为手淫是一种"见不得人""很坏"的行为。即使有的人在理论上也知道手淫是一种自慰行为，适当手淫并无害处，但在潜意识里仍认为它是有害的。其实，手淫是青年人很普通的一种自慰性行为，它不仅没有那么多可怕的恶果，而且存在一种自然、生理的调节机制。当然，说适度的手淫无害，并不是说手淫是必需的，更不是说要手淫无度，最好的准绳也许是：顺其自然。

2. 积极行动，良好适应

在正确认识性心理发展规律的基础上，如何去顺应这种变化以达到良好的适应，是自我调节的第二个方面。

（1）建立正确的人生观，培养远大的理想。

性生理发展成熟给大学生带来生理上的骚动，他们感受到了自己的性欲望和性冲动，但是社会道德规范的限制，要求他们必须给予控制，延缓性的满足，这令他们感到压抑和烦恼。但是这种矛盾并不是不可调和的，它可以通过注意力的转移和情感升华来达到。因而建立正确的人生观，培养远大的理想是重要的，因为这样就可以使自己压抑的性能量有了一个转移和宣泄的端口，并能化作积极的行动来实现自己所确立的奋斗目标。

（2）积极参加集体活动，消减性能量。

积极参加集体活动，可以满足与异性交往的需要，而且参加各种社团活动、体能和艺术竞赛、野外活动等，有助于个体宣泄多余的能量，获得生理和心理的放松。此外，参加集体活动，也有助于将自身的注意力转移到有益的活动中，并从活动中增加自信，扩展视野，拓宽胸襟，增进心理健康。

（3）进行正常的异性交往，促进心理发展成熟。

自然、正常的异性交往将有助于大学生身心健康和人格发展，对其以后的婚恋生活也会奠定良好的基础。相反，抑制、回避正常的异性交往，不仅影响大学生健全人格的发展，也为今后的成长设下障碍。因此，如何适当与异性交往，成为大学生自我调节的重要内容。

3. 发现问题，及时处理

性心理困扰是大学生常见的问题，因此了解性心理困扰常见的原因和表现并能及早发现和给予积极的处理，这是大学生自我调节的第三个方面。通常，性心理困扰的直接后果是自卑、自责和自我否定的倾向，它不仅影响大学生的情绪，也影响大学生的人际交往和学习效率。所以一旦发现自己存在性心理问题，应及时处理。具体来说，可以采取下面一些措施。

（1）阅读有关书籍，修正自己错误的认识。

性心理困扰与性知识缺乏有密切关系，因此，寻找一些性生理和性心理的科普书籍来阅读，正确地了解大学生性心理发展的规律及其行为表现，将有助于自己消除误解，解除心理负担，进而避免自卑、自责的不良情绪。需要强调的是：阅读有关书籍并不包括那些"黄色书刊"。因为大学生对性生理和性心理的许多错误认识以及由此而产生的性心理困扰大多来自这样一些不科学的、具有煽动性的书刊。事实上，淫秽书刊、色情影视等对大学生性心理和性行为的形成会带来畸形冲击。所以，大学生应选择健康、科学的性知识书刊来阅读。

（2）找好友交谈，帮助自我认识。

许多大学生的性心理困扰源于对自己性身份、性幻想、性欲望、性冲动的害怕，他们以为只有自己才遇到这些困扰，因而担心、恐惧。如果自己的这种不安心情没有找人倾吐，而是压抑在心里，久而久之会出现问题。相反，如果找好友交谈，则有助于宣泄自己的不良情绪，更重要的是好友会使你了解到原来每个人都有同样的烦恼，因而心理会放松许多。

（3）找心理专家咨询，消除心理困扰。

有时，同学、好友的意见及建议并不是完全正确和适应的，而且对一些严重的心理问题，比如关于失恋后的自贬心理、社交恐惧症、性心理变态等，也无法通过与好友的交谈来解决问题。所以，必要时应及时向心理专家请教。

二、理性看待婚前性行为

性行为是一种自然的生理事件，但它不像吃饭喝水那么简单。在我们实际行动之前，我们需要思考以下问题。

（1）促使大学生发生性行为的原因有哪些？

（2）大学生发生性行为可能带来哪些伤害？

（3）大学生至少应具备怎样的心理基础或性观念，才可以发生性行为？

（4）如果发生了性行为并怀孕，对男生、女生分别意味着什么？

（5）意外怀孕后，我们该如何应对？你希望伴侣怎么做？为什么？

随着男生女生恋爱的发展，必然导致双方不同程度的性接触，由恋爱产生性爱的需求是十分自然的规律。大学生具备了成年人的社会属性和社会责任，大学生性行为能否发生，最关键的因素应该是恋爱中的自己，做任何事情之前应该想想自己可不可以承担这件事情的最坏后果，想想自己是否做好了心理准备，想想性行为的发生是否可以促进双方感情以及双方人格的发展。很多时候，我们发生性关系是因为内心缺乏真正的亲密关系带来的满足感，我们误以为通过身体的拥有我们会更加亲密，但是，亲密关系不等于性关系，心灵的亲密才能让彼此接纳最真实软弱的自己，然后亲密和接纳的关系自然会通过性的形式表现出来，只有这样我们才能真正体会到身心合一的甜蜜和满足。另外，人类的性行为不仅受到生物学因素的影响，还受到社会、文化、心理等因素的影响，每个公民都要遵守社会的道德规范和基本礼仪。

拓展提升

一、 任务拓展

性病、艾滋病的预防

艾滋病是一种危害性极大的传染病，由感染艾滋病病毒（HIV）引起。HIV 是一种能攻击人体免疫系统的病毒。它把人体免疫系统中最重要的 CD4+T 淋巴细胞作为主要攻击目标，大量破坏该细胞，使人体丧失免疫功能。因此，人体易于感染各种疾病，并可发生恶性肿瘤，病死率较高。HIV 在人体内的潜伏期平均为 8~9 年，在艾滋病病毒潜伏期内，可以没有任何症状地生活和工作多年。

一位美国学者在回顾了美国同性病、艾滋病作斗争 20 年的痛苦经历后深深地感受到，人类最后遏制性病、艾滋病的流行途径既不可能是特效药和疫苗，更不可能是避孕药，而是人格教育和建立健康的家庭。大学生们应当不断完善自己的人格，学会自尊、自爱和自信，拥有积极进取的人生态度和健康的生活方式，同时也尊重他人的人格，遵守性道德，有效地控制自己的性行为，对自己、对他人、对社会负起责任。

目前尚无预防艾滋病的有效疫苗，因此最重要的是采取预防措施。其方法如下。

1. 坚持洁身自爱，不卖淫、嫖娼，避免高危性行为。
2. 严禁吸毒，不与他人共用注射器。
3. 不要擅自输血和使用血制品，要在医生的指导下使用。
4. 不要借用或共用牙刷、剃须刀、刮脸刀等个人用品。
5. 使用安全套是性生活中最有效的预防性病和艾滋病的措施之一。
6. 要避免直接与艾滋病患者的血液、精液、乳汁接触，切断其传播途径。

二、 拓展训练

预防性病传播活动体验

规则：

1. 同学之间通过握手的方式打招呼，将自己握过手的人的名字写在自己的纸条上。
2. 随机抽取一名同学作为不幸感染"艾滋病"的患者。
3. 握手代表发生了亲密接触，从被抽中的同学开始追溯每一轮他们都"传染"给了谁，被"传染"的同学之后是否又传给了其他人，最后统计所有参与者一共有多少人被"传染"了。

思考：

1. 艾滋病/性病患者从外表能分辨出来吗？

2. 怎么理解高危性行为？

3. 哪些途径可以有效减少艾滋病等性传播疾病的传播？

总结：杜绝感染的最好方式是洁身自好，对自己负责，对性伴侣忠诚，并做好相应的防护措施。

三、 任务考核

1. 什么是性心理？

2. 大学生性心理健康的标准是什么？

3. 如何维护性心理健康？

项目八　管理压力　直面挫折

项目导读

　　我们正处于一个凝聚正能量，实现中国梦的伟大时代，新时代给大学生提供了充分施展才华的舞台，提供了实现德智体美劳全面发展、实现梦想的机遇，但同时也给大学生带来了不容轻视的心理压力。古人云"人生逆境十之八九"，进入大学阶段，面临着一系列的人生压力，大学专业知识的学习、职业规划、交友恋爱、求职择业等，学习生活中无时无刻不存在压力，同时快节奏的社会生活也给大学生带来了一定的挑战。

　　由于大学生自我调节和自我控制的能力尚没有完全成熟，在应对各种挑战的过程中，容易使他们产生强烈的心理冲突，感受到较大的心理压力，或多或少地遭遇一些挫折。挫折在人的一生中是经常发生的，面对同样的挫折情境，人们的情绪行为反应是不同的，正确认识挫折，适时进行挫折教育是十分必要的。在大学生的成长发展中，与压力和挫折相伴是生活的常态，然而并非每一次压力和挫折都会带来消极的影响，适当的压力和挫折会促进人的成长和进步。当代大学生面对压力和挫折如何保持平常心，并以积极进取的心态不断挑战自我、发展自我已成为大学生们面临的重要课题。

学习目标

知识目标

1. 认识压力和挫折的内涵和特点。
2. 掌握压力和挫折对大学生的影响。
3. 了解常见的压力和挫折。

技能目标

1. 能正确管理压力，能变压力为动力。
2. 掌握应对挫折的方法并能积极应对挫折。

素质目标

1. 养成以积极、阳光的心态正确对待挫折。
2. 培养抗击压力、承受挫折、战胜逆境的心理素质。
3. 提升挑战自我的勇气和毅力，培养坚毅、果敢、阳光的社会主义接班人。

任务一　认识压力与挫折

任务引入

小简（化名），女，某高职学校护理专业大二学生，家中有五姊妹，来自农村，家庭经济困难，从小家里父母教育非常严格。她比较争强好胜，有强烈的成功欲望，成绩比较好，因为高考失利考到一所高职院校，选了一个自己不喜欢的专业。她喜欢独来独往，生活有规律，怕麻烦别人，怕给别人增加负担。在其他同学眼里她一直是个爱学习、听话懂事、性格孤僻的学生，朋友极少。大一快结束的时候，由于身体原因休学一年。

升大二后，她被调入新的宿舍，仍然不喜欢参加集体活动，总感觉格格不入。她觉得自己付出了真情没有得到回报，感觉同学们都排斥她，也不知道自己错在哪里，觉得非常委屈，和宿舍同学因为生活、性格不合，关系越来越疏远，感觉非常糟糕。加之临近期末考试，复习压力很大，她感到宿舍压抑，注意力不能集中，精神不好，晚上严重失眠，情绪很低落，焦虑不安，不知道该怎么办？

请思考： 从小简的身上你发现了什么，你觉得小简怎么做才会让自己感觉好一些？

相关知识

一、压力与挫折

（一）压力基本概念及特点

1. 压力的基本概念

压力在心理学中被定义为：压力是一个过程，在这个过程中，环境的需求超过了个体能承受的最大量，从而引起个体心理上或生理上的变化，这些变化可能导致疾患。压力是指人们在社会适应过程中，对各种刺激做出的生理和行为反应时所产生的一种紧张的心理体验和感受。压力在西方文献中也称为应激（Stress），压力是一般意义上使用的概念，应激则是临床上使用的概念。在实际运用中，一般将有类似含义的情形称为"压力"，而引起压力感受的事件称为"压力源"。

这个定义包含了有关压力的三方面内容：压力受烦恼的、不愉快的环境刺激而引起；

它是个体对烦恼的环境的反应，人体内部会引起防御反应、情感方面的反应；环境的需求与个体环境之间会产生不协调，而个人面临的情境具有威胁性。

2. 心理压力

在现代心理学的研究对象中，一般把人的心理现象分为三大范畴，即心理过程、心理状态和个性心理。心理状态是指心理活动在一段时间内出现的相对稳定的持续状态，是介于心理过程和个性心理之间的中间状态，是心理活动和行为表现的一种心理背景。事实上，心理压力既不可能是一种独立的心理过程，也不可能是个性心理，而只能是一种心理状态。只不过心理压力作为一种心理状态，是个体对压力事件反映所形成的一种综合性的心理状态。

心理压力与压力事件密切联系，个体有心理压力必有压力事件存在。没有压力事件，个体心理压力无以形成。人的心理产生的基本方式是反射，是有机体对一定刺激的反应活动。人并非对任何刺激的反应都形成心理压力，一般心理过程并不一定形成心理压力。只有当个体意识到他人或外界事物对自己构成威胁，即对压力事件进行主观反应时，才可能形成心理压力。

心理压力一般是受内外压力刺激而形成的。在分析心理压力的成因时，应注意考虑主要是外部压力造成的还是内部压力造成的，以便采取有效措施，控制或消除压力源以达到减轻或消除心理压力的目的。

（二）挫折含义及要素

1. 挫折的含义

挫折是指当我们为了达到某种目的或者实现某种愿望而进行相应的活动时，由于一些无法克服的困难、阻碍或者干扰，使我们的目的无法达到、愿望无法满足时，心理上产生的紧张、焦虑的情绪状态和反应。一时无法消除威胁、脱离困境而产生的一种压迫的感受。

2. 挫折构成要素

（1）挫折情境。

每个人做事总是有目的的，但是很多时候，事情不会完全按照我们所设想的那样发展。挫折情境就是那些对达到目的或者实现愿望造成困难、阻碍或者干扰的情境，它包括机体内外的客观环境条件。例如，着急去火车站赶火车，可就是打不到出租车；想要竞选班干部，结果一上讲台就说不出话了；考试的时候，明明前一天刚看过的东西就是想不起来等。

（2）挫折认知。

挫折认知是指我们对阻碍目标或者愿望实现的情境的认知和评估，包括对实际存在的困难和阻碍的评估。挫折认知也包括对想象中的阻碍目标或愿望实现的困难的评估。我们在做事情的时候，会预先对可能发生的状况进行预测，然后思考如果这样的情况发生要怎么处理。

每个人对造成挫折的情境评价不同，感受也不尽相同。光有挫折情境还不足以构成挫折。例如上面所举的三个例子，着急去火车站却打不到车，赶不上这一趟车可以改签下一趟；竞选班干部时说不出话，可以将这次经历当作对自己的一个提醒，说明自己的心理素质有待提高；考试时想不起来看过的内容说明自己复习得不够充分，还需要继续努力。由此可见，当遇到挫折情境，目标受阻的时候，是否感觉受挫还取决于我们对挫折情境的看法。可是有的时候，我们自己会夸大可能遇到的困难和阻碍，这个时候也会妨碍目标和愿望的实现，让我们有受挫的感觉。比如上述竞选班干部的例子，也许在上台之后说不出话是因为上台之前一直忐忑不安、焦虑紧张，觉得自己肯定不行，过分夸大了可能面对的困难。

（3）挫折反应。

人们受挫的时候可能会心情变糟，如想打车打不到的时候，我们会着急、烦躁；演讲的时候说不出话，我们会感到懊恼、郁闷；考试的时候想不起来看过的内容，我们会焦虑甚至愤怒；等等。挫折反应即一个人的需要或者愿望得不到满足时所产生的反应，不仅包括情绪上的反应，也包括行为上的反应。常见的有焦虑、紧张、愤怒、攻击或躲避等。例如，有些人受挫的时候可能会暴跳如雷，甚至破口大骂，做出一些冲动行为；而有的人则可能在压抑自己的情绪之后，寻找克服困难和阻碍的办法。

挫折情境、挫折认知和挫折反应三个要素共同构成挫折。也就是说，一个人遇到了阻碍目标或者愿望实现的情境，并且认为情境中的阻碍及困难对自己实现目标和愿望有不利影响，心理上便产生了不愉快的感觉，就构成了现实的挫折。但并不是必须要三个要素俱全才能构成挫折。只有挫折认知和挫折反应同样可以造成挫折。例如，在上台演讲之前一想到自己要站到讲台上就会害怕，觉得自己肯定讲不好，心里变得焦虑不安，最后焦急之下干脆放弃了演讲。这时个体所料想的情况并没有实际发生，只是个体觉得会发生，并认为可能发生的情况很糟糕，会对自己造成较坏影响，并在此基础上产生受挫的感觉。

二、 压力和挫折对大学生的影响

（一）压力对大学生的影响

1. 消极影响

过重压力或压力不足对学习、工作效率具有负面作用，严重影响人的身心健康。压力对大学生的影响表现在两个方面，一是影响身心发展，一个人若长期处于压力过大的状态，就会影响身心的健康发展，产生严重的后果。医学上存在"心理性疾病"，如肿瘤、乳腺增生、高血压等，这些疾病大多是由精神或心理因素引起的，有这些病症的患者自己能感觉到，但医生却难以通过机器检测出来，最后就会导致疾病产生，如焦虑、抑郁、恐惧、冷漠、愤怒。二是影响人际关系，个人压力处理不好，也会影响其人际关系，在与他人的沟通交往中产生人际冲突，最终可能影响到整个团队的工作效率。

2. 积极影响

压力似乎总在消耗我们的精力，带给我们无尽的烦恼和不断升级的紧张情绪，那么，如果生活中没有了压力的存在，是不是就很美好呢？其实不然。适度的压力对提高学习、工作效率，维护身心健康具有积极作用。每个人都会有一个最适合自己的压力水平。适当的压力会激发一个人学习和工作的动力，适当的压力给生活带来乐趣，环境压力促进人类发展，有压力就有动力。毕竟压力无处不在，不可能避免，也是必要的，没有压力就没有成长。

（二）挫折对大学生的影响

在挫折情境中许多不理智的反应、不正确的行动，都与缺乏对挫折的正确认识有关系。我们要看到，挫折会给人以打击，带来损失和痛苦，但也能使人奋起、成熟，从中得到锻炼。

1. 消极影响

对于大学生来说，太大的挫折也会造成负面影响。大学生与社会没有太多的接触和了解，心智还不够成熟，面对意想不到的挫折时，还不具备克服挫折的能力。因此，难免极度缺乏安全感，从而感到恐慌，难以心平气和地解决，所以对工作、学习、生活等都会造成影响，如降低学习效率、降低思维与生活能力、损害身心健康、导致个性改变或行为偏差。

2. 积极影响

美国发明家爱迪生说过："失败也是我所需要的，它和成功对我有相同的价值。"人生不可能一帆风顺，挫折在所难免。对于一个大学生来说，从高中到大学的小社会，再步入真正的社会，遇到挫折是必然的。作为一名大学生也必须经历挫折的磨砺才具备步入社会的能力。人生必有坎坷和挫折，挫折是成功的必要条件，不怕挫折比渴望成功更加可贵。青少年在成长过程中经历一些挫折是有益的，挫折有利于磨炼其性格与意志，增强其情绪反应与解决实际问题的能力，促进其正确认识自我，提高其适应能力。

任务实施

在现实生活中我们不可能没有压力与挫折，而且也难以回避，必须面对。因此，首先我们不能轻视生活中的压力与变化，要及时调整自己的行为以适应变化，这就需要花时间和精力，还要勇于承担责任。其次，要将压力变动力，学会自我转化与调节。

一、　认识挫折产生的原因

1. 主观原因

挫折产生的主观原因包括心理素质、生理特征、人格特点、经验阅历、动机冲突以及个体挫折的承受能力等。对待挫折，个体的主观差异性使得同一情境下的个体在面对同一强度的挫折时会产生不同的反应。例如，A 和 B 两人一同去面试，两人都失败了，但 A 在失败后低落几天，抱着"此处不留人，自有留人处"的心态将此事淡忘，重新振奋精神；B 则认为自己太差了，深受打击，萎靡不振，表现越来越差。挫败感的强弱与自身主观体验间的联系非常紧密，需要注意。

2. 客观原因

客观原因是指导致人们的动机或目标不能实现的各种外部因素，包括不以个体的主观愿望、意志或能力为转移的自然事件和社会环境。自然事件包括人们无法预料和克服的某些自然灾害、伤残疾病、意外变故等。例如，因为生病而缺席重要的考试。社会环境则相对复杂，包括个体在社会生活中受政治、经济、道德、文化、兴趣爱好、风俗习惯、成长背景等因素制约而受到的挫折。例如，随着社会变革和市场需求的变化，大学生毕业的人数每年都在增加，就业竞争激烈，这使得有些大学生在毕业后产生了比较强烈的心理挫折。

二、　认识压力产生的危害

1. 身体方面

面对压力时，个体可能进一步面对并克服所面临的障碍，也可能干脆逃避并忽略有障碍的相关知觉。在身体上的反应包括两大类：短期生理征兆，表现为头痛、头晕、眼睛疲劳、胃痛、气喘、便秘、心跳加快、血压上升、血糖增加与血液凝结。长期生理征兆，有心脏病、高血压、胆固醇增高、心室肥大、皮肤起疹、淋巴腺炎、甲状腺异常、脱发、胃及十二指肠溃疡、狭心症以及心肌梗死等。

2. 情绪方面

个体在面对压力时，心理或情绪上表现出的差异是显著的，这与个人对情境的认知评价有密切关系。例如，与压力斗争时的心理征兆包括厌倦、不满、生气等。逃避压力时形成的心理征兆包括冷淡、认命、健忘、幻想、心不在焉、能力丧失等。

3. 行为方面

压力在行为上的表现是指人们在工作面临困境过程中所表现出来的思考与感受，包括体重变化、抽烟频率增加、饮用咖啡、饮用酒精、旷课、休退学、恐慌性的行为、做出错误的判断等。

三、 认识压力与挫折的关系

1. 压力与挫折的联系

压力与挫折相互影响，相互作用，相辅相成，在一定条件下可以转化，既有联系也有区别，都是心理反应的过程，都带有负面情绪。挫折出现肯定有压力，如果压力得以解决就不会形成挫折，压力过大长期无法解决则可能形成挫折。

2. 压力与挫折的区别

二者的区别，一是内涵上，压力是心理压力源和心理压力反应共同构成的一种认知和行为体验过程。挫折是指人们在有目的的活动中，遇到阻碍人们达成目的的障碍。二是心理过程上，压力是心理压力源和心理压力反应共同构成的一种认知和行为体验过程。挫折是个体有目的的行为受到阻碍而产生的必然的情绪反应，会给人带来实质性伤害，表现为失望、痛苦、沮丧不安等。挫折易使人消极妥协。三是影响上，压力过大可能会使人的情绪发生改变、影响工作效率和学习、诱发疾病。挫折情境越严重，挫折反应就越强烈；反之，挫折反应就轻微。但是，只有当挫折情境被主体所感知时，才会在个体心理上产生挫折反应。如果出现了挫折情境，而个体没有意识到，或者虽然意识到了但并不认为很严重，那么，也不会产生挫折反应，或者只产生轻微的挫折反应。

拓展提升

一、 任务拓展

老船长的"压力效应"

有一位经验丰富的老船长，当他的货轮卸货后在浩瀚的大海上返航时，突然遭遇了可怕的风暴。水手们惊慌失措，老船长果断地命令水手们立刻打开货舱，往里面灌水。"船长，你是不是疯了，往船舱里灌水只会增加船的压力，使船下沉，这不是自寻死路吗？"一个年轻的水手嘟囔着。

看着船长严厉的脸色，水手们还是照做了。随着货舱里的水位越升越高，船一寸一寸地下沉，依旧猛烈的狂风巨浪对船的威胁却一点一点地减少了，货轮渐渐平稳了。船长望着松了一口气的水手们说："百万吨的巨轮很少有被打翻的，被打翻的常常是自身轻的小船。船在负重的时候，是最安全的；空船时，则是最危险的。当然这种负重是要根据船的承载能力界定的，适当的压力可以抵挡暴风骤雨的侵袭，但如果是船不能承受之重，它就会如你们担心的那样，消失在海面。"

这就是"压力效应"。

适当的压力可以抵挡风雨，催人奋进，那些得过且过、没有一点压力的人，像暴风雨中没有载货的船，往往一场人生的狂风巨浪便会把他们打翻，而那些负荷过重的人，却大多不是被风浪击倒的，而是沉寂于忙碌的生活中。

二、 拓展训练

你的压力是威胁吗？

拿出纸笔，将你面临的核心问题写下来，思考如下问题。

1. 这个让我感到压力十足的问题是如何产生的？
2. 这个问题真的与我有关吗？它真的是一种威胁吗？
3. 这个问题可以解决吗？我应该怎么做？

这种分析思考的方法可以减轻你对压力情境的模糊认知，缓解夸大其威胁性产生的焦虑心理。通过这样一层层思考，相信你对自己面临的问题已经有了清楚的认识，能看清问题的症结所在。

一杯水的重量

现在我们分组做一个小实验，每组准备水和水杯，自己动手做。首先大家在水杯里倒满水，然后一个组员负责举起一杯水，问你的组员同学："这杯水有多重？"20～500克，可能你的组员回答各异。"其实具体有多重并非关键，关键在于你举杯的时间。如果你举了一分钟，即使杯子重500克也不是问题；如果你举杯一个小时，20克的杯子也会让你手臂酸痛；如果举杯一天，恐怕就需要叫救护车了。同一个杯子，举的时间越长，它会变得越重。"

"倘若我们总是将压力扛在肩上，压力就像水杯一样，会变得越来越重。早晚有一天，我们将不堪其重。正确的做法是，放下水杯，休息一下，以便再次举起它。"学习、生活的压力也需要常常放下，让我们有时间焕发精神，挑战压力，知道如何正确对待压力。

三、 任务考核

1. 结合自身情况谈谈你所感受到的压力有哪些。
2. 谈谈你是如何理解压力的。

任务二　应对压力

任务引入

　　小张是高职一年级学生，从中职升入高职。进入大学一年后，由于大学学习和中职有很大差异，加之基础差，期末考试成绩很不理想。小张每天都是寝室里起得最早的人，她利用一切时间去学习，通常一直忙到晚上 11 点才会回宿舍休息。这样的生活节奏让小张接近崩溃，随着课程学习的加深，慢慢地她发现，越来越多的知识需要在课外进行补充，可是平常空闲的时间已经不能满足她的学习需求了。为此，她不断压缩吃饭、睡眠、交际的时间，久而久之，小张的身体终于承受不了这样的高压生活，性格内向的她，人际交往困难，几乎失去信心。于是她找老师说："老师，我也不知道自己怎么了。每天我都打不起精神，昏昏欲睡。总是觉得压力很大，学习生活各方面的压力快把我压得喘不过气了。和同学们相处不好，专业学习也很吃力，想努力好好学习，可就是达不到自己的学习目标。"

请思考：

1. 为什么小张会对自己丧失信心，她的压力主要来源于什么？

2. 你应该怎么帮小张调整自己的生活，更好地应对学习生活带来的压力呢？

相关知识

一、大学生常见的心理压力

1. 适应方面的压力

　　大学生刚入大学的时候，第一次远离父母亲戚朋友，来到一个新的环境，有环境适应方面的挑战需要应对。大学生进入校园意味着离开父母的监护，摆脱对父母的依赖，开始建立自己独立的心理世界。生存环境的变化，导致了大学生众多的心理不适应，在求新与恋旧、自豪与自卑、独立与依赖、理想与现实、渴望友谊与心理防范的矛盾冲突中出现了众多的心理压力。一方面，他们希望个性发展能够得到尊重；另一方面，他们又必须适应团队协作的生存法则，在群体中求得保护。

2. 生活方面的压力

　　生活中的压力包括经济压力、家庭压力、人际交往压力、就业压力、身体缺陷或者疾病带来的压力。特别是家庭方面，由于每个学生家庭构成不同，使学生的个性心理出现了众多的差异。学生在童年的成长过程中如果缺乏父母的疼爱、关心与照顾，得不到父母的信任、鼓励与支持，成年后在适应人际关系和生活环境上很容易出现心理障碍。特别是来自父母双亡、离异和单亲家庭的学生，普遍有怀疑、自卑、易怒、孤独、伤感、心理设防、处事谨慎等表现，很难真诚地与他人交往，因此也很难得到群体的认可。父母对子女的教养方式和自身的文化素养也会影响子女的成长，父母的世界观、人生观、价值观、人格影响力、个性品质等，都会使子女在成人后带着这些心理烙印步入大学生的群体，这些大学生的人生体验、心理状态都会从父母的影响中找到答案。当家庭的因素导致大学生与同学产生冲突时，就会产生心理压力。

3. 学习方面的压力

上课时听不进、听不懂，对专业不感兴趣，害怕挂科，学习压力无处不在。大学是全新的学习环境，知识的积累、智慧的构建完全需要个人来进行，自主学习成为最重要的学习方法，它迫使每个大学生根据自己的需求和能力主动获取知识与技能。很多大学生厌学，原因在于他们找不到有效的学习方法，不知道哪些知识与技能对他们未来的生存与发展有用，有些专业知识以前没有体验过，听起来就犹如"天书"，觉得"老师讲课没吸引力""学习内容难以理解""考试成绩不理想"，所以困惑、彷徨、焦虑。

4. 情绪情感方面的压力

在情绪情感方面，有些人觉得"活着很累""与人沟通困难""和一些同学相处困难""没有好朋友""和父母冲突增多"，心理压力骤增，产生压迫感。大学生不愁吃穿，没吃过苦，从小在父母和其他长辈的呵护下成长，心理承受能力弱，盲目自信，以我为荣，关心自我多，关心他人少，缺乏爱心。面对与中学时代完全不一样的辅导员和任课老师的工作作风，显得无所适从，不知如何处理师生关系。而且同学之间生活状况不同，表现出来的个性心理特征多种多样，如果不会沟通，就会产生人际关系上的冲突。

大学生的年龄基本在18~21岁，生理发育已经成熟，对爱情已经不像高中时那样朦胧懂憬，很多大学生渴望与异性有亲密的接触。但是在爱情中会有一系列复杂、独特而微妙的情感体验，而这些对于单纯的大学生来说也是最容易产生心理困扰的地方。现在有少数的大学生过于看重"失恋"的痛苦，很难自我调适，有些人因遇到"追求恋爱对象失败""未婚同居"，陷入情感的旋涡不能自拔，精神恍惚，甚至有轻生的想法。特别是随着互联网的发展，网络化情感——"网恋"也应运而生，但"网恋"的欺骗性较大，一些大学生因此受到沉重的打击，很可能对今后的生活失去信心。

5. 不良行为带来的压力

大学生生存环境的变化，导致了众多的心理压力。甚至因为环境的复杂，制度的约束，交往的障碍等，出现抽烟、酗酒、网络成瘾、作弊的行为。特别是刚进入校门的低年级大学生，违纪的行为时有发生，如起哄、逃课、作弊、酗酒等。这些行为产生的原因常与学校的制度建设和文化建设有关，有些大学生的心理发泄找不到正常渠道，不得不用越轨的行为排除心理压力。而这些越轨行为常常带有群体特征，使"法"难以责众，因而使不良行为带来压力。当压力超过当事人承受能力的时候，个体的行为反应可能会显得惊慌失措，以致身体的协调能力和灵活性下降，带来不良的影响。

二、　压力与心理健康的关系

在心理健康方面，压力会影响心理健康，这已成为共识。例如，学习压力、生活压力、情感压力、就业压力等都给身心带来一定影响。但是，在压力与心理健康的关系上，仍存在不一致的结论。国内外很多研究发现，压力事件造成了心理健康问题的产生。例如，对大学生而言，社会适应不良、不良家庭关系、专业不理想等压力事件都与其心理健康水平低下相关，并且这些事件可以说明近一半的心理健康状况变异。

压力反应过度，在生理方面导致交感神经和副交感神经的不平衡，出现心跳加快、血压增高、血糖增高、新陈代谢增加、心慌、出汗、紧张，发冷等症状。行为方面难以专心、注意力分散、判断力减弱、思维混乱、反应速度减慢、情绪低落、坐立不安、心情烦躁、出现精神萎靡、举止古怪、失眠和睡眠增多，食欲不振或过强，兴趣和热情减少等症状，最终导致极端焦虑，缺乏安全感，学习能力降低，人际关系恶劣等。

压力是把双刃剑，人活着就会感受到压力，没有人是可以免疫的。压力研究专家汉斯·塞利将压力分为有害的不良压力和有益的良性压力。不良压力使人感到无助、灰心、失望，而且它还能引起身体和心理上的伤害。良性压力能够给人以成功感和振奋感，促进人们注意力的集中、提高工作的动机、引发正向情绪（如兴奋）、增加成功后的成就感。

任务实施

面对压力，应采用积极理性的应对策略。以问题为中心作为压力管理的突破口，对问题加以分析了解，拟订计划，配合实际的人力及物力资源加以行动。寻求各种社会支持，发展好的人际互动关系，接受专家或经验人士的建议或具体协助，具体来说要根据不同的压力来源，从认知、生理、情绪、行为等几个方面应对压力。

一、　通过改变原有认知减压

根据拉扎勒斯提出的压力产生过程先后出现两种性质的评价，当压力情境刚产生时，个体产生初步评价，即评价压力来源的严重性，"发生了什么事""这件事对我是好的，有压力的，还是与我无关？"这是一种快速的本能性反应。如果感到是有压力的，个体将会评估压力来源的潜在冲击，并决定是否有必要采取行动。一旦个体决定有采取行动的必要，次级评价就开始了。个体要去评价可以利用哪些资源，需要采取哪些行动来处理压力。如果应对失败，个体对压力情境进行重新评价，产生新的反应。

评价是压力过程中的一个中心成分，学会自我评价是处理压力中的一个重要问题。可以通过四种途径改善对压力的认知评价。

1. 预先设想影响压力评价

在日常生活中，我们都有这样的经验：在一件可怕的事情发生前，如果事先有了思想准备，那么这件事情带来的冲击就会小得多。可以采取想象、表演和讨论的方式设想一些重大的压力情景，以及自己的应对反应。有这样的预想经历，当压力来临时，本能性的评价就不会感到那么出乎预料，而生理上的唤醒程度就会降低，从而引起较低的压力反应。

2. 对情境进行再评价

对情境进行再评价，包括换个角度考虑问题，对事件的意义重新认识等。在压力情境中人们容易产生一些消极的想法，比如认为失败表明自己无能，认为失败表明自己没有价值等，这些想法往往是自己给自己施加的压力。容易给自己施加压力的一些念头主要有以下几种：①我应该受到所有人的赞赏，我做的所有事情都应该受到别人的好评，否则自尊心受到伤害；②我必须是能干的，我做的事情应该得到成功，否则我是无能的；③如果发生了出乎我意料的糟糕事情，那就好像是大祸临头了；④如果我想不出解决问题的办法，那是非常可怕的事情。以上观念一般反映了这样的特点：以偏概全、想法极端、急于下结论、夸大事情的结果。这种评价往往使压力进一步升级。所以我们需要检查一下自己是否有这些极端的念头，并且设法换一种角度，以现实的平常的态度评价压力情境。许多研究表明，那些更加积极地解释压力情境的人，所引起的生理反应要微弱得多，并且从压力中复原所耗费的时间也相对较少。

3. 及时改变消极期盼

通过平时的训练来使自己对这些消极念头敏感，并及时加以改变。训练程序是：①想象一种消极想法；②当你开始这种消极想法的时候，就说"停"；③产生一个积极的想法，并且感觉到这正是你想要的感受方式。

4. 进行积极自我暗示

心理自我暗示就是主客体同为本人的一种心理暗示。它是将主观的感受夸大，并以自我暗示的形式转达给自我意识，从而指导人们的心理和行为。心理学家巴甫洛夫认为：心理暗示是人类最简单、最典型的条件反射。普拉诺夫则认为暗示的结果使人的心境、兴趣、情绪、爱好、心愿等方面发生变化，从而又使人的某些生理功能、健康状况、工作能力发生变化。的确，心理的自我暗示能够有效地影响人的潜意识。在压力之下，积极的自我暗示可以提醒自己一切向前看，放大自己对于成功的感受，从而使自己在情境上感受到成功的召唤，获得积极有效的心理动机。而消极的自我暗示则对个人成长起到负面作用。

二、　通过生理放松减压

对许多人来说，压力就等于紧张。因为在遭遇压力的时候，肌肉会拉紧，血压会升高，心跳会加快，荷尔蒙的分泌会增多，等等。我们可以通过一些放松方法来控制这些反应，因为紧张和放松是不能同时进行的，所以，如果能够有效放松，将会是减轻压力的一种有效途径。

1. 深呼吸

深呼吸随时都可以进行：闭上双眼，深吸一口气，然后慢慢呼出来，在呼气的同时默念"放松"，这样连续进行 3~5 分钟。如果仍未完全消除紧张，可在深吸气的同时握紧双拳，呼气时慢慢松开双拳，这样持续几分钟。

2. 想象

闭上眼睛，放松地躺下或者是坐下，然后想象一处美丽的风景，将那些自己不想要或者不想考虑的东西统统丢弃。

3. 肌肉放松

肌肉放松是比较容易主动控制的放松措施。包括腹式呼吸/横膈膜呼吸、渐进式肌肉放松，此训练过程需 18~20 分钟。这个练习的特点是先做肌肉拉紧的动作，再做放松的动作，然后去感受由紧到松的过程，再持续保持这种放松的感觉。整个练习分成八个步骤，由手部—额头—脸部—口腔—上身而至脚部。拉紧的动作持续 10~15 秒，放松的动作持续约 60 秒；拉紧的动作只是一个辅助的步骤，最重要的是去体会肌肉松弛的感受，并持续放松的时间。最后熟练时，可以在"放松"的命令传达到脑部时，不用做任何拉紧的动作，整个身体自然就放松下来了。

4. 体育锻炼

体育锻炼与肌肉放松训练有异曲同工之处，各种体育活动可以使肌肉在紧张之后进入松弛状态。除此之外，体育锻炼减少了对压力事件的注意，有利于改善精神状态。包括室内室外的运动，如跑步、打球、游泳、爬山、攀岩等，还有其他锻炼有助于放松，如瑜伽、按摩、太极拳等。

三、　通过控制情绪减压

1. 坦然接受

应对压力的情绪反应，首先必须承认自己的情绪状态，即接受自己的害怕、焦虑等情绪。有不少人觉得产生焦虑、害怕情绪是件丢脸的事情，或者不敢承认自己有紧张情绪，所以采取否认紧张情绪的态度。事实上，压力情境下出现某种情绪反应是正常的现象，因为这是一种适应性的反应，出现焦虑、忧愁、害怕等情绪反应是很自然的现象，并不是懦弱的表现。懂得这个道理会使自己变得平静，这样反而会缓解压力。

2. 转移注意

压力引起的情绪反应也不能通过回避来摆脱。有些人认为只要拒绝谈论，不让自己去想这些事情就可以摆脱压力。这是在以压抑的方式进行自我防卫。其实，压抑不可能缓解压力，反而会使被压抑的念头影响更大，使负面情绪体验更为强烈。强迫自己不去想某件事情是不大可能的，只有让自己去想或者去做另外的事情，才可能转移对压力的注意力。也就是说，要给自己寻找一个任务，让任务占据头脑。为了维持心理健康，缓解压力的消极影响，我们可以找一些有趣的事情来做——新的兴趣爱好、娱乐等。另外，开怀大笑，跟好朋友一起出去玩，读一些有趣的书籍，看看电影，听听音乐等都是比较好的转移注意力的方法。

3. 自我表露

在心里进行自我交谈或与所信任的人交谈，这是非常重要的缓解压力的方法。当情绪被压抑时会转换出生理反应，转换出潜意识的活动，而语言能够恰当地将情绪表达出来。语言表达内心的压力具有两方面的功能：一方面，对压力情景的顿悟，有助于判断情绪反应是否合适，促进产生积极的应对；另一方面，通过语言进行自我表露，本身是一种排解压力的有效方法。进行自我表露还可以取得他人的支持帮助。

4. 寻找情感的社会支持

当你有需要时，有谁会出来帮助你吗？当你感到消沉时，有谁能让你鼓起勇气呢？有谁使你感到他或她对你很关心吗？你觉得对这个人的信任程度是多少？寻找情感的社会支持是应对消极情绪的一种比较有效的策略。社会支持，是个体社会性发展所依托的社会关系系统，是个体采用应对策略和应对外部行为的重要外部资源。积极的社会支持可以帮助我们避免长期沉浸于压力情境中，从而帮助个体更好地调整情绪状态。同时，他人的情感支持和关心能够使个体承受压力的忍耐性增强。当我们将压力的原因和他人分享的时候，压力就容易忍受得多了。

四、 采取积极的行为减压

不同性格的人对压力的敏感度不一样。应对压力就是要积极地去解决问题，大量研究表明，问题解决技能代表着一种弹性因素，它能够使青少年在以后的发展中不至于适应不良。一个人解决问题的能力越强，就越有可能发展有效的应对策略。但实际上人们在面对压力的时候，常常对问题没有一个清醒的认识，只是觉得自己很难受，而没有清楚意识到问题的存在或者问题的真正原因。所以必须冷静下来进行思考，想一想是否由自己的一些不恰当的念头造成了压力感。如果不是，应该充分了解压力情境的情况，有必要去搜集有关的信息，采取积极的行为减轻压力。

拓展提升

一、任务拓展

我们要如何背着"壳"前行呢？

二、拓展训练

团体活动：幸福清单。

目的：认识和学习应对压力的基本方法。

操作：

1. 准备小游戏热身，活跃气氛、放松身心。

2. 热身结束后，以小组为单位，根据自己的体验，列出所有有助于自己放松的方法，并在小组内选出三个效果最好的方法。

3. 每人制定一份自己的幸福清单，充分发掘自身的积极资源来应对存在的压力。小组间交流讨论，并且探讨资源的有效性。

交流分享：

1. 平时大家处于高压力状态下可能会出现哪些反应？你通常使用哪些方法来对抗压力，效果如何？

2. 你如何实施自己的幸福清单？

三、任务考核

1. 当有压力时，你会怎么做，是置之不理、抱怨不断、请求外援，还是全面分析、再做安排？

2. 面对压力时可以通过生理放松减压，通过改变原有认知解压，通过控制情绪解压，通过寻求社会支持解压。面对压力时你会怎么做？

163

任务三 直面挫折

任务引入

某天晚上7点，子然（化名）推开了辅导员办公室的门。子然是校学生会干部，身材高挑，是一个很漂亮的女孩，还弹得一手好钢琴，言谈举止流露出她良好的家庭条件以及所带着的优越感和任性。一进门，李老师就看见她两个眼睛红肿得厉害，满脸的委屈和沮丧，手腕上还缠着纱布。见到李老师，子然的眼泪更像是开了闸似的，号啕大哭起来。李老师知道她一定是遇到了什么不顺心的事情，把纸巾放在她面前。过了一会儿，子然止住哭声，断断续续地说："老师，小航要和我分手……我都求他好多次了，还答应他要我做什么都可以，我都改……老师，我什么办法都用了，他还是要和我分手，小航抛弃我了，老师，我该怎么办啊？"

请思考：

1. 失恋带给子然的挫折为什么会如此巨大？
2. 面对失恋带来的挫折，有什么积极的应对方式？

相关知识

一、 有关挫折的理论

关于挫折是怎样产生的、挫折产生之后个体如何反应，不同的学者提出了不同的看法，形成了不同的挫折理论。

1. 挫折的本能学说

这一学说由美国心理学家麦独孤于20世纪初提出。他认为，个体受挫折而产生的种种行为均起源于本能。他在《社会心理学导论》一书中为本能下的定义为：本能是一种遗传的或先天的心理—物理倾向，它影响主体感知、注意某类客观的过程，影响在感知时体验到的特定的情绪兴奋程度，以及对感知的刺激做出的特定动作或者神经冲动。他还认为人和动物的行为都是有目的性的，只是目的性的程度高低不同。一切行为都是为达到一定目的的，而策动和维持这些行为的动力是本能。如果消除这些本能倾向及其有力的冲动，有机体将不能进行任何活动。此外，本能和情绪有着密切的关系，似乎每种本能都有其对应的特殊情绪。在麦独孤看来，人在活动中因遭受挫折而产生的情绪以及由此而引发的各种挫折行为反应都是本能冲动的结果。

2. "挫折—攻击"理论

美国耶鲁大学社会心理学家 J. 多德拉等指出，攻击行为往往是挫折的结果。他们认为，攻击性行为的发生总是以挫折的存在为先决条件的，同时挫折的存在也总是会导致某些形式的攻击行为。他们曾经进行"剥夺睡眠"的实验，实验结果表明，当被试者被剥夺睡眠 24 小时，并不允许其自由活动及不给其吃早点后，他们往往采用不友好的语调相互谈论，或提出一些非难性问题等攻击实验者。挫折的这种作用可以在广泛的社会关系中充分体现出来。如当经济萧条或战乱之后，挫折心理会广泛地出现在社会的各个群体中；当人们找不到工作、买不到需要的物品或生活的各方面受到限制时，社会中就会出现各种形式的攻击行为。

哈弗兰德等人做了历史考察之后提出了"挫折—攻击"理论，即攻击行为的产生与其受挫折驱动力的强弱与范围、以前遭受挫折的频率、对攻击行为后果的估价等有关。

1969 年，伯科威茨对"挫折—攻击"理论进行了较大的修正，他指出应该区分"挫折"和"被剥夺"两个不同的概念，一个人不会单单因为某种东西而遭受挫折，只有当个人在既定的情境中无法获得其想获得的东西时，才会遭受挫折。

3. 社会文化理论

这一理论强调文化和社会条件对个体的挫折的产生及其反应的影响。其代表人物是新精神分析学派的代表人物 H. 沙利文和人本主义心理学派的 C. 罗杰斯。这个理论重视社会环境及文化因素对个体行为和人格特征的影响，认为挫折的产生是个体的"自我实现"受到压抑的结果。为避免挫折的产生，新精神分析学派主张自我的整合和调节作用，强调个体的自尊以及对未来的乐观态度；人本主义心理学派则强调尊重人的价值、发挥人的创造力、完善人际关系等。

4. 精神分析学派的挫折理论

精神分析学派创始人弗洛伊德认为，人的一切行为都是以性力为动力的。如果心理性欲的发展过程不能顺利进行，比如停留在某一阶段或遇到挫折而从高级阶段倒退到低级阶段等，都可能造成行为异常。因此，一切精神疾病的根源也就在于这种心理性欲受到压抑或阻碍即受到挫折。

弗洛伊德的学生阿德勒则强调社会因素的作用，重视权力意志的实现。他认为，人的一切行为都要受"权力意志"的支配，人的一切行为动机都是指向追求征服、追求优越的。如果这种驱力受到挫折，就会形成自卑感。自卑感如果得不到补偿，则会产生反社会行为或患精神病。

荣格则认为，每个人的人格总是不断向前发展的，一个人常常为未来的目标而奋斗不息，以求达到人格各方面的和谐完善。当一个人的自我实现不能满足时，就会产生挫折感。

二、 挫折的形成过程

1. 挫折产生的机制

挫折产生有一定形成过程，挫折产生是因为需要和由此产生的动机，在动机驱使下有目的的行为，使个体目标和需要不能得到满足的内、外障碍或干扰，对挫折情境的知觉、认知和评价，称为挫折认知。伴随着挫折认知，对自己的需要不能得到满足时产生的情绪和行为反应，即挫折反应。

2. 挫折的作用

挫折对人的影响是双面的。我们要看到，挫折会给人以打击，给人带来损失和痛苦，但也能使人奋起、成熟，从中得到锻炼。大学生在生活中难以避免挫折，因此更要学会客观、辩证地看待挫折，认识挫折对于人生的意义，尤其是积极作用，这样能促使挫折往积极方面转化。正确看待挫折，挫折不会仰人鼻息，挫折是人生的宝贵财富，并且是可以克服和战胜的。

3. 挫折承受力的培养

挫折承受力受很多因素的影响，如生理条件、早期的生活经历、过去的经验与学习、对挫折的认知。因此大学生要知道该从哪个角度去提高自己，学会正确面对挫折。如多看书，增加自己的知识储备量，大胆面对，勇敢向前，正确认识自我，学会自我调节等。

三、 挫折产生的原因

1. 外部因素

挫折产生的原因来自各个方面，主要有由自然环境引起的不可抗拒的自然因素，如地震、火灾等，还有来自社会环境、政治环境、经济环境、学校环境、家庭环境等方面的因素。

2. 内部因素

个体对挫折的认知情况影响挫折的产生，在挫折情境中不理智的反应、不正确的行动，源于对挫折的认识。有关学习上的压力，如学习不适应、学习方法不能适应大学学习、考试失败、学不懂听不见都会引起学习上的挫折。另外，个人素质、受挫经验、认知能力、生理条件，就业压力也会引起挫折。心理承受力不强，当个体遇到挫折后，对挫折的认识和评判，以及个体的忍受力、复原力，个体对挫折的忍耐力、接受力都会引起挫折的产生。

任务实施

巴尔扎克说："挫折和不幸，是天才的晋升之阶、信徒的洗礼之水、能人的无价之宝、弱者的无底深渊。"因此大学生不要怕面对挫折，重要的是掌握正确应对挫折的方法，在挫折中得到收获与成长。在人的一生中，只要有追求、有欲望、有需求，就会有失败、失望和失落。每个人都享受过成功的喜悦，也都品尝过失败的沮丧。挫折与成功一样，是成长与发展过程中不可缺少的，是我们一生的伴侣。我们不仅要有迎接成功的准备，也要有面对挫折的勇气。希望通过这一任务的学习，大学生能正确认识挫折并能勇敢地面对挫折，提升自己应对挫折的能力。

一、　构建自己的社会支持系统

大学生要学会尊重他人，扩大社会交往面，结识更多的朋友，积极与亲人、朋友和老师进行沟通，寻求社会支持系统中的有效资源。良好的人际关系是社会支持系统的重要组成部分，而好的人际关系都离不开关系双方的信任和互相支持。从心理学角度而言，我们的内心深处更希望获得温暖、爱、归属感和安全感，而这些需要建立在良好的人际关系基础上。应树立积极乐观的态度，学会放松，调整身心状态，加强人际联结，把握资源，构建强有力的社会支持系统。现代社会，每个个体都是弱小的，有意识地打造一个属于自己的社会支持系统会让我们的人生更加顺利、更加成功。假如你出现了心理或躯体症状，寻求心理咨询师的帮助是非常必要的，而心理咨询师就是我们社会支持系统中的一部分。

当然，最好的社会支持还是自己。俗话说"求人不如求己"，只有自己内心强大才可以顶住压力，朋友的支持只是锦上添花。提高自己的抗压能力可以从以下几个方面入手：锻炼身体、补充营养、培养良好的作息习惯等。从一定程度上来说，自己强大了才是自己最强有力的社会支持系统。

二、　提高心理复原力，培养乐观品质

复原力（Resiliency）是指个体面对逆境、创伤、悲剧、威胁或其他重大压力的良好适应过程，也就是对困难经历的反弹能力。它的基本特征有：接受并战胜现实的能力；在危急时刻寻找生活真谛的能力；随机应变想出解决办法的能力。要想提高心理复原力，要从能忍受日常生活的不确定性开始，即培养耐受力。要在日常生活中坚守底线伦理，坚守正道。要练习从资源取向的角度去解释生活中的不幸，并具备把不幸转化成资源的能力。除此之外，还要培养乐观品质，保持积极阳光向上的心态，提升抗击挫折的心理素质。

三、　正确看待挫折，提升挫折认知水平

在挫折情境中许多不理智的反应、不正确的行动，都与缺乏对挫折的正确认识有关系。大学生要注意提升对挫折的认知水平，如认识挫折承受能力的必要性和重要性、建立

"失败"的正确观念、勇敢面对和了解挫折情境等。心理学研究表明，一个人越是获得与挫折事件相关的信息，就越能有效地处理它；越是进入他害怕面对的挫折情境中，就越能有效地对付这种情境。可见，个体认知对挫折的解决无疑有着重大意义。

四、 合理使用心理防御机制

心理防御机制是指个体在遭受压力和挫折后，自觉或不自觉地把主体与客观现实之间发生的问题，用较能接受的方式加以解释和处理，以减轻挫折感，达到心理平衡的反应形式。大学生可以通过建立心理防御机制，消除遭遇挫折或困难后产生的焦虑或其他不利情绪，减轻心理矛盾，恢复平静。心理防御机制有许多种，可大致分为消极心理防御机制、中性心理防御机制和积极心理防御机制三类。

消极心理防御机制是个体在遭受挫折后表现出来的带有强烈情绪色彩的非理性行为，包括攻击、压抑、否认、隔离、退行、投射等。中性心理防御机制是指在个体受挫后能帮助其摆脱心理压力，恢复平静。积极心理防御机制包括补偿、抵消、幽默。补偿是遇到挫折后，通过其他事物把因挫折带来的损失从内心体验到行为给予补偿过来，抵消是因现实与欲望产生矛盾，用其他事物来缓解矛盾，幽默能帮助寻求社会支持。通过防御机制有效地维护自我自尊，降低挫折的负面影响。

五、 提高挫折承受能力

挫折承受能力是指个体在遭遇挫折时对挫折的忍受程度，是一种能否经得起打击和压力，摆脱和排解困境使自己避免心理与行为失常的耐受力，也是个体适应挫折、抵御挫折和应对各种挫折的能力。挫折承受能力弱的人，往往难以克服障碍，一经挫折便一蹶不振。因此挫折承受能力的提高很有必要。常见的措施有：树立辩证的挫折观；学会自我了解、自我接纳；分析挫折产生的原因和积极寻找解决办法；寻找志同道合的伙伴，建立和谐的人际关系，相互支持、安慰等。调节自我抱负水平，坚持目标，继续努力。

六、 做到合理归因，确立恰当的目标

归因是指个体依照主观感受或经验对自己或他人行为及结果发生的原因予以解释与推测的心理活动过程。归因方式也会影响个体对待挫折的态度，倾向于内部归因的人常体现出较强的责任感和自责心理，容易陷入自怨自艾；倾向于外部归因的人则容易将造成挫折的原因归结于外部情境，产生推脱心理。归因倾向的不同导致大学生在面对挫折时，心理承受能力的强弱也有所不同。因此大学生要学会正确合理归因，找到产生挫折的根据，避免因片面归因造成心态失衡。

在合理归因的同时要确定恰当的目标，有些人挫折感更强是因为他们有着更高的追求与抱负，因此即便面临着同样的失败，他们也会因为巨大的心理落差产生更强烈的受挫感。因此，大学生要注意把远大目标分解成中期目标、近期目标和短期目标，避免因过高的期待值而导致受挫心理。

拓展提升

一、 任务拓展

经典奥斯卡影视欣赏

二、 拓展训练

活动体验

请同学们思考自己的缺点，然后三个同学为一组，上台说一段自己最出糗、最隐私或最不愿意当众说的事。上台的同学可以选择背对大家或蒙眼讲述，然后大家以举手的形式选择自己认为表现最好的同学。当然，最后大家要以鼓掌的形式对勇敢讲述的同学进行鼓励和支持。

这个活动的目的在于让大家体会在难堪和遭到否定后的情境下自己的内心感受，磨炼大家的胆量，帮助大家消除虚荣、树立自信、增强挫折承受能力。

案例分析

侯晶晶，是中国第一位"坐在轮椅上的女博士"，南京师范大学教育科学学院老师。她因双腿瘫痪，被迫辍学。她毅然迎战生理上、心理上和学业上的三重考验，在家坚持自学 10 年，以优异的成绩完成硕士和博士学业。留校任教后，她勤奋工作，在教学和科研上取得了骄人业绩。同时，她热心社会公益事业，尽力回报党和社会的培育之恩。曾被评为"江苏省自强模范""江苏十大杰出青年"和"全国自强模范"。

1. 人生难免有挫折，应对挫折的有效方法有哪些？

2. 我们青年如何做才能自强？请举一个在生活中自强的例子。

3. "凡是身遇挫折、身处逆境的人都会成才。"这种看法对吗？

三、 任务考核

根据以下两则材料，回答下列问题。

材料一：德国的贝多芬，一生遭受了数不清的磨难。贫困，双耳失聪对他打击更加沉重。但他不甘沉沦，振作起来，终于创作出《命运交响曲》，获得极大的成功。

材料二：某市一重点高中学生填报高考升学志愿时，在前面两个志愿填报了我国的两所著名大学，在第三志愿上却填写了长江大桥，即如果考不上两所著名大学，他将从长江大桥上跳下葬身鱼腹。

1. 这两则材料共同说明了什么道理？

2. 同样是面对挫折，为什么材料中的两位主人翁会有不同的结果？

项目导读

　　世界上最困难而又最重要的事情就是珍视生命，即使生命会经历生老病死、怨憎会、爱别离、求不得、生命不公等境遇，依然会选择热爱、珍视它，因为生命是我们的全部。生命没有彩排，只有一次精彩，精彩瞬间的背后是艰辛与汗水。生命只有一次，不可重来，生命就像一艘开往未来的船，我们要掌好舵，驶向更美好的未来。当自己的生命受到威胁时，我们不言放弃；当生命遭遇困境时，我们勇敢面对；当他人生命遭受威胁时，伸出援助之手；当生命不再完美时，依然肯定、悦纳生命。

　　然而，在大学这个特殊的阶段，大学生面对环境适应、人际交往、情感问题、就业压力等诸多因素，可能会对自身心理造成不同程度的负面影响，从而产生心理危机。在当下，由于生活条件的改善，大部分的大学生没有经历生命的苦难历程，当出现重大心理冲突心理失衡时，极容易引发心理危机。因而如何识别大学生可能出现的心理危机，提早预防，及时干预，显得至关重要。

学习目标

知识目标

1. 认识生命的独特和可贵。
2. 体验生命的独一无二，学会珍爱生命，善待生命。
3. 掌握心理危机概念、心理危机干预流程。

技能目标

1. 能通过认识、情绪、行为对心理危机进行识别。
2. 能预防心理危机、干预心理危机。

素质目标

1. 体会生命的独特与可贵，养成热爱生命、呵护生命、感恩生命的生命观。
2. 养成化解重大心理冲突的防范意识，预防心理危机。
3. 从危机事件中汲取积极影响，养成积极乐观的阳光心态。

任务一　理解生命

任务引入

　　小 C 是某高职学校大二学生，23 岁。她的内心始终有一些疑问：人为什么活着？我要往哪里去？活着的意义是什么？

　　小 C 很小的时候就开始思考生命的意义，她说小学时就经常问身边的伙伴"咱们活着是为了什么"，伙伴们总是想一些答案来回答她，但她觉得都不是自己想要的答案。

　　初中时，因为忙着上学、考试，完成各种任务，有明确的目标，生活也比较顺利，没有空闲时间思考，但关于生命意义的问题还是会时不时跳出来困扰她。到了高中，学习负担重了，她唯一的目标就是将来能考上大学。她还把"自由之思想，独立之人格"作为自己努力的方向，前进的灯塔。

　　大学与她想象的完全不同，她感到迷茫、困惑。小 C 觉得没有遇到可以说心里话的人，没有方向感，不知道自己的未来在哪儿。因为课程不是很多，小 C 有大把的空余时间，这也加大了她的空虚感，这时她希望通过男朋友找到属于自己的生活意义和方向，于是她开始恋爱。然而恋爱并没有给她带来太多的快乐，两人在相处中有很多争吵，因为她需要男朋友给她答案。小 C 后来反思"一个这么严肃的答案，我要他来给我，我是多愚蠢啊！"

　　关于生命的意义成了小 C 成长中一直困扰她的问题，她不大在意金钱，也不大在意地位，但很在意自己活着的目的和方向。她觉得生命的意义是每个人都要探索的一个非常重要的问题。

　　请思考：

　　1. 你是否对有关生命的问题进行过深入的思考？

　　2. 你怎么看待自己生命的意义和价值？

相关知识

　　"生命"是一个很直观而又很神圣的字眼，也是人们常常挂在嘴边的词语，好像谁都知道。但是，到底什么是生命？生命从何而来？生命的意义何在？人们一直在孜孜以求地探寻这些问题的答案。

一、 生命概论

（一）什么是生命

什么是生命？从生物学的角度而言，生命是由高分子的核酸蛋白体和其他物质组成的生物体所具有的特有现象，能利用外界的物质形成自己的身体和繁殖后代，按照遗传的特点生长、发育、运动，在环境变化时常表现出适应环境的能力。恩格斯认为生命是蛋白体的存在方式，这个存在方式的基本因素在于它和周围的外部自然界不断地进行新陈代谢，而且这种新陈代谢一旦停止，生命就随之停止，结果便是蛋白质的分解。据此有人说生命就是一堆碳水化合物和 DNA 分子的组合，是原子和分子的堆积体。从这个角度来说人的生命是自然生成的生命体，是自然界长期演化的产物，也是男女两性结合、自然繁衍的产物。当然人的生命不仅是一堆碳水化合物和 DNA 分子的组合，而且是肉体与精神、心理的统一体，是生命存在、生命质量与生命价值的统一体。人不仅是自然生成物，还是有灵魂的智慧生命。自然生命是价值生命的载体，价值生命是自然生命的灵魂，舍弃两者中的任何一个，生命都是不完整的。

1. 古代对生命的理解

在古代，"生"字的本义是草木从地下长出，引申为事物的产生、发展，再引申为生命的孕育。"命"字本义是"天命"和个人的"命运"，是指客观的条件限制。

古人的"生命"意指"活着"，不仅指生命个体一生一世的活着，更指整个人类的生生不息，不断繁衍，不断进步。

2. 当今科学对生命的解读

生物体所具有的活动能力，是一种特殊的、复杂的、高级的物质运动形态，是蛋白质和核酸组成的系统。主要包括新陈代谢、生长、发育、遗传、变异、感应、运动等。生长和发育是生命的基本过程，而新陈代谢则是生命最基本的过程，是其他一切生命现象的基础。

生物学研究表明，几乎所有生命，从简单的到复杂的，从低级的到高级的，它们的代谢途径、遗传密码基本相同，遗传信息的传递方式近似。其中起主要作用的是两类大分子：一类是核酸，另一类是蛋白质。

人的生命是由意识和身体构成的统一体，即身体是人生命存在的本源，意识是人生命活动的依据。尽管每个生命有所不同，但一个人只要努力奋斗、顽强拼搏，就能充分发挥及展现自己生命的价值和意义，从而让生命与众不同，让人生丰富多彩。

3. 生命的结构

人的生命由三个因素构成，即生物性、心理性（精神）和社会性。

（1）生物性生命：即人首先是作为自然生理性的肉体生命而存在的，这是生命的基本属性。

（2）精神性生命：人之所以为人，就在于人有高于动物的意识活动，有超越生物性生命的精神世界。人不但要思考如何活下来，还要思考如何更好地生活。只要人在世界上存在一天，大脑就不会停止思考，人类就要创造、超越，就要更好地认识世界、改造世界。

（3）社会性生命：是指人生命的社会性。人的存在不是孤立的，而是在一定社会关系之中的，所以人是一个社会的存在。人是社会动物，任何人都不能脱离社会而存在。

（二）生命的特征

1. 生命的有限性

生命存在的时间是有限的，人的自然寿命一般是七八十岁，最多百十来岁，人终究要死去。

2. 生命的独特性

地球上每一种生命体都有其独特性，正如世界上没有两片完全相同的树叶一样，世界上也不存在两个完全相同的生命个体。人的遗传素质具有差异性，这种差异性决定了人先天具有的独特性，以及后天发展中的优势结构。所以，不同的人会表现出不同的爱好和特长，即便是孪生兄弟，相同的基因遗传也因后天生活、环境、教育和实践活动的不同，而使人有不同的发展，形成不同的个性。

3. 生命的脆弱性

生命是非常脆弱的，它会受到外界各种因素（如天灾、疾病、车祸等）的影响而突然的消亡。也许上一秒还存在或还拥有它，下一秒可能就会失去，永远地失去。

4. 生命的不可逆性

从胚胎起，生命便一直生长、发育，直至衰亡。它绝不会"倒行逆施"，返老还童也绝非现实，也"不得复生"。人的生命过程只有一次，没有重新开始。

5. 生命的不可再生性

生命，对任何人来说只有一次。世间常说，"人死不可复生"，便道出了这个道理。因此，我们每个人都要珍惜生命，并且学会呵护生命。

二、　大学生生命教育的内涵

生命教育一般指教育人如何认识生命和生死问题，主要目标是让人了解生命，懂得敬畏生命、尊重生命、热爱生命、珍惜生命，理解生命的意义价值，从而实现自我生命的最大价值。

大学时期是生命的转折点，通常，人们普遍认为大学生应该是充满信心和活力的、积极向上的，文化、道德素质较高，有较强的心理承受能力的群体。可近年来，关于大学生自杀和他杀等恶性事件的报道层出不穷，此类事件的频繁发生，反映了大学生在遇到问题时容易选择逃避、走极端，对生命的认识极为浅薄，把对自己和他人生命的伤害作为唯一解决问题的办法。

高校生命教育，就是要把每个大学生培养成为积极、乐观、自信、友善的个体，要让大学生更好地理解生命的意义、生命的质量和增强生命尊严的意识，让每个大学生都能珍惜生命，都能拥有一个美好的人生。要教育大学生都懂得这样一个道理：一个人的生命不但属于自己，也属于家庭，属于国家，如果不珍惜生命就是对个人不负责，对家庭不负责，对国家不负责。

三、　大学生生命教育的目的

1. 认识生命内涵、寻求生命价值

生命教育的目标是让大学生了解和认识生命，认识生命的内涵，寻求生命的价值，学会思考"生命是什么、怎样寻求生命的价值、如何追寻自己的生命"等问题，提高大学生对生命认识的深度、领悟生命的真谛。从而帮助大学生树立正确的生命价值观。

2. 培养大学生热爱、尊重生命的态度

大学生生命教育就要是帮助大学生养成尊重生命、珍惜生命的情感态度。生命有且只有一次，珍惜生命是人活着的前提。从人的生命社会性看，人的生命不仅仅属于自己，还属于家庭、社会，珍惜生命是对自己负责，也是对家庭、社会负责。同时，大学生在社会活动中，要懂得尊重和关爱他人的生命，做到与他人和谐相处，有热爱生命、尊重生命的意识和态度。

3. 实现大学生的生存与发展

生命教育主要是让大学生能够学会必要的生存与发展技能。第一，是增强大学生生命的安全防范意识和技能，没有了生命，生命的价值就无法体现。第二，提高大学生的挫折承受能力，让他们学会正视挫折、积极面对。第三，是提升大学生的综合竞争能力，以帮助大学生适应社会发展需求。第四，培养大学生危机预防与自杀干预能力，这是个人和社会发展的共同要求。

任务实施

一、 认识生命的态度与价值

生命的意义是关于生命的积极思考，主要包括我们存在的意义、寻求和确定有价值的目标，并为之奋斗。人生的最大价值与生命的意义就是不断追求自我发展与成长。

1. 生命的态度

一个最基本的事实是，每个人只有一次生命，只有活着，人生的一切生活目标、一切应承担的责任和人生价值才有实现的可能，失去了生命，一切都无从谈起。因此，活着就是我们对待生命最基本的态度。为了更深入地探求生命的态度，我们通过自行截肢求生的伐木工人的案例来进行理解。

案例：早晨，一个伐木工人去森林里伐木。他用电锯将一棵粗大的松树锯倒时，树干反弹重重地压在他的右腿上，剧烈的疼痛使他突然眼前一片漆黑。此时，他知道，自己首先要做到的是保持清醒。他试图把腿抽回来，可是办不到。于是他拿起手边的斧子狠命地朝树干砍去，砍了三四下后，斧柄断了。他又拿起电锯开始锯树。但很快发现：倒下的松树呈45°角，巨大的压力随时会把锯条卡住，如果电锯出了故障，这里又人迹罕至，时间一长，就只能束手待毙了。左思右想，别无他法。他狠了狠心，拿起电锯，对准自己的右腿，自行截肢⋯⋯伐木工人把腿简单包扎了一下，决定爬回去。一路上，他忍着剧烈的疼痛，一寸一寸地爬，一次次地昏迷过去，又一次次地苏醒过来，心中只有一个念头：一定要活着回去！

生命是十分脆弱的，当它遭遇艰难的生存之境时，生命又是相当强大的。正如案例中的伐木工人，为了活着而做出努力。活着，是我们对于生命意义追寻的基本态度，只有活着才能够实现生命的价值和潜能。

在生命的过程中，难免会遭遇不同的困境，活着是生命的底线，不论在何种绝境之下，都不能放弃。相反，我们要努力做到活着、活好、活久，让自己变得快乐、成功，实现生命的价值。当然，我们会遇到一时的失败、不快乐，退回底线，但要耐心地等待、创造机会再争取改变。

很多人都这样觉得："我出生是不由自己决定的，但是我的生命由我做主，想死是我自己的事，不关他人的事。"因此，青年人反生命行为时有发生。死亡是否只是个人的事情？每个人的生命账单如表9-1所示。

表9-1　每个人的生命账单

付出人	明　细
妈妈	怀胎十月……
爸爸	幼儿时每月吃的奶粉……
爷爷、奶奶	
老师	

　　一个人活着不仅是自己生命存在和发展的需要，也是他人生命存在和发展的需要。我们的生命不仅属于自己，还与他人有着千丝万缕的联系。比如，没有母亲的十月怀胎，哪来人的生命？当一个人生病时，没有医生或药品，就难以健康地活着。因此，我们的生命从诞生的那天起，就享受他人提供的服务，同时也注定要承担起为他人的生命存在和发展提供服务的责任。

　　由此可见，生命不仅仅属于自己，还属于我们的父母、配偶、亲人、朋友乃至整个社会。失去生命对一个人自身来说也许只是一种结束，可是对生他养他的父母、对关心和爱护他的亲朋好友无疑是一个极大的伤害。这就是生命对他人的意义。

2. 生命的价值

　　生命是个体的价值中最首要、最一般的价值。生命赋予了我们每一个人去追寻人生价值的权利，关键在于我们如何实现自己生命的价值，如何使用我们的生命去追寻更高的价值。我们一起来从尼克·胡哲的事迹中寻找启发。

　　案例： 1982年12月4日，尼克·胡哲出生于澳大利亚墨尔本。他天生没有四肢，只有左侧臀部以下的位置有一个带着两个脚趾头的小"脚"。尽管身体残疾，但父母并没有放弃对他的教育。胡哲的父亲是一名工程师、母亲是一名护士。在他6岁时，父亲教他如何用身体仅有的"小鸡脚"打字。而母亲则为他特制了一个塑料装置，好让他学会"握笔"写字。8岁时，胡哲的父母把他送入小学。因身体残疾，胡哲饱受同学的嘲笑和欺侮。10岁时，他曾试图在家中的浴缸溺死自己，但没能成功。

　　在胡哲19岁的时候，他打电话给学校，推销自己的演讲。被拒绝52次之后，他获得了一个5分钟的演讲机会和50美元的薪水，从此开始演讲生涯。尼克·胡哲的幽默演说，受到许多人的追捧，更是激励了一代人积极面对人生的勇气。自从胡哲19岁进行第一次演讲之后，他的足迹开始遍布全世界，与数千万人分享他的故事和经历，在世界各大电视节目中讲述他的故事。生活中，他还学会了打字、游泳、玩滑板、踢足球、打高尔夫球，由于胡哲克的勇敢和坚韧，2005年他被授予"澳大利亚年度青年"称号。

　　尼克·胡哲的故事告诉我们，生命的价值要自己去创造、去使用。在我们实现生命的价值过程中不要把阻碍看作是麻烦、困难；相反，应该把它们看作是自身成长与学习的机会，并创造自己的个人价值和社会价值。

二、认识大学生生命教育的内容和目的

1. 大学生生命教育的内容

第一，大学生生死观。海德格尔说过，死亡并不是存在于生存之外的，而是存在于生存之中，死亡是生命的另一面，如果没有认识到生存的另一面是死亡，也就不能看透生命的本来面貌。只有客观地认识死亡，辩证地思考死亡，向死而生，才能更加珍爱所拥有的生活，才能更有计划地安排自己的生命，努力于当下，真正获得生命的价值与意义。

第二，责任、感恩教育。一个人活着不仅是自己生命存在和发展的需要，也是他人生命存在和发展的需要。每个人的生命，都有着社会属性，都肩负着对自己、家庭、社会和国家的责任。当前有许多大学生责任意识淡薄，过分注重自我，心理脆弱、抗挫折能力差，精神萎靡不振，更缺乏感恩之心。因此要加强对大学生的责任与感恩教育。

第三，生命价值观。生命是老天给予我们最公平的对待，每个人出生时都是一块原石，于是一个人的一生就像一个雕刻的过程，想要成为什么样的人，就要朝哪个方向前进。人生的最大价值与生命的意义就是不断追求自我发展与成长，在短暂的生命过程中不断追求完美。

2. 大学生生命教育的原因

当代大学生对生命的意义存在诸多误解，其中包含"漠视生命、戕害生命、骄纵生命"等。第一，漠视生命、虚度光阴。有些大学生认为进入大学后，自己的人生圆满，不再需要追寻生命的价值，虚度光阴，与游戏为伍，将自己的青春肆意挥霍。第二，戕害生命，三观不全。一些大学生对生命的认识极为浅薄、毫不在乎，对待他人的生命漠不关心，随意地危害生命。第三，骄纵生命，不经风雨。个别大学生因为生活的美好，家人的保护，没有经历磨难，当遇到困难或挫折时，就折磨自己，甚至轻贱自己的生命。

究其原因，大学生对生命的误解主要有以下原因：第一，对自身价值缺乏正确客观的认识。当代大学生对自身和现实没有客观的认识，存在理想主义意识。当现实与理想之间出现差距时，产生心理落差，心理和思想严重错位。第二，承受和应对挫折的能力差。当代大学生因为生活环境，在遇到挫折或不公平对待时，易出现一蹶不振，封闭自我，暴力、伤害及自我伤害等严重的生命事件，其本质是这些大学生缺乏感情、意志力、对生命的感悟。第三，大学生生命教育的缺失。当前高校的大学生生命教育只存在于理论上，纸上谈兵，大学生生命健康教育处于游离状态。

生命，就如同花朵，只能绽开一次，只能享受一个季节的阳光。大学生生命教育就是要让大学生正确地认识生命，了解生命的短暂和脆弱，尊重生命、珍惜生命。

拓展提升

一、　任务拓展

如何善待生命

二、　拓展训练

1. 作为生命的个体，你的存在，会给人带来哪些快乐和幸福？请在下面的空格处填上"因为有了我"的意义，并尽量多填写。

因为有了我，_____；

因为有了我，_____；

因为有了我，_____；

因为有了我，_____；

……

2. 假如你得了绝症，并且已经被医生宣布医治无效，请你做如下工作。

（1）写下自己临终前的感受。

（2）列出自己想要做的事情。

（3）为自己写悼词，作为自己一生的简单总结。

三、　任务考核

1. 说一说生命的特征。

2. 想一想大学生有哪些生命误解行为。

3. 捋一捋大学生该如何实现生命的价值。

任务二　心理危机识别

任务引入

　　小 D 是某高校临床医学专业的学生，长相平平，没有什么特长和特点。在参加社会实践时，交往了一名男生，在男生的再三要求下，小 D 和他发生了性关系。然而，暑假过后，男生告诉小 D，自己有女朋友，要和她分手。这个消息对小 D 犹如晴天霹雳，她觉得自己被骗了，觉得自己很肮脏，无颜面对父母和家人，她恨自己太天真，为自己的行为极度后悔、自责。

　　小 B 是小 D 唯一的朋友，这几天小 B 觉得小 D 很不对劲，小 D 已经几天没来上课了，眼睛红红的，耷拉着脑袋谁也不理，半夜还能隐隐约约听到她哭泣的声音。在小 B 的再三追问下，小 D 对小 B 说："你是我最好的朋友，这件事情我只告诉你一人，但你必须发誓永远替我保密。"小 B 答应了，小 D 这才告诉了她这一切。小 D 还告诉小 B"我一定会毁掉男友的生活，跟他拼个鱼死网破"。对于具体计划，小 D 只字未提。

　　小 B 虽然对小 D 好言相劝，希望小 D 勇敢地面对现实，及时调整自己，但小 D 却无动于衷，这让小 B 感到手足无措，她怕好友一时冲动做出傻事，可是她不知道怎样才能帮助好朋友，她觉得需要告诉老师或者让小 D 到学校心理咨询中心咨询，帮助她走出困境。但又怕自己处理不好，泄露了好友的个人秘密，给朋友造成影响，这样反而把朋友推向更危险的境地，同时她也感到自责，因为她曾发誓为朋友保守秘密。她不知道究竟怎么做才好。

　　请思考：小 D 有什么危机表现？危机发生时，保密和不保密，你会做出什么选择？

相关知识

一、心理危机的概念

　　心理危机，顾名思义是人的心理状态出现了危机。早在 1954 年，美国心理学家卡普兰就提出心理危机的概念并对其进行了系统研究，他提出，心理危机是当个体面临突然或重大生活逆境（如亲人死亡、婚姻破裂或天灾人祸等）时所出现的心理失衡状态。人在遇到突发事件时，不能采用正常的手段、方法去处理，就会导致人的情绪、认知和行为方面的失衡。

每一个人都会面临心理危机，从心理危机的产生来源，可以将心理危机分为三类。第一类是发展性心理危机。发展性心理危机是指在正常成长和发展过程中，急剧的变化导致人的情绪产生巨大的波动，造成人的心理失衡，从而产生危机。例如，就业、升学、学业、爱情、人际交往等，都可以导致发展性心理危机。第二类是情境性心理危机。情境性心理危机是当出现罕见或超常事件，且个人无法预测和控制时出现的危机。例如，亲人亡故、交通意外、失恋、被强暴、突然的疾病和死亡都可以导致突发性心理危机。第三类是存在性心理危机。存在性心理危机是指伴随着重要的人生问题，如关于人生目的、责任、独立性、自由和承诺等出现的内部冲突和焦虑引发的危机。

二、 心理危机的特征

1. 紧急性
危机常常是出人意料、突如其来的，具有不可控制性，危机的出现如同急性疾病的爆发一样具有紧急的特征，它需要人们去紧急应对。

2. 普遍性
心理危机的产生、发展及激化经历着复杂而微妙的心理过程。几乎每个人都不同程度地经历过心理危机，但心理危机并非必然导致极端行为。事实上，心理危机并不像我们想象的那样神秘，它就在大学生的身边，甚至正存在于某些大学生的心里。心理危机从一定意义上讲是每个人成长过程中都会遇到的事，没有人能够幸免。虽然在人生中危机是不可避免的，但是只要我们把握机会、设定目标、形成计划、妥善处理，是可以度过危机的。

3. 复杂性
心理危机是复杂的，可以是生物性、环境性和社会性危机，也可以是情境性、过渡性和社会文化结构性危机。而造成危机的原因可能是生理的、心理的或者社会性的。另外，由于个性不同，个体面临危机也会采取不同的反应形式，例如，有的当事人能够自己有效地应对危机，并从中获得经验，使自己变得成熟；有的当事人虽然能够度过危机，但并没有真正地解决问题，在以后的生活中，危机的不良后果还会不时地表现出来；而有的当事人在危机开始时心理就崩溃了，如果不提供及时、有效的帮助，就可能产生有害的、难以预料的后果。一旦危机出现，便会有很多复杂的问题卷入其中。

4. 危险与机遇并存
危机意味着风险，又蕴藏着机遇。一方面危机是危险的，因为它可能导致个体严重的病态，包括对他人和自我的攻击；另一方面危机也是一种机会，因为它带来的痛苦会驱动当事人寻求帮助，解决问题，从而使自己得到成长。在危机状态下，如果大学生成功地把握了危机或及时得到了适当、有效的心理危机干预或帮助，个体可能就学会了新的应对技能，不但重新恢复了心理平衡，还获得了心理上的进一步成熟和发展。危机的成功解决能使个体从危机中得到对现状的真实把握、对过去冲突的重新认识，以及学到更好的危机应对策略和手段，这就是机会。没有危机，就没有成长，如果当事人能够有效地利用这一机会，就会在危机中逐步成长并实现自我完善。

三、 心理危机的具体表现

1. 对环境的适应不良导致的心理危机

进入大学后，生活环境、学习环境都发生了翻天覆地的变化，从独生子女到集体生活，因为生活习惯、语言、作息时间等不同，发生矛盾冲突，却不知如何解决，长久以往，造成的大学生心理问题甚多。另外，大学提倡独立自主的学习方式，一些大学生在高中的时候，有家人、班主任敦促其学习，进入大学后，其失去学习方向和目标，没有独立自主学习的能力，也会导致其产生心理问题。

2. 人际交往失败造成的心理危机

当前，"00后"逐渐成为高校大学生构成的主体。由于这些大学生大都是独生子女，从小在关爱中长大，加上如今网络、手机的普及，导致面对面的沟通减少，而且缺乏相应的技能。进入大学后，难免会因为各种各样的原因产生摩擦，这些摩擦有可能给心理素质较差的人带来影响，从而产生心理问题。某些大学生无法独立的生活、害怕与人沟通等，同样容易诱发心理危机。

3. 身体疾病导致的心理危机

一些大学生在身体上出现某种疾病时，容易患得患失，产生紧张、害怕、焦虑等情绪；特别是在疾病反反复复发生，久治无果的情况下，容易胡思乱想，疑虑，甚至是情绪悲观、绝望，产生抑郁，严重的会有自残、自杀倾向。

4. 爱情或友情的失败导致的心理危机

当今大学生因爱情或友情的不顺而产生的心理危机，成为大学生自残、自杀的主要原因之一。大学生们远离家人、远离家乡，生活在一个陌生的环境，爱情或友情就成为必需品。但在追求爱情或友情的过程中，会出现很多问题，当问题无法解决的时候，出现爱情或友情关系破裂，会产生强烈的挫败、羞耻、伤心、难过等情感。如果得不到及时地疏导，这些情感就会导致大学生面临崩溃，陷入心理危机。

5. 家庭因素导致的心理危机

当个体的家庭发生重大变故时，例如父母离异、突然死亡、自然灾害，以及家庭中的"高期待、高要求、高批评、高控制"等，都会对大学生还不成熟的心理产生影响，从而引起心理危机。甚至有的个体不单单会有情绪上的变化，认知、行为上也会受到较大的影响，从而影响生命。

6. 抗挫折能力差导致的心理危机

当代大学生作为独生子女，从小娇生惯养，顺风顺水，没有经过失败和困难，父母对其照顾有加，让他们从心理上、生理上形成依赖性，导致他们缺乏对应的独立生活技能。他们更多的是从家庭和社会中去索取，关心自我、注重自我的实现。他们进入大学后，离开家庭、父母，在重要的事情失败（考试失败、竞选学生干部失败、被批评）时，就会陷入退缩、逃避、自暴自弃等情绪中，无法自拔，从而产生心理危机。

生活中压力无处不在，如果我们自身的抗压能力差，出现在我们身上的压力就会被放大，如果没有释放压力的途径和及时地释放压力，极易导致心理问题，产生心理危机。

任务实施

正确识别大学生可能出现的心理危机，可以及时干预，挽救生命。大学生心理危机集中体现在生理、情绪、认知、行为四个方面，因此我们可以从以下几点来进行识别。

一、　从生理的变化上识别

正常的生理情况是一个人心理健康的重要表现之一。当一个人发生心理危机时，受到心理活动的影响，他的生理情况也会受到相应的影响。当个体大学生出现生理行为上的异常，如近期身体变化特别大、体重骤减或骤增、皮肤颜色变化较大、肠胃不适、暴饮暴食、失眠、头痛、疲惫、腹泻、感觉呼吸困难、自制力丧失不能调控自我等不正常的行为时，排除生理上的因素后，就要考虑其是否存在心理危机。

二、　从情绪的变化上识别

情绪是帮助我们识别个体是否正在发生心理危机的一个重要依据。良好的情绪是心理健康的重要标准之一。情绪是我们的一种主观感受、内心体验，伴随着我们的主观感受、内心体验，会直接在我们的情绪上有更直观的表现，我们的情绪是心理状态的晴雨表。因此，当个体出现不良情绪时，如焦虑、沮丧、悲伤、绝望、无助、自责、烦躁、自我否认、自怨自艾等，并且持续时间较长，个体无法用正常的方式方法走出不良情绪，就要考虑个体可能正在发生心理危机。

三、　从认知的变化上识别

认知是指我们在获取知识过程中进行的各种心理活动，主要包括知觉、记忆、言语、思维等。一般情况下，我们的认知是正常的，但当我们突然出现注意力不集中、无法自己做出决定、爱走神、记忆力下降、健忘、学习和工作效率降低，无法将思想从危机事件中转移出来、大脑"不听使唤"等变化时，就说明心理状态出现了问题。

四、　从行为的变化上识别

当个体出现社交退缩、害怕与人交往、不敢出门、上课无故缺席、常迟到早退、容易自责或怪罪他人、对他们失去信任、随意丢弃自己喜爱的物品等行为时，甚至在社交软件上谈论自己的死，或与死亡有关的问题，或写下遗嘱之类的内容（任何书面或口头表达的像是在临终告别或透露出自杀倾向的内容，如"我会离开很长一段时间……"），或购买能够威胁生命的物品（农药、安眠药、刀具等）等行为时，要引起重视。有的甚至已经采取过某些手段试图自杀。这意味着个体发生了心理危机，甚至是严重的心理危机。

当我们身边某人出现四个方面中的两个或两个以上方面的表现，或者三个基本要素都具备时，我们就认为这个人出现了心理危机。

心理危机包含三个最基本的要素，当三个基本要素都具备时，就说明该个体出现了心理危机。分别是：①重大改变，如个体生活中发生重大事件、遭受挫折境遇、面临严峻挑战、遇到严重阻碍；②无能为力，惯用的应对策略防御机制失效，努力尝试解决失败，产生严重的乏力感和失控感；③心理失衡，以往平静、平衡和稳定的状态被打破，各项功能出现明显失调，认知上只看到消极悲观无望、心情抑郁、烦躁、易激怒，行为上不能做灵活的选择，遇事回避或拖延。

拓展提升

一、　任务拓展

抑郁症简介

二、　拓展训练

游戏：大侦探福尔摩斯。

目的：通过游戏来展示观察力的重要性，并学会如何提高观察力。

游戏规则：

1. 让同学两两结对。

2. 每人仔细观看自己的搭档 1 分钟。

3. 1 分钟后，彼此转过脸去，再也不能看自己的搭档。

4. 每人做 7 处以上的外观改变，改变可以是细微的，也可以一目了然。

5. 让搭档们再次相互观察，依次说出对方都做了哪些改变。

总结讨论：

1. 做完这个游戏你有什么感受？

2. 为什么大多数同学不能马上说出所有的改变？

三、　任务考核

1. 说一说什么是心理危机。

2. 谈一谈心理危机的表现。

3. 当你身边的同学经常失眠、情绪低落、不与人交流时，你能识别他（她）的心理可能出现什么问题吗？

任务三　心理危机干预

任务引入

　　孙某，女，23 岁，某高职学校大二学生，长相一般，性格沉默寡言、多愁善感，家庭条件一般，平时比较拮据。最近，孙某的室友发现她开始打扮自己，穿上最漂亮的衣服，从不化妆的她开始化上美丽的妆容，每天都早出晚归，但不是去上课。

　　这天，孙某的室友在她的床头发现了死亡实施计划和一封写好的遗书，遗书上写着："××，麻烦帮忙把桌上的两本书还给××同学，把手机转交给我的男友。妈妈，忘记我吧，这个总是不争气的女儿。"

　　请思考：当你发现身边同学有心理危机时，你可以做些什么？

相关知识

一、　心理危机干预概述

心理危机是指个体由于突然遭遇严重灾难、重大精神应激或压力，使生活状况发生明显的变化，用通常解决问题的办法难以克服困难，因而产生高度紧张、极度痛苦或绝望，以及伴有情绪症状、自主神经症状和行为障碍等一系列心理应激反应。一旦这种应激自己不能解决或处理时，则会发生心理失衡，这种失衡状态称为心理危机。

心理危机干预一般指对处于失衡状态的个体及时给予适当的心理援助，防止精神崩溃，使之尽快摆脱困境。心理危机干预可以帮助那些由于突然遭受严重灾难、重大生活事件或精神压力，使生活状况发生明显的变化，尤其是出现了用现有的生活条件和经验难以克服的困难，以致陷于痛苦、不安状态，常伴有绝望、麻木不仁、焦虑，以及植物神经症状和行为障碍的人。

二、　心理危机干预模式

贝尔肯等提出了三种基本的危机干预模式，即平衡模式、认知模式和心理社会转变模式。

1. 平衡模式

平衡模式又称为平衡/失衡模式。危机中的人通常处于一种心理或情绪的失衡状态，在这种状态下，原有的应对机制和解决问题的方法不能满足他们的需要。平衡模式的目的在于帮助当事人重新获得危机前的平衡状态。平衡模式最适合早期干预。

2. 认知模式

危机干预的认知模式基于这样一种认识：危机起源于对事件的错误思维，而不是事件本身或与事件和境遇有关的事实。该模式的基本原则是，通过改变思维方式，尤其是通过意识到其认知中的非理性和自我否定部分，重新获得理性和自我肯定，从而使当事人获得对危机的控制。认知模式最适合于危机稳定下来，并回到了接近危机前平衡状态的求助者。

3. 心理社会转变模式

心理社会转变模式认为人是遗传天赋和社会环境共同作用的产物。社会环境和社会影响总在不断的变化，人们也总在变化、发展和成长。因此对危机的考察也应该从个体内部和外部因素着手，除了考虑当事人的心理资源和应对方式外，还要了解同伴、家庭、社区的影响。危机干预的目的在于把求助者的内部资源与社会支持和环境资源充分调动及结合起来，从而使当事人有更多的解决问题方式可以选择。同认知模式一样，心理社会转变模式也适合于达到较稳定状态的当事人。

三、心理危机干预技术

（一）支持性心理治疗

支持性心理治疗，又称支持疗法、一般心理治疗。这是目前国内精神科最普遍采用的一类心理治疗方法。采用普通常识性心理学知识和原理，其方法与日常生活中的谈心和说理等十分近似。最常用的方法为聆听、解释与建议、鼓励与保证、情感释放，以及善用资源等。

1. 聆听

咨询师认真倾听来访者的倾诉，使来访者感到咨询师在积极关注他们的痛苦，消除其顾虑和孤寂感，从而对咨询师产生信赖，有利于疏解情绪。

2. 解释与建议

在建立起良好信任关系的基础上，咨询师以通俗易懂的方式，针对性地对来访者的问题进行解释，并提出解决问题的建议。

3. 鼓励与保证

咨询师对来访者潜在的优势、长处进行积极的鼓励，以使其充分发挥主观能动性，激发潜在能力，提高应付危机的信心。保证是咨询师对来访者的承诺，常用于多疑和情绪紧张者。保证应恰当、实际，以免破坏来访者的治疗信心。

4. 情感释放

让来访者在治疗环境里宣泄情绪，在治疗早期有利于咨询师感受来访者的内心世界，获得信任，但是，反复的情感释放并无益处。

5. 善用资源

帮助来访者审查自身内在的或外在的各种资源，充分加以利用，并鼓励来访者去接受来自家人、朋友、社会或各种机构的支持和帮助。

（二）个人中心疗法

该疗法的基本假设，只要给来访者提供适当的心理环境和气氛，他们自己就能发挥潜能，改变对自己和他人的看法，产生自我指导的行为。治疗时，咨询师不以问题、行为和目标为中心，而是为来访者创造一种和谐的气氛，与来访者建立一种相互信任、相互接受的关系，帮助来访者厘清思路，逐步克服自我与理想之间的不协调，接受及澄清当前的行为和情绪问题，达到自我治疗、自我成长的目的。

任务实施

在心理危机干预中，一般常用的是六步法，即识别并确定问题、保证求助者的安全、给予支持、提出并验证可变通的应对方式、制订计划、得到承诺。

一、 识别并确定问题

心理危机干预的前提和基础是首先要确定心理危机个体主要存在的问题。主要使用的是倾听、开放式提问、同情、理解、真诚、接纳以及尊重等方式，探索和确定问题。

在这一阶段，我们必须要与求助者建立良好的关系，取得对方的信任，然后明确求助者存在的主要问题是什么，是什么原因导致的，当前最需要解决的问题是什么；同时，在确定问题的过程中，要了解有无严重的躯体疾病和损伤，评估求助者目前的身心状态是否处在心理危机中。

二、 保证求助者的安全

在危机干预过程中，要将保证求助者安全作为首要目标。就是说，使得求助者对自我和他人的生理和心理危险性降低到最小。可以充分利用危机干预技术促进求助者安全感的建立。

（1）积极接纳。这是心理干预得以进行的前提和基础，要求干预者理解并接受求助者的一切表现。在危机事件后，每一个当事人都有恐惧的心理，他们往往特别渴望关怀和理解，渴望别人接纳他们的一切。我们可以从语言上、行为上表现出对他们真正的接纳，对于强烈的情绪表达，无须制止、建议、说教，通过听者的接纳、尊重、给予空间，使对方感觉到自己不是孤立无援的，从而建立起安全感。

（2）主动倾听。这是心理危机干预，尤其是初期非常重要的一环。因为只有认真地倾听求助者的叙述，才能发现其问题的症结所在，进而才能提出解决问题的建议。同时，通过无言倾听与陪伴，给予其心理上的支持。

（3）合理宣泄。让求助者一吐为快，是心理危机干预一个看似简单，实则最为重要的步骤。给求助者提供疏泄机会，鼓励求助者将自己的内心情感表达出来，像倒垃圾一样把内心深处的负性感受、想法不加掩饰地表达出来，将负性情绪以适当的方式宣泄出来，有助于安全感的建立。

（4）环境支持。提供安静、舒适有序的环境可以使求助者感到安全。

三、　给予支持

这一步，主要强调与求助者沟通与交流，让求助者知道我们是能够给予其关心帮助的人。注意在这样一个过程中，我们不要去评价求助者的经历与感受，而是应该提供这样一种机会，让求助者相信"这里有一个人确实很关心我！"有人愿意帮助他度过危机，而且是真心实意地，没有任何条件、积极主动地去帮助他。这样有利于求助者恢复自信和减少对生活的绝望，有助于保持心理稳定和有条不紊的生活，以及有利于人际关系的改善。同时，根据求助者的实际情况，可以建议求助者多与家人、亲友、同学接触和联系，获得他们的帮助。

四、　提出并验证可变通的应对方式

因为在多数情况下，求助者处于思维不灵活的状态，不能恰当地判断什么是最佳的选择，往往选择的是一条非黑即白的死路，没有其他路可走。所以我们可以运用认知模式，帮助求助者正视危机。通过改变求助者的思维方式，引导其学会换一个角度思考问题、认识现状，认识其认知中的非理性和自我否定部分，从新的角度来重新诠释发生在自己周围的一切，使求助者的思想改变更为积极，更为肯定。使求助者明白，有许多可变通的应对方式可供选择，促使求助者正视可能应对和处理的方式，积极地搜索可以获得的环境支持（这是提供帮助的最佳资源，求助者知道有哪些人现在或过去能关心自己），应付机制（求助者可以用来战胜目前危机的行动、行为或环境资源），发掘积极的思维方式（可改变自己对问题的看法并减轻应激与焦虑水平）。

我们客观地评价各种可以变通的应对方式，就能够给感到绝望和走投无路的求助者以极大的支持。

五、　制订计划

在心理危机干预中，我们要与求助者共同制订行动计划来帮助他们度过当前的心理危机状态。计划方案应该包括以下几点。

（1）确定有另外的个人、组织团体和有关机构能够提供及时的支持。

（2）提供应付机制——求助者现在能够采用的、积极的应付机制。确定求助者能够理解和把握的行动步骤。

（3）根据求助者的应付能力，计划应注重切实可行，帮助求助者解决问题。

要注意，计划方案的制订应该与求助者合作，让其感到这是他们自己的计划，这一点很重要。制订计划的关键在于让求助者感到没有剥夺他们的权力、独立性和自尊。因为求助者过度地关注自己的危机，而忽略自身的能力，因此在制订计划的过程中，要让求助者认识到：计划付诸实施的目的是恢复他们的自制能力和保证他们不依赖于支持者。

六、 得到承诺

在前几步的基础上实施这一步是顺理成章的。主要通过让求助者自己复述计划："我们已经制订了计划，你是否可以自己按照计划来做一下。例如，请跟我讲一下你将采取哪些行动，以保证你不会大发脾气，失去理智，避免危机的升级。"最后得到求助者的直接及真实的承诺和保证。我们一定要明确，在实施计划时是否达成同意合作的协议。

拓展提升

一、 任务拓展

心理危机干预六步法运用

二、 拓展训练

情景模拟

时间：10 分钟。

目的：通过情景模拟练习，让同学们体验心理危机干预技术。

规则：一人扮演有心理危机的同学，一人扮演干预者，进行 5 分钟的干预。

案例：陈某，女，18 岁，某高职院校大一新生，家中有一妹一弟，父母工作忙早出晚归，父母对其学习方面要求高。高中时，父母每天都强调要好好学习，这让她感觉压力很大，后面就不想学习了。现在父母仍然在强调学习，她觉得很难受，有时候还要照顾弟弟和妹妹，她感觉自己做什么事都得不到父母的认同，内心感到很痛苦。她最近情绪低落，不稳定，不爱搭理人，兴趣减低、悲观、思维迟缓、缺乏主动性、自责自罪、胃口差、睡眠差、夜间常惊醒伴哭泣，甚至有时出现自杀念头和行为。她觉得自己太难过了，于是向作为同学的你倾诉，请问你将如何帮助她？

心理危机干
预技术之着陆

三、　任务考核

1. 简要阐述支持性心理治疗技术的基本要点。
2. 复述心理危机干预六步法的基本内容。

项目十　在线合理　冲浪有度

项目导读

随着互联网技术的飞速发展，网络与我们的生活、工作以及学习联系得愈加紧密，作为走在网络应用前沿的大学生群体更是与网络密不可分。网络已经成为我们生活中必不可少的一部分，如购物、阅读、信息查询等，为我们提供了极大的便利。

在我们享受网络所带来益处的同时，也逐渐发现其带来的负面影响。大学生作为网络普及率较高的群体之一，感受尤为深刻。调查显示，大学生对于网络的过度使用造成了严重后果，给大学生的身心健康带来严重的不良影响。网络是一把双刃剑，如何正确使用网络成为现今社会讨论的重点问题之一。大学生应正确认识网络，合理使用网络，有效预防网络心理问题，从而保障自己身心的健康发展。

学习目标

知识目标

1. 掌握网络心理健康的内涵及网络心理健康标准。
2. 掌握网络心理问题的产生原因。

技能目标

1. 识别大学生网络心理健康问题。
2. 应对大学生网络心理健康问题。

素质目标

1. 对网络有正确的认识，能够客观合理地使用网络。
2. 提升网络心理健康意识，主动营造健康网络环境。
3. 强化网络心理健康认知，合理规划个人发展，适应社会发展需要。

任务一 认识网络心理健康

任务引入

　　我今年19岁，在某职院读大一，出生于一个普通的家庭，有一个哥哥。我从小学习成绩一般，但哥哥的成绩一直很好，成为爸妈常挂在嘴边的孩子，也是别人家的"孩子"。我从小到大总是习惯自己一个人，进入大学以后，发现学校里的活动很多，但我就是不想参加，确实自己也没什么特长，外表也一般，参不参加无所谓，感觉没什么意思。宿舍里的其他同学经常一块进出，但是我不知道应该和他们说些什么，也没什么共同话题，平时也就打个招呼。

　　由于新型冠状病毒肺炎疫情影响，我们在学校上课的时间不多，很多时间在家通过网络学习。我时常感到无聊，就下载了不少游戏和娱乐软件，每天玩游戏、看小说、刷视频，感觉特别有意思，时间也过得很快。我总是想象着自己有一天能有一个"奇遇"，每天都玩到很晚才睡，第二天如果有课就把课挂上，然后就做自己的事情去了。没课的话正好就可以好好睡上一觉，每天晚上感觉特别精神。有时候爸妈或以前的朋友叫我出去，我想着还不如在家玩手机来得痛快呢！

　　日子一天天过去，我只要玩上手机就会感到特别放松，但一放下手机就感觉空落落的，有时候想到什么事情还没做，整个人就很烦躁，同学们有时在群里聊天，讨论作业什么的，我也觉得特别烦，做什么事情都提不起精神。

　　请思考：通过案例中"我"的描述，他出现了什么问题？应如何帮助他呢？

相关知识

一、网络概述

（一）网络的含义

　　网络又称互联网，始于1969年美国的阿帕网。网络在电学、数学、计算机等领域都有其特定的含义。在计算机领域中，网络是信息传输、接收、共享的虚拟平台，通过它把各个点、面、体的信息联系到一起，从而实现这些资源的共享。

　　网络会借助文字阅读、图片查看、影音播放、下载传输、游戏聊天等软件工具从文字、图片、声音、视频等方面给人们带来极其丰富的感官享受。

（二）网络的特征

网络是继报纸、广播、电视三种传统大众传播媒体之后出现的第四媒体，1998年5月，时任联合国秘书长安南在联合国新闻委员会上提出，在加强传统的文字和声像传播手段的同时，应利用最先进的第四媒体——互联网。自此，"第四媒体"的概念正式得到使用。网络的触角已经延伸到全球的各个角落，融入社会中的方方面面，其与三大传统媒体相比具有以下特征。

1. 时间上的时效性

基于互联网技术的体系构建，网络在时效性上远超传统三大媒体，网络可实现全球信息的即时共享，以即时通信软件——微信为例，通过网络互动实现了人与人之间的无缝交流。除此之外，网络在时间上还体现了另一特征，即时间上信息的保存性，当我们正在学习、工作时，一些微信的文字或语音信息我们是不会错过的，通过提醒设置便于我们在事后查阅，这是报纸、广播、电视等传统媒体所不具备的。

2. 空间上的拓展性

信息的传输历来受到重视，古有飞鸽传书、烽火传信等信息传输方式，但受到空间上的限制，信息的交流是极为不通畅的，具有极强的滞后性。然而，网络确保了人们在任何有网络的地方，借助相应的网络工具即可上网进行远程交流。网络的这种特点极大地提升了网络信息传播的互动性，网络使用者具有信息接收者与信息发布者双重身份，可以根据自身的喜好选择相应的网络平台，在全球的任一角落与世界各地交流沟通。

3. 内容上的丰富性

大数据背景下，网络资源极其丰富，对我们的生活、学习与工作都产生了巨大的影响。通过关键词的检索，轻轻一敲键盘即可轻松获得大量的相关资料。网络包含了语言文字、音频、视频等多种形式的资源，相较于传统媒体而言，更具备吸引力，就好比黑白电视和彩色电视一样。与此同时，网络内容的及时更新确保了我们对最新消息的掌握。

4. 空间中的平等性

网络是相对开放的一个空间，现在，只要拥有一部智能手机就可以随时随地上网，满足条件就可以申请属于自己的相关网络账号，在遵守网络环境法规的前提下畅所欲言、交流己见，个体的思维活跃度受到激发得到极大提升。以网络交友为例，你往往不能确定正在和你交流的网络个体到底是男是女，年轻或者年迈等。这给予网络使用者极大的自由发挥空间，在游戏中我们不会因为你现实的身份而不去击败你，网络使用者的现实社会地位和经济背景等差异在网络中被极大缩小。

5. 形式上的隐蔽性

同时，网络又具备隐蔽性，网络使用者的身份在他人看来是一串数字字符，即网络账号。虽然网络账号是基于网络使用者身份证申请注册的，但是在网络环境中，我们自身真实情况是其他一般使用者所不能发现的，这在某种程度上大大增强了个人隐私的保密性。

二、 网络心理健康

有学者认为网络心理健康就是人们在使用网络时能够保持积极的心态，离线时能够保持心理的平衡，能够较好地把握虚拟与现实之间的关系，在虚拟性与现实性之间以现实性为主导，在线时和离线时保持人格的统一。

在这里不难看出，网络心理健康的内涵本质上遵循了心理健康的标准，只不过将其结合网络这一限定条件下，就是在使用网络时或者在使用网络之后都能够保持正常的心理健康状态。网络心理健康并非是狭义的心理健康，而是把心理健康从内涵与外延上扩大了。

网络是一把双刃剑，如果正确认知，合理使用将会对大学生的学习、生活起到巨大的帮助作用；反之，过度滥用则会造成危害，对大学生的心理健康产生消极影响。

任务实施

一、 认识大学生网络需求与网络心理

（一）大学生网络需求

需求推动人采取行动以达到目的，大学生群体具备包容性广和接受性强等特征，往往对时代发展的新事物是最先接受的群体之一，网络时代下大学生的使用普及率也是较高的，大学生对网络的需求包括以下几个方面。

1. 大学生的学习需求

网络信息的丰富性为大学生提供了可供查询的巨大数据库。在社会竞争日益增长的情况下，督促大学生知识储备的不断扩容，一专多能成为当代大学生的要求标准，尤其是高校对网络教育的不断加强，课堂教学、课后训练等教学形式越来越多地借助网络，大学生不可避免地会因学习而使用网络。

2. 大学生的交际需求

人具有社会属性，交际在其生活中必不可少。亲人之间的节日问候、朋友之间的关怀慰问、师生之间的交流沟通等，网络逐渐成为大学生交际的主要工具平台。网络的便捷性既为稳固大学生已有的交际做出贡献，也拓展了大学生交际发展的需求。在新场合认识了新朋友，加微信或加 QQ 成为大学生拓展交际的第一选择，校园内的班级群、学生干部工作群等也成为大学生生活中的必刷内容。其中特别要注意的是大学生恋爱关系，身处两地的大学生情侣，网络已经成为他们维系感情的主要方式，网络平台的广阔为大学生人际交往极大地拓展了空间。

3. 大学生的生活需求

在智慧化校园建设过程中，学杂费的缴纳、水电费的缴纳、一卡通的充值等，大学生的生活各方面都已随着科学技术的发展逐步网络化，排起"长龙"办事也已经变得很少见。"现在出门谁还带现金呀！"这是现下人们常挂在嘴边的一句话，支付宝、微信支付等网络支付手段可以说是最有力的证明了，足不出户就可以解决生活上的方方面面。电子商务的迅猛发展，网购时代的来临，大学生在生活上对网络的依赖逐渐加深。

4. 大学生的娱乐需求

随着物质生活的不断丰富，人们越来越强调精神上的丰富，网络成为精神生活的主要平台。网上购物、网上观影、网上音乐、网络游戏、电子书阅读、网络观光等娱乐模式的线上化丰富了大学生的娱乐需求，为大学生提供了多项娱乐选择。线上线下娱乐服务相结合，大学生的网络娱乐需求在不断增强。

（二）大学生网络心理

1. 猎奇心理

猎奇心理是要求获得有关新奇事物或新奇现象的心理状态。网络技术飞速发展，网络虚拟情境的构建也逐渐完善，是大学生心中的完美圣地。如雨后春笋般出现的网络新游戏、网络新名词、网络新概念、网络新程序等对大学生的心理吸引是巨大的。大学生作为踊跃"追新"的青年群体，面对网络提供的丰富的多元化信息，自然会不遗余力地追逐其中了。

2. 从众心理

法国作家古斯塔夫·勒庞在其《乌合之众》一书中指出，群体具有从众、模仿、盲目等个性特征。大学生群体面对日新月异的网络内容，往往会在群体的作用下进入其中。以一典型现象为例，在网络发展初期，如果聚餐中的一个人不参与集体讨论而独自使用网络，群体虽对网络表现出一定兴趣，但这在群体看来是异常的；但是当多数人在聚餐中使用网络时，不使用网络的反而成为异常了。这在日常生活中随处可见，朋友讨论的话题必然是大家最近熟知的，宿舍中玩游戏是正常现象，认真学习反而成为另类。从众心理也体现在大学生的人际交往需求方面，网络新名词、新动向成为大学生人际交往的主要话题来源，在网络中的交往更是可以找到志同道合的朋友。

3. 自由平等心理

网络具有平等性和隐秘性，网络中创建的虚拟身份不因现实身份的差距而有所区分，当然有人会说"氪金"存在不平等性，这与其说是不平等，不如说是商家的营销策略。网络的平等性又体现在自由方面，网络环境中每个人的言论与行为基于遵守法律的前提下是自由平等的，因为我们不必顾及自己的言论给我们带来实际的影响。这对大学生来说是逃避现实压力的重要手段之一。其中，网络中大学生扮演的角色可以根据自身需要进行修改或者完善，在感觉自身有缺陷的大学生身上表现得尤为突出，将内心中幻想的自己在网络上展现出来，以追求心理上的平等。

4. 宣泄逃避心理

正如上文所讲到的，大学生在网络中具有自由和平等，自我意识更加强烈，现实中遭遇的挫折压力，敢于在网络中表达出来，真可谓"一吐为快"。这也基于网络的身份隐匿性，感受到自身的安全感，网络的表达很难与现实联系在一起，也就是说大学生认为网络表达对现实的影响不大。除此之外，大学生认为网络上"志同道合"的朋友能够倾听自己的声音，理解自己的想法，这也导致大学生更愿意在网络上与其分享了。

网络与大学生心理的关系可以说是十分紧密的，两者的关系是相对的，其相互之间的影响既有积极的，也有消极的。网络作为一种工具、一个环境、一个载体，可以成为心理从健康变为不健康的导火索和不健康心理的放大器，也可以成为不健康心理的灭火器或舒缓剂。

二、　理解网络对大学生心理的影响

1. 网络对大学生的积极影响

客观上，网络所具备的种种特征为大学生的学习、生活等提供了极大的便利，是效率的一大进步，时空条件的束缚遭到极大削弱，善于运用网络的大学生更容易获得成功，实现自我价值。主观上，网络极大增长了大学生的认知、开阔了大学生的眼界、丰富了大学生的情感，这对大学生的个性发展和性格塑造有着积极作用，为大学生的自我发展创造了更多的条件。

2. 网络对大学生的消极影响

首先，网络的过度使用将会造成个体思维的僵化。在海量的信息资源中，大学生将会从借鉴思考向直接获取转变。通过简单的关键词搜索，即可获得自己想知道的答案，不假思索便拿去应付了事，这种快餐式的知识获取是很难被大脑记住的。其次，网络的过度使用将会造成网络成瘾，大量的时间花费在网络游戏、网络交友等方面，从而对大学生的学业、人际交往等现实造成严重后果，很多人都可能见过这样一个画面：朋友或同学聚餐，全都成为"低头一族"，没有了以往的热闹场景。再次，网络的过度使用会影响使用者的社会生活，造成人际关系疏远、情感上的孤独、压抑、焦虑；身体机能健康也会受到影响，生物钟被打乱、生理分泌失调、免疫力降低、肩颈疼痛，手部抽搐等。最后，网络的不当使用将会造成个体思想的堕落。由于网络的特征，网络监管无法做到面面俱到，其中充斥着大量不良信息，暴力、色情、反社会等内容都会给学生的三观带来严重影响。

三、　掌握网络心理健康标准

提及网络心理健康，就必然涉及"网络"这一元素，这是对心理健康概念给予了一个限定条件或者是提供了一个环境因素，那么网络心理健康又包含哪些标准呢？

目前关于网络心理健康标准并无明确统一规定，结合实际一般具有以下几个方面。

（1）对网络及心理健康能正确认知。网络使用者对网络和心理健康有着较为清晰的认知，分辨网络情境下心理健康的大致状态，能有意识地指导自己的行为。

（2）面对网络保持情绪的稳定。将网络作为一种使用工具，而不是成为网络的奴隶，被网络所控制。

（3）较好的自我控制力。面对网络各式各样的吸引力，大学生能够在诱惑面前保持较好的自我控制力。

（4）虚拟与现实环境中的人格统一。大学生在网络使用过程中能够区分虚拟与现实，具有统一的人格。

（5）良好的道德约束力。网络空间也不是法外之地，但由于网络空间法律规定的不完善，这就要求大学生坚守道德原则，具备良好的道德约束力。

（6）信息选择和辨认的能力。网络中信息犹如浩瀚大海，无穷无尽，这就要求大学生在面对海量信息时要具备一定的信息选择和辨认能力。

拓展提升

一、 任务拓展

《浅薄》：互联网如何毒化了我们的大脑

二、 拓展训练

活动：在线时间管理。

目的：合理规划自己的上网时间。

准备：A4 纸和彩色笔。

1. 每位同学在纸上画上一个圆代表一天 24 小时，梳理一天怎样分配时间，画在圆圈内，纸的反面书写人生最在乎的事情并排序。

2. 同桌之间相互分享自己的作息时间分配。

3. 在看过他人的饼图之后，请说说自己的时间饼图和他人的相似和相异之处。

4. 其中上网时间占了多大比例？自己满意这样的安排吗？是否把时间花在对自己最重要的事情上了？如果可以重新分配，你会怎样安排？

5. 在你可支配的时间里，想要如何安排自己的上网时间？

三、 任务考核

1. 谈一谈网络与大学生心理健康的关系。

2. 如何合理规划自己的上网时间？

任务二　辨识网络心理问题

任务引入

　　我今年 18 岁，终于来到向往已久的大学校园，可以无拘无束的独自生活了。不一样的生活、学习方式对我来说既有新鲜感也有恐惧感，身为学生干部我经常需要帮助老师处理一些电子表格，但来自农村普通家庭的我在使用电脑和手机时感觉难以下手，内心十分无助。在不断摸索中，我逐步熟悉了网络，网络世界让我欲罢不能，常常茶不思饭不想，喜欢在网络中"指点江山"，经常发表自己的观点。我时常幻想自己也能成为像小说、影视剧中那样的"天命之子"，具备某一项特质。当我不得不离开手机的时候，心里感觉空落落的，干什么也没兴趣，和同学们的话题也越来越少，反而更喜欢在线上交友。每天起床的第一件事情就是打开手机，只要手机不在身边就提不起精神。

　　请思考：通过案例中"我"的描述，他出现了什么问题，出现问题的原因可能是什么，应该如何帮助他呢？

相关知识

一、 网络心理问题概述

　　互联网的飞速发展延伸到大学生生活的方方面面，网络对大学生产生复杂的心理健康影响。网络是一把双刃剑，网络环境下的心理问题日益凸显，受到社会的关注，大学生群体作为主要的网络群体之一，其网络心理问题频繁发生。

　　网络心理问题概念目前并无统一的界定，依据传统的心理问题概念，只不过对其进行网络环境这一条件限定。大学生常见的网络心理问题一般具有以下几种表现中的一种或者多种：网络恐惧、网络成瘾、网络孤独、网络焦虑等，网络心理问题患者会产生生理上的和心理上的不适感，严重者甚至有自杀念头和自杀行为。

二、　大学生常见网络心理问题

1. 网络恐惧

恐惧，是一种人类及生物心理活动状态，通常称为情绪的一种。恐惧心理就是平常所说的"害怕"。顾名思义，网络恐惧就是人们对网络产生的害怕心理，一方面是对网络这一事物本身的恐惧，另一方面是对网络内容的恐惧，甚至是对于网络具备的某一特质的恐惧，网络恐惧心理在大学生中较为普遍。

2. 网络成瘾

网络成瘾的全称是网络成瘾综合征，最早由美国心理医生伊凡·金伯格提出。网络成瘾的定义一直没有得到明确统一，国外有学者将其定义为："强迫性的过度使用网络和剥夺上网行为之后出现的焦躁和情绪行为"；有的学者认为网络使用者长时间地习惯性地沉迷网络，从而对互联网产生心理上和生理上的强烈依赖，依托自我无法摆脱。国家卫生健康委员会发布的《中国青少年健康教育核心信息及释义（2018 版）》规定网络成瘾是指在无成瘾物质作用下对互联网使用冲动的失控行为，表现为过度使用互联网导致明显的学业、职业和社会功能损伤。目前网络成瘾的工具更为普及化，一部手机便可以随时随地上网，并且随着科学技术的发展，手机程序逐渐丰富，亦出现了"手机成瘾"这一说法。

3. 网络暴力

网络暴力是网民在网络上的暴力行为，是社会暴力在网络上的延伸。网络暴力是一种危害严重、影响恶劣的暴力形式，它是指一类由网民发表在网络上的并且具有"诽谤性、诬蔑性、侵犯名誉、损害权益和煽动性"这五个特点的言论、文字、图片、视频，这一类言论、文字、图片、视频会对他人的名誉、权益与精神造成损害。

4. 网络迷失

网络迷失是指在网络使用中，大学生沉浸网络虚拟环境中的自我，而忽视了现实中的自我，甚至造成人格分裂或者自我同一性混乱。

5. 网络孤独

网络孤独症就是过分地依赖网络，淡化了个人与社会及他人的交往，远离周围伙伴，慢慢地对丰富多彩的现实生活失去了感受力和参与感，变得越来越孤僻。其主要特征为社交功能和交流技巧出现障碍、异常动作以及复杂多样化的行为。

6. 网络焦虑

焦虑的主要表现是无明确客观对象的紧张担心，坐立不安，伴随心悸、手抖、出汗、尿频等现象。随着网络与生活的相互交融，逐渐产生了"网络焦虑症"，最为明显的就是短时间离开网络就会产生莫名的坐立不安感，这是网络时代特有的现象。

7. 网络强迫

强迫症是一组以强迫症状（主要包括强迫观念和强迫行为）为主要临床表现的神经症。随着网络的普及，网络作为组成人们生活的一部分，"低头一族"随处可见，网络强迫问题也在悄然走入我们心灵。

8. 网络畸恋

恋爱一直是大学生产生心理问题的原因之一，现在随着网恋兴起产生了相应的网络恋爱心理问题。网恋是指以网络为媒介，借用聊天工具等互相聊天，人们之间互相了解，从而相恋。网恋就是以互联网技术为基础而形成的一种新的特殊的情感生活方式和婚姻恋爱方式。在这一方式中，大学生对现实情感保持距离，从而对网上恋爱产生严重的依赖性，比如游戏中的伴侣、虚拟的游戏人物等，网络恋爱存在网络诈骗的风险。

任务实施

一、 从网络心理问题表现特征辨识大学生网络心理问题

1. 网络恐惧

大学生对网络本身的恐惧。大学生来自五湖四海，因各地经济发展的不均衡、大学生家庭经济条件的差异及网络普及化程度的不同，落后地区以及家庭条件较差的同学存在对网络接触不多甚至没有接触过的现象。恐惧源于未知，基于此种现实，该类大学生对网络的一无所知会令他们产生网络恐惧心理，面对网络需求往往会不知所措，采取求助他人的方式。而对网络了解的大学生也并非不会产生恐惧心理，面对纷繁复杂的网络信息以及不断推陈出新的网络程序，部分大学生会害怕无法跟上网络的发展脚步，这类大学生也会感到手足无措，甚至逃避面对网络。

大学生对网络内容的恐惧。由于网络本身的特征，网络监管难以做到面面俱到，一些使用者在网络上发布的负面消息接踵而至，网络甚至成为一种新型的犯罪渠道，违法犯罪者借助网络平台实施诈骗、赌博等违法行为。很多人，尤其是心理发展不成熟的大学生成为网络违法犯罪行为的主要对象，在网络中受到伤害，由此对网络产生恐惧感，很多受害者因此对网络一票否决。

大学生对网络形式的恐惧。例如早期出现的网络"人肉搜索"事件，我们的一切信息如果都暴露在公众视野中，想象一下这种后果可能是我们难以承受的，在类似的事件中，除当事人之外，很多旁观者甚至是参与者也都发现了其中的危害，这令他们内心不再平

静。如果自身信息，包括自己不想被暴露的隐私被公开，这对我们的生活、工作将产生重大的影响。尤其是网络上的"名人"，在享受网络带来便利的同时，也对网络产生了深深的恐惧。

2. 网络成瘾

根据我国 2008 年制定的《网络成瘾临床诊断标准》，网络成瘾分为网络游戏成瘾、网络色情成瘾、网络交友成瘾、网络信息搜集成瘾和网络交易成瘾。

如果个体平均每天用于非工作学习目的连续上网超过 6 小时，且符合以下症状标准超过 3 个月，即为"网络成瘾"。

（1）对网络的使用有强烈的渴求或冲动感。

（2）减少或停止上网时会出现周身不适、烦躁、易激惹、注意力不集中、睡眠障碍等戒断反应。这些戒断中通过使用其他类似电子媒介（如电视、掌上游戏机等）来缓解。

同时，以下五条至少符合一条：

（1）为达到满足感而不断增加使用网络的时间和投入程度。

（2）使用网络的开始、结束及持续时间难以控制，经多次努力后均未成功。

（3）固执地使用网络而不顾其明显的危害性后果，即使知道网络使用的危害仍难以停止。

（4）因使用网络而减少或放弃了其他兴趣、娱乐或社交活动。

（5）将使用网络作为一种逃避问题或缓解不良情绪的途径。

3. 网络暴力

网络暴力不同于现实生活中拳脚相加、血肉相搏的暴力行为，而是借助网络的虚拟空间用语言文字对人进行伤害与诬蔑。网络暴力能针对当事人的名誉、权益与精神造成损害，而且它已经打破了道德底线，往往也伴随着侵权行为和违法犯罪行为，亟待运用教育、道德约束、法律等手段进行规范。

网络暴力的表现形式如下。

（1）网民对未经证实或已经证实的网络事件，在网上发表具有伤害性、侮辱性和煽动性的失实言论，造成当事人名誉损害。

（2）在网上公开当事人现实生活中的个人隐私，侵犯其隐私权。

（3）对当事人及其亲友的正常生活进行行动和言论侵扰，致使其人身权利受损等。

网络暴力根源很多：一有网民的匿名性，网络上缺乏制度和道德约束。如"水军"在利益的驱使下，发布、转发许多不实言论；二有网民自身素质原因。部分网民在没有真实依据的情况下仅仅依靠自身片面判断，断章取义，造成信息在传播过程中改变其原本的语义；三有舆论的不正确引导，现在很多人喜欢将发现的不公现象发布到网络上，即"曝光"，但是事后经过调查发现许多信息存在不实现象，再结合网民的盲目性，舆论引导有误。大学生群体在心理发展趋向成熟但又未完全成熟的状态下，片面的价值判断往往会在群体的作用下演变成网络暴力。

4. 网络迷失

大学生具有极强的代入感，往往将自己代入网络小说的主人翁、网络游戏中创建的角色等各种网络情境中，离开网络后还在念念不忘，最为具体的表现就是在现实中感慨自己如果成了谁，会如何如何。

大学生具有身份的想象感。在自我构建或者是想象的网络人格中沉浸，作为键盘背后的掌控者，大学生的个性在网络中得到释放、改变，从而导致现实与虚拟的身份界限模糊，网络中的人格被其带入现实生活中，现实身份的人格被抛弃。

大学生在虚拟的网络环境中表现出与现实存在差距，导致大学生在人格上出现发展混乱直至发生心理问题。

5. 网络孤独

斯坦福大学科学家诺曼·尼说："人们在网上待的时间越长，在现实中与人打交道的机会就越少。"人的交际能力、社会生存能力便会因此而下降，这种对现实社会生活的不适应反过来又会刺激人，继而更加依赖网络而寻求心理的平衡，因此引发恶性循环，久而久之便会引发网络孤独的心理障碍。

然而，现实生活中，往往感到孤独的人才寄情于网络，希望以此得到安慰，相反网络带给他们的却是更加深刻的孤独，不得不说这是一种讽刺。一方面，孤独的人在网络中的行为依据原本的特点，不一定能够解决现实孤独；另一方面是从网络快感中回到现实，一经对比孤独感会更加强烈。

6. 网络焦虑

（1）使用焦虑。我们的生活、工作、学习都离不开网络，当着急使用网络时，电脑却出现故障，如无网络信号等，就会产生一些焦虑情绪，往往较长时间显得紧张和不安。

（2）信息焦虑。在当下网络信息大爆炸的时代，电视、电话、电脑、电子邮件、手机、互联网、MSN、QQ等各种现代化的通信设备和传播手段给人们的日常生活和工作带来方便，同时也给人们带来新的困扰。人如果在短时间内接受大量繁杂信息后，来不及分解消化，超出机体的承受力，由此便会造成一系列的自我焦虑和紧张感。

7. 网络强迫

结合自身实际我们可以发现，网络强迫已经在不经意间渗透入我们的生活。下面以一天的生活为例。

（1）早晨起床的第一件事情是打开手机确认是否有未读消息。

（2）是否习惯边吃早餐边翻阅手机。

（3）在上学、上班的途中，是否通过网络娱乐来打发时间。

（4）在正式上课、上班过程中，是否保持对手机的高频点击。

（5）在下班、放学前，是否要对所有的网络通信检查一遍。

（6）回到家，是否除了必要的行为，要通过网络放松一下。

在这一天中，我们会发现大部分网络行为其实是浪费时间，并没有实质性的作用，但仍然无法抑制，就好比离家前反复检查大门是否关好一样，不可控制地时刻惦念着网络上面的一举一动。这就是网络强迫症的症状表现，长期患有网络强迫症的人会过度沉迷于虚拟世界，对现实生活无所追求甚至产生厌恶情绪。情况严重的，还可能会促使其做出恶性行为，危害社会。

8. 网络畸恋

网恋产生了很多负面的心理问题：一是网恋中道德的缺失。网恋在增加自信的同时往往演变成为道德的缺失。网络恋爱的对象范围广泛，网络恋爱中语言的运用更加肆无忌惮。二是网恋情感的不正常。正常的恋爱观在网络中会发生偏差，相对现实而言更容易激进和极端，交往和分手在网络中仅仅成为简单文字，想分就分，没有了真实情感在其中。三是恋爱对象的完美性。现实恋爱关系的压力促使大学生偏爱网络恋爱，网恋对象是可以经过包装和修饰的。四是恋爱对象的虚拟性。很多人在恋爱关系失败之后，认为自己不可能再相信爱情了，将网络中的虚拟人物作为自己的恋爱对象；五是恋爱的欺骗性。网络恋爱伴随着网络诈骗的风险。

二、从网络心理问题产生原因理解大学生网络心理问题

大学生网络心理问题产生的原因是多方面的，有大学生个人认知、性格特征等主观原因，也有家庭、学校、社会等客观原因，这些影响因素相互影响又相互联系，分析大学生网络心理问题产生的原因需从多方面系统来看待。

（一）主观原因

1. 个人认知

大学生的个人认知影响网络心理问题的产生。首先，关于常见网络心理问题中的网络恐惧，人们在接触新事物时内心往往是有抵触甚至害怕心理的。正如我们常说的上台紧张，学生害怕回答问题、上台演讲，是基于对自身未经历过的事件的惧怕从而内心产生不安。网络恐惧的产生是学生对网络的正确认知并未树立的后果，许多大学生对网络持远离的态度，且仅仅在必要时才会使用网络。其次，正如之前所述，网络具有两面性的影响，大学生往往将网络作为自己放松的一种方式，这种观点是不全面的，其仅仅运用甚至扩大其负面影响。过度地使用网络娱乐功能，而忽视了使用网络的主要目的，即通过使用网络来学习、生活和工作。

2. 性格特征

大学生性格特征是网络心理健康问题产生的重要原因之一。大学生网络成瘾往往与其具备一定的性格缺陷有关，孤僻、敏感、自控性差、意志薄弱等性格上的缺陷促使大学生

更容易陷入网络中的自我幻想。一位大学生如果阳光、开朗、自信，对自己的大学生涯有着较为清晰的认识，那么其学习、生活大概率是充实的，明白自己该如何去做，对自己的行为是有较强控制力的。这类大学生往往能够有效察觉自己的情绪变化，积极调控自己的情绪，将其保持在一个较为稳定的状态中。

3. 心理需求

大学生对网络具有强烈的使用感、需求感、冲动感、认同感。大学生最初对网络的使用是基于网络特征的自我需求感，在使用过程中产生极大的使用获得感，在使用过程中产生现实中无法获得的自我认同感，从而产生对网络使用需求的强烈心理冲动。当内心冲动欲望无法有效控制从而无限释放时，网络心理问题也就随之而来。

许多大学生产生网络心理问题在于没有大学学习规划和自我人生规划。"上大学就可以好好玩了"这句话是高中老师常挂在嘴边的一句话，现实也是如此，经历过严苛的高中学习生活，升入大学后许多大学生会产生这样的疑问："我该做些什么，又该如何去做？"大学的自主时间比较充裕，在没有明确规划之后往往把时间消耗在没有营养的网络娱乐中。

马斯洛的需求理论很好地阐述了这一现象，人具有自我实现的需要，小孩子会在父母面前表现自我，尤其是有多个孩子的家庭，孩子们会在父母面前争相表现。同样的，大学生也有强烈的自我价值实现需要，在现实生活中的不满足导致他们更倾向于在网络中获得自我实现。

（二）客观原因

1. 家庭方面

良好的家庭环境能保障大学生心理的健康发展，家庭环境的各种要素对大学生网络心理问题的产生具有重要作用。

（1）父母关爱的不适度。一方面，家庭中的"冷暴力"层出不穷，冷暴力是指通过冷淡、轻视、放任、疏远和漠不关心，致使他人精神上和心理上受到侵犯和伤害，阿尔弗雷德·阿德勒在《洞察人性》一书中这样写道：在缺少爱的家庭环境中长大的孩子，已渐渐形成这样一种人生态度，在所有爱与柔情面前选择逃避，因此很少表现爱。在这种家庭环境中成长起来的孩子，往往内心变得极其敏感，情绪过度紧张，因其要通过自己的小心翼翼在家庭中占据一席。另一方面，父母的过度关爱，想象一下父母说的一句话"父母都是为了你好！"父母从自身角度出发，以为孩子好为依据，对孩子提出种种要求与限制，孩子常常在父母的绝对权威下生活，这样的行为往往导致孩子严重的逆反心理或者自信缺失。父母关爱的不适度，使得孩子只能通过网络去寻找感觉舒适的休息区，因为在网络中极易获得大量关爱、自信、自由，这种感觉是可以调整的。除此之外，生活在"蜜罐"中的独生子女在一帆风顺的环境中长大，对挫折的承受能力不足，一旦遭遇挫折，其内心就会失去信心，或不思进取，或消极面对。

（2）家庭氛围的不和睦。有研究表明很多人有恐婚现象，通过调查这一现象基于其自身家庭关系的不和睦产生。父母时常发生争吵、矛盾、冷战，这对孩子的幼小心灵产生了重大冲击，因为童年的这些记忆使其对婚姻产生恐惧心理。家庭氛围的不和睦对孩子的心理健康成长是有严重影响的。双亲家庭与单亲家庭相比较，前者家庭构建完善，而在后者中成长的孩子更容易变得极端，内心或多或少的失落感导致其相对于在前者中成长的孩子来说接触网络之后更易于产生网络心理问题，但这并不是绝对的，如果家庭教育方式得当，孩子的成长从大概率上来说并不会产生错误倾斜。

2. 学校方面

大学的教育模式相对于高中的教育模式来说更为宽松自由。以教学安排为例，高中教育环境中学生大体上处于被动地位，在紧凑的课程安排中度过每一天，而大学则不然，课程安排相对轻松，大学生有更多的自主时间；除此之外，在大学环境中，对大学生的主动性要求较高，这就对大学生的个人交际等能力提出挑战，大一新生在这种过渡阶段会产生对新环境的不适应，遇到学业的不顺等一系列问题。学生内心期望与现实产生差距，失落感油然而生，从而便寄情于网络。

学校关于网络心理健康教育不足。一是心理健康教育课程中网络心理教育占比不足。心理课程教育往往作为选修课，其中网络心理健康教育在课程教育中一般用两节课时间一笔带过，对网络心理健康教育的重视程度不够。二是心理咨询老师队伍的匮乏。心理工作是一项长期工程，想仅仅通过短时间达成目标是不现实的。目前高校普遍存在因各种因素而使心理健康教育师资力量严重不足等问题，所以只能关注重点大学生，对出现早期症状的大学生无法做到及早预防，无法将萌芽扼杀在摇篮中。

3. 社会方面

恋爱关系的不顺，交际的挫折，就业的迷茫等，这些都是大学生在网络寻求精神寄托、逃避现实的原因。随着物质生活的丰富，生长在良好环境中的大学生心智发育较晚，对外部的抗压能力不足，导致社会外部压力一经出现就会严重影响其内心，简单来说，就是大学生在大学之前的成长环境舒适，导致其成长经历并不能满足其独自在社会中生存发展所需。对恋爱关系的冲动性、不理智，对人际交往的自我为中心，对就业的无规划等都是大学生在这一阶段的特征。俗话说"穷人的孩子早当家"，没有经历过又怎么知道呢！大学生在遭遇外部压力时就会以逃避的心态投身网络，试图忘记苦恼。

社会多元文化在网络中传播。中西方文化在网络中激烈碰撞，大学生时常感到迷茫不安，混乱焦虑。各种价值选择给大学生造成严重困扰。大学生是一个追求"新"的群体，个性特征得到释放，但发现自己的价值选择与传统价值观存在差距，由此感受到被束缚，使自己陷入压抑的状态，造成心理失衡。

4. 网络方面

网络本质上是好的，但由于网络环境的复杂，其滋生的负面内容是造成大学生网络心理问题的主要原因之一。首先，网络的信息共享技术放大了少数个体的负面不良情绪，如个人宣泄的负面情绪，很容易引起相同者的共鸣，当独自在现实中时可能自我的意识能够有效控制，共鸣者通过网络有效连接，在共鸣者的宣泄下，情绪会极大增强。人们都具有从众心理，尤其是大学生心理发展不成熟，更容易被煽动，所以网络中的"聚众闹事"也就不奇怪了，各式各样的独特网络文化也应运而生。其次，违法犯罪者将网络作为犯罪的工具以谋取私利。网络暴力、网络色情、网络黑客技术等不当行为在急需健全的网络环境中肆虐，正如"近墨者黑"所说的那样，在负面环境中的成长必然是扭曲的。最后，网络的技术手段确保了对大学生的吸引力，许多网络游戏通过各种手段吸引大学生参与其中，例如，攻克某一难关会有奖励，如属性丰富的游戏道具、多彩炫目的游戏皮肤、层次分明的级别称号，这些手段的研发对大学生的吸引是毋庸置疑的，以至于大学生花费大量时间在其中。

5. 特殊事件

某些特殊事件的爆发往往会成为大学生网络心理问题产生的导火索。在一般情况下，大学生的情绪处于一种平稳状态，在波动时大学生生理与心理上会进行自我调节。但是当外部压力超出大学生承受极限时就会引发其心理问题。例如，战后创伤症，士兵在经历过残酷的战争后会对其心灵产生极大创伤，这种创伤会在今后的生活中给其带来严重的影响。如果没有及时得到干预治疗，往往会借助一些事物来麻痹自己。特殊事件本身可能并不会导致大学生网络心理问题的产生，只是会推动大学生寻求麻痹物。大学生借助网络来麻痹自我的可能性要远远大于其他事物，例如酒精、香烟等。除此之外，网络的娱乐功能强大，对大学生有更强的吸引力，这就自然而然地导致了网络对大学生的麻痹性更强，也更为持久。

拓展提升

一、　任务拓展

自测你的手机依赖程度

二、 拓展训练

戒除手机成瘾训练

1. 强制自己删除影响学习的娱乐软件，逐步卸载平时常玩的应用。
2. 吃饭、上厕所、睡觉时不要把手机放在身边。
3. 主动培养其他兴趣，利用兴趣转移注意力，并沉迷于其中。
4. 在初步成功后，可以适当以物质奖励下自己。
5. 注意一定要坚持，持之以恒，积极预防复发。

三、 任务考核

1. 你是否具有一定的网络心理问题？请结合自身分析原因。
2. 用戒除手机成瘾训练流程摆脱手机依赖。

任务三　应对网络心理问题

任务引入

　　我今年18岁，考入了一所职业学院。入学之前我对高职的生活有着自己的规划，信心满满，但是渐渐地对什么都不感兴趣了，唯有网络才是自己最好的"伙伴"，反正大家都差不多，还不如好好地玩耍一番，正如高中老师常说的"考上大学就可以尽情地玩了"。有一天，我突然发现平时默默无闻的同学竟然拿了国家奖学金，我想了想，觉得玩也不是长久之计，自己该做点什么了，但课堂上总是静不下心，手机从抽屉里拿进拿出。我总是控制不住自己，坚持一段时间也就放弃了。不知道谁可以帮帮我，我真的很无助。

　　请思考："我"具有什么网络心理问题？我们应如何为其提供帮助呢？

相关知识

一、 网络心理问题危害

1. 思想混乱

网络是一个开放的区域，它将全世界融入一个虚拟大环境中。在这个虚拟的环境中充满了信息、理论、观点等，古今中外面面俱到。与此相对，正是由于网络的开放性特征，无数观点和理论在其中相互碰撞，这对大学生的思想造成的影响是巨大的，也是直接的。

2. 认知混乱

如上文所述，网络虚拟环境中庞杂的思想观念和价值观念层出不穷，心智尚未成熟的大学生长期沉浸在这样一个多元信息的虚拟环境中，对社会的看法容易极端和片面，对真实的生活产生不信任感，造成认知混乱。一些大学生在海量网络信息的冲击下，反而把错误的理论当成真理。

3. 人格受损

人格是指个体在对人、对事、对己等方面的社会适应中行为上的内部倾向性和心理特征。人格又称个性，是个人带有倾向性的、本质的、比较稳定的心理特征（兴趣、爱好、能力、气质、性格等）的总和。由于虚拟与现实的差距，大学生的角色在虚拟与现实之间的转换会导致其人格同一性受损，导致其思想与认知上的混乱。

4. 道德失范

人生不如意十之八九，我们都生活在不完美的现实世界中，但在虚拟环境中，我们可以无限满足自身的追求。与此同时，网络始终存在监管盲区，并且对普通人而言我们的一言一行很难被追寻到，大学生极易在网络中迅速地释放自己的欲望，在现实中不敢做的、说的，在网络中被尽情地释放出来了，从而产生道德失范行为。

二、 个体预防网络心理问题的思路

1. 充分发挥主观能动性

大学生群体中网络心理问题十分常见，要想有效预防大学生常见网络心理问题的发生，就需要发挥大学生的主观能动性作用。一方面强化对网络心理问题的认识，另一方面在基于正确认识下采取正确的预防措施。一个四肢健全的流浪者之所以在流浪，是因为其主观上不想从事任何工作或通过自己的劳动去改变现状，如同我们永远叫不醒一个装睡的人一样，只有自己积极作为才能有效预防。

2. 强化行为上的控制性

在自身能够正确认识网络心理问题的危害这一前提下，大学生会面临多种选择，一是

209

选择拒绝诱惑，从心理防线上抑制网络对自己施加的负面影响；二是随波逐流，不主动作为，跟随大家一起沉沦。选择积极行动，主动抑制以有效预防网络心理问题，而不是随大家一起沉迷游戏，是自身上进的一种表现。当然很多时候我们不能绝对控制自己的行为，因此在行为的控制上，大学生可以寻找一些刺激替代物，转移自身的兴趣，有的大学生还可以选择体育运动等以摆脱当前的困境。

3. 寻求帮助支持的重要性

俗话说："三个臭皮匠顶个诸葛亮。"一个人的想法或看法总是难以全面，如果从不同的角度寻求帮助往往会有意想不到的收获。除此之外，大学生在预防网络心理问题时要知道如果自己的自律性较差，就很难持久应对，容易半途放弃。因此，无论是朋友的帮助还是学校老师的监督就显得尤为重要，他们可以为自己的坚持增加一道屏障。

任务实施

一、 树立正确认知

首先，要树立网络是大学生的学习辅助工具这样一种认知。在网络飞速发展的当下，有的人谈网色变，这类人对网络的负面影响无限扩大，对网络的作用一概否定，对网络敬而远之。但网络已经渗透于我们生活的方方面面，与网络的接触不可避免，这就要求我们要谨慎使用网络。在信息的海洋中，面对纷繁复杂的网络信息要有针对性地使用网络，通过专业网络数据库、关键词搜索搜寻我们想要的内容。

其次，对网络内容要有自己的判断。网络信息具有广泛性、无序性、不良性，在使用网络时很容易受到无关信息的干扰，尤其是网络不良信息的危害尤其严重，其直接影响干扰了网络使用者的本来目的。因此，在认知网络是工具这一基础上，大学生还要对网络内容形成自己的正确认知，排除无关信息，摒弃不良信息，掌握有效鉴别网络信息的技能。

最后，对网络的作用要有正确的认知。网络不是万能的，以学习功能为例，除了要学会有效鉴别网络信息的技能之外，我们还要学会对搜索的信息进行整理加工，拿来即用的快餐式知识获取不利于我们思维的发展，我们要在对信息掌握的基础上吸收归纳，形成自己的认知，这才叫作有效学习。再以娱乐功能为例，网络小视频、网络游戏、网络购物，确实可以在短时间内让我们感受到身心愉悦，暂时忘记现实的压力，但是当长时间沉迷其中后会发现我们的身心状态是极其不舒适的。因此，大学生要对网络的作用有着正确的认知，不要以其一方面的功能以偏概全，自我暗示，从而沉迷网络。

二、　进行情绪调节

在网络世界中我们会产生很多负面情绪，在树立正确认知的基础上，我们需要对情绪进行梳理调节。一方面，要深入认识情绪，尽可能避免负面情绪的产生。首先分析自身产生这种情绪的现实情况，是由于什么导致的？为什么会产生如此的反应？找到问题根源之后，判断产生这种情绪是否应当，在对自己的情绪有较为全面的分析认知之后，个体的内心就会豁然开朗了，这也就是我们通常所说的想通了。例如，生活中我们会发现身边的同学在遇到不满的事情时十分暴躁，其口中的抱怨在我们看来是十分不解的，当我们遇到同样的问题时才可能深刻体会到他们当时的那种感觉。

另一方面，就是情绪宣泄。比如朋友之间的矛盾有时说开了会更好，总是憋在心里反而不好。通过外在的情绪宣泄，将不满情绪释放出来，能够有效缓解大学生的内心状态。当然，网络心理问题中的网络成瘾就是大学生借助网络宣泄情绪过度的后果，这告诫我们在选择宣泄手段时可以借助网络宣泄，但是要切忌沉迷其中，网络游戏、网络不当言论都会带来严重后果。在这里，体育活动往往是一个很好的宣泄手段，通过体育形式既能宣泄情绪又能锻炼身体，何乐而不为呢！现在，很多高校推出宣泄室，通过一定的行为动作以达到宣泄情绪的目的，有助于理性情绪的修复。

三、　培养健全个性

大学生要深刻分析自己的个性特征，找出自己的潜在不足，有针对性地对自己的个性特征进行健全培养。第一步，要找出自身的个性问题并且正视它；第二步，要结合自身实际情况，可通过主观带动行为的改变，尝试自己之前未做出的行为方式；第三步，总结反思改变行为所带来的不同后果，正面的还是负面的。如果是正面的就继续保持，如果是负面的再相应做出调整，通过实践不断完善自己的个性特征。

四、　强化自我控制

网络心理问题单靠自身主观能动性是无法消除的，其就需要付诸实践，下面介绍代币疗法。

代币疗法是指出现适当的行为时，即给予正性强化物以强化该反应，从而建立个体新的适当行为，达到养成良好行为习惯的治疗方法。该疗法适用于消除心理异常和习得性不良行为，从个体需要的反应中选择正性强化物，强化物的出现增加了个体以后在同样情景下重复该行为的概率，这表示强化物对个体的反应产生了加强作用。其步骤如下。

（1）要选取合适的强化物。确定真正能够激励自身的事物，确保达到能够持续坚持的连贯性。

（2）按照从易到难的顺序将行为排序，在三条以内较为合理。

（3）确定代币的表示方法，如积分制。

（4）确定"代币"与奖励的兑换标准和兑换时间。

五、 寻求外部支持

1. 家庭支持

良好的家庭环境更容易塑造健康的心理状况，或对大学生的成长起到修正作用。在一个良好的家庭环境中，父母会为孩子传递正确的教育观念，发挥榜样作用，对孩子适度提出要求但不超出限度，这样能够有力避免孩子在父母高期望与失望中产生巨大压力。大学生要主动与家人建立良好的沟通机制，如定期与家人联系，分享自己近期的学习、生活状态等，对于存在的问题更要主动与家人分享，形成良性的沟通交流机制。与家人分享不一定能够解决问题，但终归比个人思考的要全面，当真正面临问题时，我们可以多一个寻求建议的对象，也不会再害怕家人发现自身问题。在良好的家庭环境中，充分且有效的家庭交流会给予大学生支持、鼓励，帮助其调节自我，正确评价自我，在稳定的发展轨道上前进。

2. 学校支持

目前，各高校都配备有专业的心理咨询老师，高校辅导员也在全程关注大学生的心理健康问题。作为学校中的老师，其在学生心理健康成长道路上的重要性不言而喻。教育主体要紧随时代潮流，转变传统的教育方式，创新教育教学方式为大学生的心理健康成长提供助力。一是学会运用先进的网络教学工具。帮助大学生正确认知网络的功能与作用；二是改变教育方式。传统"灌输式"教学总会令生动的内容变得乏味，这就要求我们发挥大学生的能动性，在网络心理健康教育中让大学生占据主要地位，老师做好启发和引导；三是注重师生关系。心理问题的复杂性使沟通成为解决问题的重要手段，只有平等的师生关系才会让大学生愿意向老师倾诉。如果还是以"命令"的方式，只会加大师生之间的距离，那么大学生的心理问题就更加无从解决了。

3. 社会支持

首先，从情感上，同学、朋友的身份更能令大学生感到平等，从而易于接受建议与监督，这是家庭支持和校园支持所不具备的，而医生等专业人士的专业性令大学生感到信服。其次，社会支持能起到外部监督的作用。这一作用与大学生自我监督能够起到良好的结合作用，在内心摇摆不定时，适当的外部监督往往可能是"压倒骆驼的最后一根稻草"。最后，能够为大学生带来归属感，使其意识到自己并非一人，是有人在帮助自己的，自己的存在是有意义和价值的。

　　网络问题造成的负面结果之一就是人际交往问题，指的是大学生沉溺于网络而对现实生活中人际交往的忽视。可以组建网络学习小组，大家在现实中聚集，同时使用网络进行学习，通过现实交流。这样的做法可以帮助有网络心理问题的大学生将注意力集中到网络学习上，也加强了现实人际沟通，并且起到外部监督作用。人具有社会属性，在群体中有从众心理，当某一行为为大家所不认可时，自我的主观能动性就会发生作用，进行自我行为调节，这样可以有效避免大学生产生网络心理问题。

拓展提升

一、任务拓展

网络心理自助

　　心理自助是指人们有意识地调节自身情绪、改善心理问题的行为和活动。心理自助与心理咨询相对应，前者是由自我所主导，但可以有专业的支持与指导；而后者是由专业的咨询师所主导。

　　网络心理自助服务系统是将所要进行的心理自助服务按照计算机程序编制成系统的、可操作的软件，供人们利用网络将其下载安装至个人电脑进行自助，这种服务方式在国外已经得到广泛应用。进入21世纪以来，国内的许多以心理专家为依托的企业也研发出一批以思克忧在线心理训练为代表的心理自助服务系统。国内外许多研究表明这类心理自助服务系统对改善抑郁、焦虑等情绪问题，以及促进自我成长方面，与传统的心理咨询效果相当。

二、拓展训练

"STOP" 技术

"STOP" 技术是一种使用正念来矫正行为的方法简称。

S（Stop）：停止。

T（Take a breathe）：缓一缓。

O（Observe）：察觉。

P（Proceed Mindfully）：谨慎继续。

"我想怎么做？目的是什么？后果是什么？"我们可以选择在上网之前做 "STOP" 技术，检查自己的状态，提示自己 "STOP" 并回到当下。

课堂上，如果让你自由地使用手机，你目前想用手机做什么？说出你想做这件事情的理由，但在做这件事之前给自己 1 分钟考虑一下你是真的要去做这件事情吗？

三、 任务考核

1. 你曾遇到哪些网络心理问题，是如何解决的？
2. 你认为应如何有效预防网络心理问题的产生？

项目十一　心理咨询　助人自助

项目导读

　　由于大学生经历相对简单，生活阅历相对较少，面对各种各样的压力和冲突，缺乏相应的能力和资源去应对，很多问题难以适应，容易引发心理冲突或者心理困惑。如果得不到及时的疏导和解决，个体将会长期处于压抑状态，这不利于个体身心健康发展。如果长时间得不到缓解，将会给整个身心带来极大的负面影响，严重影响生活质量，甚至影响到人的正常社会功能。

　　一旦我们的自行调节无效，就要求助于他人，心理咨询是专业解决人心理困惑的有效途径，作为大学生的你是不是会求助于心理咨询呢？高校里面有这样的一群人，他们一直在默默无闻地关注大学生群体的心理健康，守护大学生的心灵发展，帮助大学生解决心理问题，摆脱心理困惑，他们就是学校心理中心的心理咨询师团队。一旦大学生出现自己没有能力调节和解决的心理问题，就可以求助于专业的咨询和辅导，以解开心理困惑，实现健康发展。

　　心理咨询听上去很神秘，其工作机制是什么，具体的流程是什么，咨询前需要准备什么？下面让我们进入心理咨询的世界一起去了解吧。

学习目标

知识目标

1. 了解心理咨询的基本概念，基本流程。
2. 理解心理咨询的价值和意义。
3. 理解哪些心理困惑可以寻求心理咨询。

技能目标

1. 能对自我心理状况进行正确判断并适时求助。
2. 在实践中运用心理咨询的基本方法技巧，进行自我调适。
3. 能运用心理咨询的基本技巧处理他人的心理困扰。

素质目标

1. 当自我出现心理失衡时，能主动调节并维护自我和谐统一。
2. 通过心理咨询知识与技术的运用，自觉构建平和、理性、积极的心理状态。

任务一　　走近心理咨询

任务引入

　　有一个18岁的男孩，每天都尿床。他沮丧极了，觉得尿床简直要了他的命。因为它，他没有勇气去社交，没有心思去学习。他找了许多专家，吃药打针，但无济于事。终于，他决定要自杀。他的一个朋友劝告他说："你不能绝望，应该去找心理医生。"他想："专家都不行，心理医生又能怎样呢？"但他还是去了。几周以后，他又见到他的朋友，看到他兴高采烈的样子，朋友问："你看过心理医生了？"他回答："看了！""那你不再尿床了？""不，我还在尿床，但我觉得这已经非常不重要了。"心理医生并没有治好他的尿床，却让他明白，尿床不是他生命的全部，尿床并不妨碍他对生活的追求。

　　请思考： 通过这样一个案例，你觉得心理咨询是什么，为什么不能解决现实问题却能化解其心理危机？

相关知识

一、心理咨询的概念

　　心理咨询是指运用心理学的方法，对心理适应方面出现问题并企求解决问题的来访者提供心理援助的过程，旨在帮助有心理困扰的个体，更好地实现自我发展和社会发展的一种专业助人活动。在咨询过程中，来访者就自身存在的心理不适或心理障碍，通过语言文字等交流媒介，向咨询师进行述说、询问与商讨，在其支持和帮助下，通过共同的讨论找出引起心理问题的原因，分析问题的症结，进而寻求摆脱困境、解决问题的条件和对策，以便恢复心理平衡，提高对环境的适应能力，增进身心健康。

　　简单地说，心理咨询就是咨询师利用心理学方法，通过建立良好的咨访关系，提供心理支持，为来访者提供指导，使其利用自己的资源、能力解决问题，获得心理成长的过程。

二、　心理咨询的常见误解

心理咨询是一门科学，在来访者积极配合的基础上，咨询师利用心理学相关理论、技术对来访者施加影响，引导其积极改变。由于部分人对心理健康认识不足，往往会有不正确的理解和期望，下面列举一些对心理咨询理解不正确的现象。

1. "有病"的人才会去心理咨询

由于历史的原因和诸多客观因素的限制，人们对自己的心理世界还不太了解。许多人对心理咨询的惧怕等同于"精神病"，以为进行心理咨询会被人认为"精神不正常"，被认为"心理病态"，即使有轻微的心理问题，也不希望被别人发现，让心理问题任其发展，导致情况越发严重。

这种病耻感一旦产生，将会对存在一定程度心理问题的人求助形成阻力。其实，寻求心理咨询的人绝大部分是心理健康的正常人，他们在生活中遇到自己无法解决的问题，比如成长问题、灾难性问题、人际交往问题、恋爱问题、职业选择问题等，这些问题是正常人生活的一部分，寻求专业人士的帮助是他们寻求心理咨询的主要动机。

另外，心理咨询具有许多功能，有一个功能往往被人忽视，即挖掘来访者的潜在能力，以便更好地适应环境，保持和提高其身心健康水平，更快乐地工作和生活，积极促进人生的发展。在经济比较发达的工业化国家，有一定社会地位的人大都有自己的私人心理医生，当他们感到心绪不佳时，就会寻找心理医生的帮助，以免影响生活及工作。

2. 做心理咨询是一件丢人的事情

这其中的一个原因，是碍于家丑不可外扬的心理，出现心理问题时常向亲友等寻求帮助，但在他们那里除了能获得情感的支持外，问题的解决效果并不理想。由于对心理咨询认识不足，对咨询师并不信任，倾诉时也会有所顾忌。

其实，心理咨询最基本的原则里有一项"保密原则"，来访者将内心世界坦诚展示，心理咨询师也会给予精心的支持理解与指导，帮助来访者接纳、挑战自我。

3. 心理咨询就是简单的聊聊天

许多人以为心理咨询就是心理咨询师和他们聊聊天，并直接告诉他们解决问题的方法，直接教他怎么做。其实这是一个很大的误解。

虽然心理咨询在某些程度上有一定的指导性，但它要遵循一定的原则。心理咨询师运用心理学以及相关知识，通过各种技术和方法，帮助来访者寻求解决心理问题的方法，但并不帮助来访者解决任何生活中的具体问题。此外，心理咨询的技术和方法很多，除了谈话还有其他的，比如精神分析、认知疗法、行为疗法等，但每个来访者的情况不一样，咨询师会通过倾听、分析和探讨，运用针对性的心理学方法和技术，帮助来访者对目前所面临的困扰进行客观分析，梳理并找出问题的根源，对来访者做出启发和指导，让其能更快更好地走出困境。很多来访者因为不了解往往产生误解，觉得这样的谈话根本没有给自己实质性的帮助。

尽管心理咨询的主要方式是谈话，但心理咨询利用心理学的专业理论知识，还有社会学、哲学、医学等方面知识，有严格科学的理论体系和操作规程，从而达到解决心理问题的目的，帮助来访者解除心理危机，促进其人格的发展。

4. 心理素质好的人不需要心理咨询

许多人认为，"我的心理素质很好，不需要心理咨询"。其实，心理咨询不仅仅是解决心理危机和心理问题的渠道，更是一个人认识自己、实现自我成长和完善的有效途径。无论一个人多么坚强、聪明、正直、热情和博学多识，都不可能十分了解自己，因此需要从其他人那里了解自己。一个人也不可能每时每刻地反省自己，也难以始终站在局外人的立场来审视自己，从别人那里了解自己可能会得到错误的暗示。心理咨询是一面比较标准的镜子，可以客观地从各个角度正确了解自己，扬长避短，实现自我的成长，提高生活质量，创造幸福。

5. 学心理学就能治好自己的"心病"

学习心理学只能帮助你了解自己，了解人们心理活动的一些规律。我们的心理问题都是在生活中出现的，所以只有在人际交往中才能解决，毕竟我们的很多心理问题，都是由于和他人的连接出问题而引起的，需要在自我与他人的关系互动中找到"对症之门"，比如咨询关系、亲密关系、社交关系。靠自己一个人孤独地学习、反省是不能有具体的生活验证的。所有的心理学专业工作者，当面对自己的心理问题时，也是要找上一级咨询师进行治疗的。因此，心理问题需要通过专业的心理咨询来解决。

任务实施

一、 从心理咨询的分类认识心理咨询

1. 根据咨询内容划分

根据咨询内容划分，心理咨询可分为发展性心理咨询和障碍性心理咨询。

发展性心理咨询是指根据个体身心发展的一般规律和特点，帮助不同年龄阶段的个体尽可能圆满地完成各自的心理发展课题，妥善地解决心理矛盾，更好地认识自己和社会，开发潜能，促进个性的发展和人格的完善。当生活中出现偏差或困惑时，可以通过心理咨询帮助人们调整内心世界、挖掘心理潜力、加强自我认识等，以解决心理困惑，提高生活质量。发展性心理咨询常涉及青春期身心发展不平衡、适应、学习、友谊与恋爱、人际冲突、情绪失调等问题。

障碍性心理咨询与"发展性心理咨询"相对，是针对有心理障碍者所开展的各类心理咨询。存在心理障碍的人一般不能自行调节自己的心理问题，需要借助专业的心理咨询进行持续、系统的干预。障碍性心理咨询主要针对神经症、人格障碍、应激相关障碍、心境障碍等进行心理咨询指导。

2. 根据咨询的规模划分

根据咨询的规模划分，心理咨询可分为个体咨询与团体咨询。

个体咨询是指咨询者与来访者一对一进行的心理咨询方式。在一对一的咨询中提供了一个可靠安全的环境，可使来访者降低防御性，与咨询师建立彼此信任的关系。它为咨询师与来访者提供了最大限度的个人接触的可能性。个体咨询有许多优越性。首先，来访者可以进行充分详尽的倾诉，将自己心中的烦恼、焦虑不安或困惑直接告诉咨询师，咨询师在耐心倾听的基础上，可以与来访者进行面对面的询问、磋商、讨论和分析，这种形式显得直接和自然。其次，个体咨询可以使咨询师对来访者进行直接观察，有助于对来访者的个性、心理健康状况、心理问题的严重程度和当时的心态进行观察、了解和诊断。

团体咨询是在团体情境中提供心理帮助与指导的一种心理咨询形式。它是通过团体内人际交互作用，促使个体在交往中通过观察、学习、体验、认识自我、探讨自我、接纳自我，调整和改善与他人的关系，学习新的态度与行为方式，以发展良好的生活适应的助人过程。一般而言，团体咨询与治疗方式是由 1~2 名咨询师主持，根据来访者问题的相似性组成小组，通过共同探讨、训练、引导，解决成员共有的发展课题或心理问题。团体的规模因参加者的问题性质不同而不等，少则 3~5 人，多则十几人到几十人。将具有相似问题的一组来访者聚集在一起，组织他们共同讨论紧张、焦虑等情绪，讨论怎样与人沟通，建立相互信任的关系，彼此逐步深入探讨、训练和开展活动，充分利用团体动力对团体内个体产生积极影响。

二、　从心理咨询的作用认识心理咨询

心理咨询对心理健康的作用是非常明显的。可以帮助来访者提高对待自身和人际关系方面的心理能力；可以帮助来访者更好地认识自己，深化自我认识，学会面对现实问题；可以帮助来访者增加心理自由度，做出新的有效行动。

大多数人不敢迈出心理咨询的那一步，甚至有很多人都对心理咨询不是很了解，那究竟什么是心理咨询，心理咨询的作用都有哪些呢？

对于那些心理适应属于正常范围的人来说，咨询所提供的全新环境可以帮助他们认识自己与社会，处理各种关系，以便更好地发挥人的内在潜力，实现自我价值。

对于那些由于心理问题而遇到麻烦的人，可以在心理咨询的帮助下，逐渐改变与外界格格不入的思维、情感和反应方式，并学会与外界相适应的方法，提高工作效率，改善生

活品质。具体地说，心理咨询可以从以下几方面帮助人们。

1. 建立新的人际关系

一名真正富有成效的心理咨询师理应具有健全的心理特征，能够以来访者为中心，并且掌握丰富的人类行为知识和一套熟练的帮助别人的技巧，这就为和来访者之间建立一种不同以往的新型人际关系创造了条件。

在心理咨询中，来访者可以直抒胸臆而不必顾虑破坏性的后果，他们的冒险或失败都不必付出任何代价，他们可以做出过激的或冷淡的情绪反应，心理咨询师常常用积极的态度去回应，促进来访者做出新的建设性的积极反应，并成功地运用于其他人际交往中。

2. 认识内部冲突

心理咨询可以帮助来访者认识到，大部分心理困扰是源于自己尚未解决的内部冲突，而不是源于外界，外部环境不过是一个舞台，内心冲突就在这个舞台上面展开。

3. 纠正错误观念

来访者通常确信他们十分清楚自己需要什么和在干什么，而实际上并非如此，而是以种种非理性观念自我欺骗，心理咨询促进他们对自己的错误观念进行认真思考，以更准确的理性观念取而代之。

4. 深化来访者的自我认识

心理咨询师引导来访者进行自我探索，当人们真正认识了自己时，他们也就认识了自己的需要、价值观、态度、动机、长处和短处，而一旦认识了自己，就可以随时根据自己的情况规划自己的人生。

5. 学会面对现实

前来咨询的人一般很善于逃避现实，往往会花很多时间来回味过去、计划未来，话题总离不开昨天和明天，回避现在。来访者不仅通过逃避现实以减少自己的焦虑，还总希望按照自己的愿望摆脱现实，而且经常想方设法求得周围人的支持以利于他们逃避现实。咨询师促使其认识到这一点，引导其面对现实。

6. 帮助来访者做出新的有效行动

只有协助来访者采取满足合理欲望的有效行动，才能减少内心烦恼。心理问题的要害，不在于来访者控制不住自己的思想和欲望，而因为来访者不通过有效行动去改变或满足自己的欲望。控制思想和欲望很难，控制行为比较容易，我们为什么不选择容易的去做呢？一定程度上增加心理的掌控感与自由度，心理咨询师协助他们给自己的心理以更大自由的机会，接受矛盾和不完美。

拓展提升

一、　任务拓展

探索"斯芬克斯之谜"

二、　拓展训练

1. 请用训斥、不耐烦、鄙弃、疑问、吃惊、关切、着急、爱护、无助等语气来表达"怎么回事"。

2. 当朋友说："我最近倒霉透了，女朋友和我分手了，我都觉得活着没意思了。"请你用不同的语言来表达同情、理解、瞧不起、关心、冷淡、热情、无视。

三、　任务考核

1. 说一说什么样的人适合去做心理咨询。
2. 准确找到你所在学校的心理咨询室。

任务二　心理问题咨询实践

任务引入

　　小王，某职院大一学生。由于和男朋友分手了，情绪低落，心情不好，不断地哭泣，不想上课，学习成绩下滑，甚至还想放弃学业。此时此刻的小王心情特别复杂，而且多变，整天处于失眠状态，上课时注意力难以集中，不愿参加集体活动，经常独来独往，也不愿与宿舍同学交流，整天愁眉苦脸，寝食难安。她逐渐对大学生活失去了兴趣，迷失在自己编织的网中，一度出现自暴自弃的现象。她意识到这样下去不行，想起同校有一个朋友在班级中担任心理委员，并且经常接受心理咨询的培训，于是来找她，希望这个朋友能够解决其心理困扰。

　　请思考：小王的心理问题是什么，如果你就是她的这个朋友，你将如何对她开展心理辅导？

相关知识

一、 心理咨询的流程

1. 建立咨询关系

良好的咨询关系的建立是有效咨询的前提。所谓良好有效的咨询关系，是指咨询师与来访者之间存在一种相互信赖、充分理解、彼此坦诚相待的特定人际关系。这种友好、相互信赖的关系，从第一次见面时就已经开始。

首先，咨询师通过热情、尊重给来访者建立良好的第一印象。其次，咨询师设身处地去了解、感受来访者的处境，营造良好的心理支持氛围。

咨询关系的建立既与来访者有关，更与咨询师密切相关。就来访者而言，其咨询动机、合作态度、期望程度、自我觉察水平、行为方式以及对咨询师的反应等，会在一定程度上左右咨询关系。就咨询师而言，其对来访者的关怀、尊重理解、真诚以及咨询师的人格特征，影响着咨询关系的建立和发展。

2. 收集信息

收集信息的目的是弄清来访者的问题，为问题分析奠定基础。首先，鼓励并支持其倾诉心理问题，了解来访者的基本情况、主要问题及严重程度、家庭境况及人际关系、自身的支持系统及问题解决的可用资源等，此外，需要积极发掘其成长经历及当下所拥有的正向资源。

3. 分析评估

一是确定来访者问题的严重程度及是否适宜心理咨询。心理咨询的主要对象是心理正常和有轻微心理疾病的大学生，当他们遇到发展、适应、学习、人际交往等方面的问题时，咨询师为他们提供帮助。那些有严重心理障碍和精神异常的大学生是不适宜做心理咨询的，应当推荐给精神科医生进行诊断治疗。

二是确定来访者问题的类型、形成的原因及深层心理机制。首先要区分其心理活动是属于正常还是异常。其心理活动是否真实地反映客观现实，心理活动是否完整和协调，个性心理结构是否完整、协调和稳定。其次要进一步弄清问题形成的原因及深层心理机制。咨询师通过对掌握资料的系统分析，形成整体性的认识，在此基础上找出问题的症结所在，弄清问题的来龙去脉。

4. 咨询辅导

通过上一步的分析评估，了解问题的性质与程度，建立适宜的咨询目标，对于大学生心理咨询来说，咨询目标可以设置为：协助来访者获得准确积极的自我认知，调节情绪、调整认知方式、重建认知结构等。在此基础上选择咨询辅导的方式方法，如提供心理支持，给予饱受心理困扰的大学生真诚的理解、赞扬、鼓励、支持与帮助，减轻其焦虑，促进其积极行为的增长，以恢复其自尊自信；如引导其对自己问题的觉察与领悟，通过帮助来访者进行内心的探索，使其了解心理问题的深层心理机制，这样就会减弱来访者的心理负担，明确解决问题的基本方向，促进其自我疗愈与成长。

确定咨询目标与咨询方式、方法后，就要与来访者一起围绕咨询目标，开展咨询活动，不断引导并激活其内在资源与心理动力，鼓励、协助来访者从认知的转变、情绪的调节到行为的改变，进而形成新的认识、情绪及行为。

5. 反思巩固

咨询辅导的过程是一个立足来访者自我成长的过程，在咨询过程中，咨询师从来访者那里了解其性格特点、应付挫折的方式及形成心理困扰的深层心理机制，并不时地给来访者以解释、说明，以使来访者了解自己的行为方式，学习新的行为反应。咨询活动终结后，这种经验在后续的生活和学习中仍要持续发挥作用，有意识地引导来访者在咨询中提高对某一事物的认识，帮助来访者真正掌握咨询中学到的新东西，以便在日后脱离了咨询师仍可自己应付周围环境，自行处理所遇到的困难。

二、　心理咨询常用的技术

在现实生活中，其实每个人都在经常扮演心理咨询师这一角色，如一个同学或朋友在情感受到挫折之后向你倾诉。你在给他安慰、给他建议的过程中充当咨询辅导的角色，聊完后他的心理会缓和很多，在这个过程中你运用了很多心理咨询相关的技术，如尊重、真诚、共情。这里所罗列的心理咨询技术，不仅可以用于对朋辈的咨询服务中，更可以用于日常生活中，指导人际互动，增强人际吸引。

（一）建立良好咨询关系的方式

咨询关系是指咨询师与来访者之间所发生的相互联系，任何咨询活动的进行都离不开基本关系的建立。来访者对咨询师的信任和亲近，是咨询成功的重要因素，只有创造良好的咨询关系，来访者才有可能最大限度地接受咨询师。咨询关系的建立和运作是心理咨询的基础，咨询关系是影响咨询效果的核心因素。建立良好咨询关系的方式有以下几种。

1. 尊重

尊重来访者的现状以及他们的价值观、人格和权益，予以接纳、关注、爱护，是建立良好咨询关系的重要条件，是有效助人的基础。尊重来访者，其意义在于可以给来访者创造一个安全、温暖的氛围，这样的氛围使其可以最大程度地表达自己。

尊重来访者，在价值、尊严、人格等方面与来访者平等，把来访者作为有思想感情、内心体验、生活追求和独特性与自主性的活生生的人去对待，可使来访者感到自己受尊重、被接纳，使其获得一种自我价值感。

如何体现尊重，作为一门技术来训练，应注意，尊重意味着完整地接纳一个人，尊重意味着彼此平等，尊重意味着以礼待人，尊重意味着信任对方，尊重意味着保护隐私。

2. 真诚

真诚是指在咨询过程中，咨询师要以真实的自我出现，没有防御式的伪装，不把自己藏在专业角色的后面，不戴假面具，不扮演角色，不特意取悦对方，不回避自己的失误和短处，而是真实可信地投身于咨询关系中。真诚能换取信任和喜爱，还能给来访者一种安全感，但要注意，不能把真诚理解为简单说实话，咨询师的言行要有助于来访者的成长。

如何表达真诚在实际应用时应该注意：真诚并不等于说真话，真诚应对来访者负责，咨询应有助于来访者的成长与进步；真诚不等于自我的发泄，咨询时流露自己的情感，表达自己的真诚，为的是帮助来访者而不是为了自我发泄；真诚应实事求是，适时适度，不能为了维护自己的权威形象掩饰自己的不足，不懂装懂，此外，太多、太滥的真诚往往使来访者觉得虚伪做作，接受不了。

总之，真诚是内心真实情感的自然流露，不是靠技巧所能获得的。真诚建立在对人的基本信任和乐观看法上，建立在对来访者的关怀和爱的基础之上，同时也建立在对自己悦纳、自信的基础上。

3. 共情

共情是指体验别人内心世界的能力。共情被认为是心理咨询中影响咨询关系建立的首要因素，是咨询的基本特质。它包括三方面的含义。

（1）咨询师借助来访者的言行，深入对方内心去体验其情感、思维。

（2）咨询师借助于知识和经验，把握来访者的体验与其经历和人格之间的联系，更好地理解问题的实质。

（3）咨询师运用咨询技巧，把自己的共情传达给对方，以影响对方并取得反馈。共情需要理性，而不能代替当事人做感性判断，"共情"不代表乱用同情心，那只是为了帮助他人导入积极、乐观、向上的情绪。

在实际使用时，需注意以下几方面的问题。

第一，咨询师应走出自己的参照框架而进入来访者的参照框架，把自己放在来访者的位置和处境上来尝试感受对方的喜怒哀乐。对来访者的感受越准确、越深入，共情的层次就越高。

第二，用尝试性、探索性的口气来表达共情，请来访者反馈并做出修正。比如，在某来访者叙述了自己与父亲的关系后，咨询师说："从你的叙述来看，你似乎对你的父亲很反感，但又不敢直接和他交流，是这样吗？"来访者就会说："不完全对，我对他的印象并不那么坏。"咨询师可继续说："是吗？我可能听错了。那你能不能再举些例子，详细说一说。"在咨询师的诱导下，来访者就会进一步说明自己对父亲的感受，从而使咨询师更好地把握。

第三，共情的表达要适时适地，而且要因人而异，否则就会适得其反。不同的人对共情的要求不同，一般来说，情绪反应强烈、表达比较混乱、寻求理解愿望强烈的人对共情的要求较多。此外，共情的使用要适度，要与来访者问题严重程度、感受程度成正比，过度会让来访者觉得是小题大做、过于矫情，不足则会使其觉得咨询师是心不在焉。

第四，共情的表达除了语言之外，还有非言语行为，如目光、表情、身体姿势、动作变化等。有时，运用非言语行为表达共情更为简便、有效，咨询中应重视二者的有机结合。

第五，保持对自己身份的觉知。有些咨询师确实做到了设身处地，以至同喜同悲，完全忘记了自己的真正角色，这样就可能失去咨询的客观性。咨询师的共情是指体验来访者的内心"如同"体验自己的内心，但永远不要变成"就是"。这就是共情的真谛。

第六，共情表达要考虑到文化背景及来访者自身的特点。

（二）参与性技术

参与性技术是以来访者为框架的技术，咨询中运用参与性技术澄清问题，启发、引导来访者进行自我探索和实践，最终实现咨询目标，促进来访者成长与发展，因此，作为咨询师必须正确理解、掌握，并灵活地运用到咨询实践中。

1. 倾听

倾听是心理咨询的第一步，是建立良好咨询关系的基本要求。倾听既可以表达对来访者的尊重，同时也能使对方在放松和信任的情况下诉说自己的烦恼。倾听时，咨询师要能认真、有兴趣、设身处地去听，不仅仅是用耳朵听，还要用心去听，听到来访者表面言语、动作表达的内容以及背后没有表达出来的、隐含的内容。倾听是为了收集资料，明确来访者的问题、原因、程度等，倾听也是为了建立良好的咨询关系，而且倾听本身同时还具有助人的效果。

倾听不应带有偏见和框框，不能做价值评判。倾听要避免出现以下错误：打断来访者；急于下结论；轻视来访者的问题；干扰、转移来访者的话题；不适当地运用咨询技巧，比如询问过多，概述过多，不适当的情感反应等。

2. 开放式询问与封闭式询问

开放式提问技术一般在收集资料时使用，询问通常使用"什么""如何""为什么""能不能……""愿不愿意……"等来发问，让来访者就有关问题、思想、情感给予详细的说明。封闭式提问时提出的问题带有预设答案，一般在明确问题时使用，用来澄清事实，获取重点，缩小讨论范围，询问通常使用"是不是""对不对""要不要""有没有"等词，而回答也是"是""否"式的简单答案。咨询中通常把封闭式提问与开放式提问结合起来，这样效果会更好。

3. 鼓励和重复技术

咨询师通过言语等对来访者进行鼓励，鼓励其进行自我探索和改变。鼓励，即直接地重复来访者的话语或仅以某些词语，如"嗯""讲下去""还有吗"等，来强化来访者叙述的内容并鼓励其进一步讲下去。

重复技术就是咨询师直接重复来访者刚刚所陈述的某句话，引起来访者对自己某句话的重视或注意，以明确要表达的内容，使咨询师对来访者的理解更加深入、准确，促进咨询的顺利进行。该技术只在来访者的表达出现了疑问、不合理、与常理不符等情况下使用，如果过多使用可能会使来访者误解。

4. 内容反应

内容反应，也称释义或说明，是指咨询师把来访者的主要言谈、思想加以综合整理，再用自己的话语反馈给来访者，以达到加强理解、促进沟通的目的。内容反应技术的目的是加强理解、促进沟通；使来访者有机会再次剖析自己的困扰，重新组合那些零散的事件和关系，深化会谈的内容；达到帮助来访者更清晰地做出决定的目的。

5. 情感反应

情感反应与释义很接近，但有所区别，释义着重于来访者言谈内容的反馈，而情感反应则着重于来访者的情绪反应。咨询师把来访者所陈述的有关情绪、情感的主要内容经过概括、综合与整理，用自己的话反馈给来访者，以达到加强对来访者情绪、情感的理解，促进沟通的目的。

一般来说，内容反应与情感反应是同时的，情感反应的最有效方式是针对来访者现在的而不是过去的情感，它最大的作用就是捕捉来访者瞬间的感受。

6. 具体化

来访者出于各种原因，所叙述的思想、情感、事件等常常是模糊、混乱、矛盾、不合理的，也使问题变得越来越复杂，纠缠不清。具体化是指咨询师协助来访者清楚、准确地表述自己的观点、所用的概念、所体验到的情感以及所经历的事件。咨询师借助具体化技术，澄清来访者所表达的那些模糊不清的观念及问题，把握真实情况。

7. 参与性概述

参与性概述是指咨询师把来访者的言语和非言语行为包括情感等综合整理后，以提纲的方式再对来访者表达出来，相当于内容反应和情感反应的整合。这一技术可用于一次面谈结束前，一个阶段完成时，也可用于一般情况。只要认为对来访者所说的某一内容基本清楚就可以做一个小结性的概述。

（三）影响性技术

影响性技术是在咨询师为参考框架上的，理解并掌握影响性技术，并在咨询中熟练运用，对来访者实施干预，帮助来访者解决心理问题，促进咨询目标实现。影响性技术包括以下几种。

1. 指导

指导是咨询师直接地指示来访者做某件事、说某些话或者以某种方式行动。指导技术是对来访者影响力最明显的一种咨询技术。比如行为主义学派常指导来访者做各种训练，理性情绪学派针对来访者的各种不合理信念予以指导，用合理信念替代不合理信念。咨询师应十分明确自己对来访者做哪些指导以及效果怎样，叙述应清楚，要让来访者真正理解指导的内容。

2. 解释

这种技术是指运用心理学理论来描述来访者的思想、情感和行为的原因、实质等，或对某些抽象复杂的心理现象、过程等进行解释。咨询师在进行解释时，应深入了解情况，准确把握，还应因人而异，不能把解释强加给来访者。

3. 面质技术

面质技术又称质疑、对质、对峙、对抗、正视现实等，是指咨询师指出来访者身上存在的矛盾，促进来访者的探索，最终实现统一。由于自身问题影响来访者常常存在着矛盾，如言行不一致、前后言语不一致、理想与现实不一致等，而这些问题求询者意识不到或不想甚至不敢面对，因此而对质，以影响其内在的不一致。面质技术具有一定的挑战性和威胁性，在使用时要注意以良好的咨询关系为基础，以事实根据为前提，避免个人发泄或攻击，使用不当可能伤害来访者，使咨询关系受到影响，没有十足把握时可用尝试性探讨性面质。

4. 情感表达

咨询师将自己的情绪、情感及对来访者的情绪、情感等，告知来访者，以影响来访者。其目的是为来访者服务的，而不是为做反应而反应，或者为了自己表达、宣泄。

5. 内容表达

内容表达是指咨询师传递信息、提出建议、提供忠告、给予保证、进行褒贬和反馈等，以影响来访者，促使来访者实现咨询目标。

6. 自我开放

自我开放亦称自我暴露、自我表露，是指咨询师提出自己的情感、思想、经验与来访者共同分享，或开放对来访者的态度、评价等，或开放与自己有关的经历、体验、情感等。自我开放与情感表达和内容表达十分相似，是二者的一种特殊组合。它一般有两种形式：①咨询师把自己对来访者的体验感受告诉来访者；②咨询师暴露与来访者所谈内容有关的个人经验。值得注意的是，咨询师自我开放不是目的而是手段，应始终把重点放在来访者身上，通过自我暴露使来访者的问题普通化、正常化，以减轻其不当的认知或由此引发的压力。

7. 影响性概述

咨询师将自己所叙述的主题、意见等组织整理后，以简明扼要的形式表达出来，即为影响性概述。注意应区别的是，影响性概述是咨询师表达的观点，而参与性概述所概述的是来访者的叙述内容。因此影响性概述对来访者的影响更为主动、积极和深刻。

通过以上技术的学习，可以将这些技术在朋辈心理辅导中进行运用，在运用中提升自己的心理问题解决能力，同时增强自我觉察，在保障自我心理健康的同时使自己成为一个朋辈心理助人者，传播心理健康，共同呵护健康心理。

任务实施

一、要意识到什么时候需要心理咨询

在日常的生活和学习中，心理困惑和矛盾无时无刻不在伴随着我们，有时候大学生们可以通过自己的方式解决，但有的时候超出了自己的能力范畴，感到无能为力，解决不了时内心就会很痛苦，因此需要借助外部的力量来对内心的失衡进行调适干预，这就需要心理咨询。当然，在日常生活中我们存在许多准心理咨询的方式，如朋友之间的倾诉、向长辈寻求建议、辅导员的思想政治教育等，都具有一定程度的心理辅导功效。

大学生什么时候需要心理咨询，一般来说，只要出现心理困惑的时候都需要。之所以这么说，原因有两点：一是很多的心理困惑、心理问题，都可以通过自己的方式来解决。但在解决的过程中，却没有办法对自己的整个问题解决的过程进行觉察、反思。因此没有办法评判方式是否适宜，以及是不是还有更好的方式来应对、解决心理困惑。二是通过心理咨询，可以对所采取的这种方式进行评估，并提前对可能产生的不好的影响进行预见，这样可以有更广阔的思路、更多的策略站在不同的视角来解读所面临的问题，以及通过各种不同的方式来应对心理困惑，更理性、更客观、更有利于自我长远发展的层面来解决问题。

关于"大学生什么时候应该寻求心理咨询"这一问题，其实并没有一个明确统一的标准，下面所列的几点可以作为参考。

1. 个体本身的认知、情绪、行为上出现异常

认知是人对知识的获取和处理过程，认知上的异常表现为非理性的认知，以片面的静止的绝对化的思维看待事情的发展变化，如认为世界上没有人喜欢我，我再也找不到以前的快乐了等。情绪上的异常主要表现在难以调节自己的情绪，比如过度焦虑，过于悲伤，时常难以控制的兴奋，情绪持续低落，很长时间开心不起来等。行为上的异常表现为行为过多或过少，行为反常，如控制不住购物，过少吃饭，在庄重严肃的场合开玩笑等。

2. 环境适应不良

一些大学生不能正常融入新环境，感受到较大压力，如人际关系、学习等方面不能正

常开展，学习任务不能按时完成，和人正常交流有困难等。

3. 日常饮食和睡眠出现困难

如心理上的因素，突然食欲很旺盛、食欲减退、入睡困难、睡眠过多等。

4. 生活中经历丧失、创伤或出现比较大的变化

如生命中的重要亲人去世，关系破裂，遭受自然灾害导致重大财产损失，经历性骚扰、性侵、被抢劫、被骗、交通事故，或因疫情原因使正常生活改变等。

5. 体验重大挫折，出现心理危机时

在现实中重大的负性事件，较强烈的刺激引起主观感受极度不适，尝试过自我调节，也尝试过向亲友求助但无效，当出现心理危机时，需要寻求专业的指导与帮助。

事实上，任何人一生中都不可避免地遭遇各种各样的挫折和困难，在这些难题面前，产生一些不良情绪都是正常的，关键是我们以何种心态和思路去解决所面临的问题。以上所列都是一些比较常见的信号，关键还要结合自己的心理承受能力，关注自己的心理变化和感受，任何时候当你觉得自己或者身边的支持资源都不能帮助自己适应当下的生活时，就可以及时寻求帮助。

二、　做好心理咨询的准备

心理咨询成功的关键是来访者自身的准备、内在成长的动力和咨询中是否真正的投入。如何做好来访者，以更好地配合咨询师，使咨询效果更显著，需要从认知与行为两方面准备和行动。

1. 认知层面

一是不要期望心理咨询师能代替来访者解决问题。咨询师在咨询中总会不断评估来访者的领悟能力、不断挖掘其内外资源以对其当前的心理状态与行为方式施加积极影响，如激发自我改变的动力、从不同视角对问题的痛苦水平进行评判等。更多是从改变来访者精神世界、情感领域的痛苦入手，对来访者的现实困境唯一能做的就是鼓励、引导其接受并积极面对。

因此一定要清楚咨询师是在"助人自助"原则的指导下来对来访者的心理进行辅导，也就是说来访者从意识上要清楚，自己是问题解决的主人，也是问题解决的行动者，所以，来访者不能将所有问题的解决都寄托在心理咨询师的身上。

有经验的咨询师总是在激发来访者对自己问题的不断反思，使其从自身的问题中看到自己，从一个受害人变成一个问题的形成者，慢慢地修正自己对问题的看法与感觉。例如，你想吃到鱼，老师会诱导你去讨论渔网，讨论如何织渔网，如何找到织渔网的材料，然后讨论如何去捕鱼等，而不是赶紧把鲜鱼送给你。

二是相信心理咨询师能解决来访者的问题。信任会让人产生积极的内在动力，要知道

来访者的问题在一定程度上是具有普遍性的，不是只有一个人出现这种问题，和自己相似的人在遇到特定的情形时都会出现心理问题。心理咨询师有着非常丰富的经验积累，能从非常专业的角度来思考并引导解决来访者所面临的问题。这种信任会使咨访关系更加紧密，更有助于形成积极的咨询同盟关系。

三是来访者不必担心自己的心理隐私会被泄露。心理咨询有相应的一些职业道德和操守，来保证整个咨询的进行。在保密原则之下，来访者才会将自己所有的隐私，无所保留地分享给咨询师，咨询师才能根据其所面临的一些具体的痛苦和问题进行分析探讨，进而解决。

2. 行为层面

一旦形成了咨询关系，饱受心理困扰并来求助的来访者必须积极投入，在交流中主动诉说心理困惑与问题，配合咨询师的指导与练习。如果不投入、不积极配合，咨询师就只能等待，花费更多的时间精力去问询，不利于同盟关系建立，从而影响咨询的效率与效果。在咨询的过程中来访者要积极主动地配合咨询师，主动参与咨询方案的制定，咨询目标的设定，以及认真地完成咨询作业。并根据作业的要求，不断在实践中进行自我的心理觉察，进行自我的心理调适，进行心理问题解决的整个过程的反思。

另外，一旦自己决定看心理咨询师，接受心理学的帮助，就要拥有心理学头脑，在生活的每时每刻都要保持努力觉察和分析自己，寻找不一样的处理问题的方法，接受不一样的视角。这些工作不仅是在咨询过程中做，更重要的是在生活中做。当来访者面对心理咨询师的时候，来访者要告诉其在新的方法和视觉下，同样的情景不同的内心体验和效果，这样才能和心理咨询师形成良好的互动。正如走崎岖的山路，我们有时会借助一根拐杖，让自己走得平稳一些。当你走得很稳健的时候，你随时都可以扔掉那根拐杖，而那根拐杖就是心理咨询师。

三、 做一名合格的心理自助者

通过本课程前面相关内容的学习，最终目的是通过掌握心理健康与心理调节的基本知识和技能，将自己打造成一个能够自助、助人的合格大学生，即学会解决自己的心理问题，提高心理自助能力。在日常生活和学习中，自己能够学会调节自身的不良情绪、行为，能够解决个人的一些常见心理困惑、问题。

心理自助是指人们有意识地调节自身情绪、改善心理问题的行为和活动。心理自助与心理咨询相对应，前者是由自我所主导，通过学习心理健康相关知识，对自己出现的心理问题进行自我调节、自我支持与指导；而后者是由专业的咨询师所主导，借助外在的力量来解决自身的心理问题。

广义来讲，任何通过有意识地自我调节和训练以获得心理提升的活动，都可以叫作心理自助。而狭义的心理自助主要指借助自助书籍、互助小组或专家指导，改善情绪和心理问题。心理自助既可以用于治疗抑郁、焦虑等情绪和心理疾病，也可以帮助人们进行自我探索，通过深入地了解及认识自己从而获得成长和发展。

（一）心理自助的类型

1. 阅读型自助

通过阅读心理自助书籍、圣贤经典和其他相关图书，获得智者启发、学习专业知识、洞察和理解自己的问题所在，从而进行改变。个体可以通过阅读相关书籍，通过不断学习、运用、反思，使自己成为解决自己问题的专家。阅读型方便易行，适合知识水平较高人群，但自助书中的建议通常无法兼顾读者个体的人格、诊断结果或背景情况等，缺乏针对性。

2. 互助小组型自助

通过团体内人际动力，促使组员在交往中通过观察、学习、体验，认识自我、探讨自我，在人际中相互指导、督促，调整、改善自身的问题。其包括心理自助、互助论坛、心理贴吧、阅读网络资料或参加线下的自助团体等。这样的形式可以提供情感支持、经验知识、自我认同和归属感，如线上的人际关系训练营，帮助组员发现问题、认识问题，并学习新的态度与行为方式，最终形成自己恰当的人际模式，从而促进自己内心良好的发展。

3. 运动、活动型自助

这一类型包括积极参加体育活动、公益活动、人际活动（向他人倾诉、寻求陪伴）和文艺文化活动等。身心是一个统一的整体，体育活动等不仅能调节身体状态，也可以缓解低落情绪。

（二）进行心理自助的思路

1. 选择适合自己的自助方式

了解自己的心理问题是什么，严重程度如何，是需要一般的压力缓解还是比较专业的自助服务。同样的问题，对不同的人来说，需要的自助类型可能不同。例如，同样是抑郁，有些人可能通过锻炼和运动就可以有效地缓解，但一些人则需要较专业的自助服务，从心理和思维模式上进行彻底的调整。

2. 保障自助效果

要尽量选择那些自助效果有临床研究支持的，如有权威的理论背景的，基于网络自助的认知行为疗法，可以更有针对性、更高效地解决自己的问题，以免耽误治疗时机，造成不良后果。

3. 充分调动个体的主动性

调动自己在思维、行动上的主动性，提高对自助资源的利用率，提升自助效果。针对问题解决制订计划，按计划不断实践。

4. 一步一步不断巩固成效

在行动中一点一点不断巩固自己的行为成果，在行动中获取自信，为应对更多的挑战与挫折积累心理能量，心理自助虽然可以有专业支持和指导，但毕竟是自我主导的，因此在自助中一个人要充分地对自己负起责任。

需要注意的是，自助的方式不仅适合指导心理处于失衡状态的人，同样也适合健康人群，对于开发生命潜能，提高生活生命质量大有裨益。

不断学习、不断成长，在自助中，需要不断了解积累更多的知识，以应对可能的问题，如当自己处于重大失落中，超出自助的能力范畴时，需要及时向外求助。为更好地应对后续可能的问题，可根据自己的需求选择至少一种心理咨询方法进行系统学习，如行为主义疗法、人本主义疗法和认知疗法等。通过学习，提高心理咨询专业技能，并进行自我剖析与体验，提高自我觉察与自我成长能力。

拓展提升

一、 任务拓展

电影欣赏《心灵捕手》（Good Will Hunting）

《心灵捕手》是一部励志剧情电影，影片由格斯·范·桑特执导，罗宾·威廉姆斯、马特·达蒙等主演。影片讲述了一个名叫威尔（Will Hunting）的麻省理工学院的清洁工的故事。威尔在数学方面有着过人天赋，却是个叛逆的问题少年，在教授蓝勃、心理学家桑恩和朋友查克的帮助下，威尔最终把心灵打开，消除了人际隔阂，并找回了自我和爱情。

一个麻省理工学院的数学教授，在他系上的公布栏写下一道他觉得十分困难的题目，希望他那些杰出的学生能给出答案，可是却无人能解。结果一个年轻的清洁工威尔在下课打扫时，发现了这道数学题并轻易地解开了这个难题。

威尔聪明绝顶却叛逆不羁，甚至到处打架滋事，并被少年法庭宣判送进少年观护所。数学教授有心提拔这个性不羁、自我的天才，要他定期研究数学和接受心理辅导。数学难题难不倒他，但对于心理辅导，威尔却特别抗拒，直至遇到一位事业不太成功的心理辅导专家桑恩教授。在桑恩的努力下，两人由最初的对峙转化成互相启发的友谊，从而使威尔打开心扉，走出了孤独的阴影，实现自我。

认识心理咨询和
心理治疗的异同

二、　拓展训练

共情能力训练

共情能力训练，最重要的就是收听自己的感觉频道，将注意力放在感觉的层面上，因为感觉是人际关系的直接线索。

（1）倾听自己的身体，找出感觉之所在，找出感觉是什么，并与人分享某些感觉。

（2）分辨感觉与想法的不同。

（3）借助某些生理行为来试着制造一些感觉，例如放松与收紧身体的各个部位。

练习：现在，请闭上眼睛，平伸双手，握紧拳头，越握越紧！越握越紧！然后体验一下内在的感受，然后说出来，用一个字大声喊出来。伸直手臂！握紧！闭上眼睛！闭得越来越紧！向空中挥动拳头！有感觉了没有？用一个字喊出来！感觉跟着变化时，也用不同的话喊出来。你可能觉得愚蠢、受挫折、精疲力尽、愤怒或想报复。不要迟疑大声喊出来，你的感觉不断在变，不断地说出来。好！现在慢慢放轻松，一点一点放开手指，体会它们的感受，慢慢睁开眼睛，开始活动一下。用心放松自己的肌肉，有何不同的感受？

通过训练，听到内在的心声及生理感受。

请用共情回应下面的抱怨。

1. 唉！我什么事都做不成。我拼命地干，而且好像在鞭策自己埋头苦干，结果还是一无所获。我似乎一事无成。已经白混两个月了。

2. 这个共情能力训练实在太无聊了，简直是枯燥无味，可以说我一无所获。

三、　任务考核

1. 你觉得什么情况需要进行心理咨询，什么情况需要看心理医生？

2. 你去做心理咨询前会准备什么？

参 考 文 献

[1] 范红霞. 大学生心理健康——心理教育与心灵培育 [M]. 北京：高等教育出版社，2014.

[2] 冉龙彪. 大学生心理健康 [M]. 北京：人民出版社，2012.

[3] 李自璋. 大学生心理调适与发展 [M]. 北京：科学出版社，2015.

[4] 秦爱君. 心理健康教育 [M]. 北京：清华大学出版社，2020.

[5] 刘艳红. 大学生心理健康 [M]. 长春：吉林大学出版社，2015.

[6] 李广平. 大学生心理健康教育 [M]. 南昌：江西科学技术出版社，2018.

[7] 唐琳. 网络环境下大学生心理健康教育研究 [M]. 成都：西南交通大学出版社，2018.

[8] 谢莹. 网络时代大学生心理健康理论与方法 [M]. 南京：南京大学出版社，2020.

[9] 刘婧. 网络环境下大学生心理健康教育 [M]. 长春：东北师范大学出版社，2017.

[10] 乐国安. 咨询心理学 [M]. 天津：南开大学出版社，2002.

[11] 张日昇. 咨询心理学 [M]. 北京：人民教育出版社，2009.

[12] 马克·威廉姆斯. 改善情绪的正念疗法 [M]. 北京：中国人民大学出版社，2009.